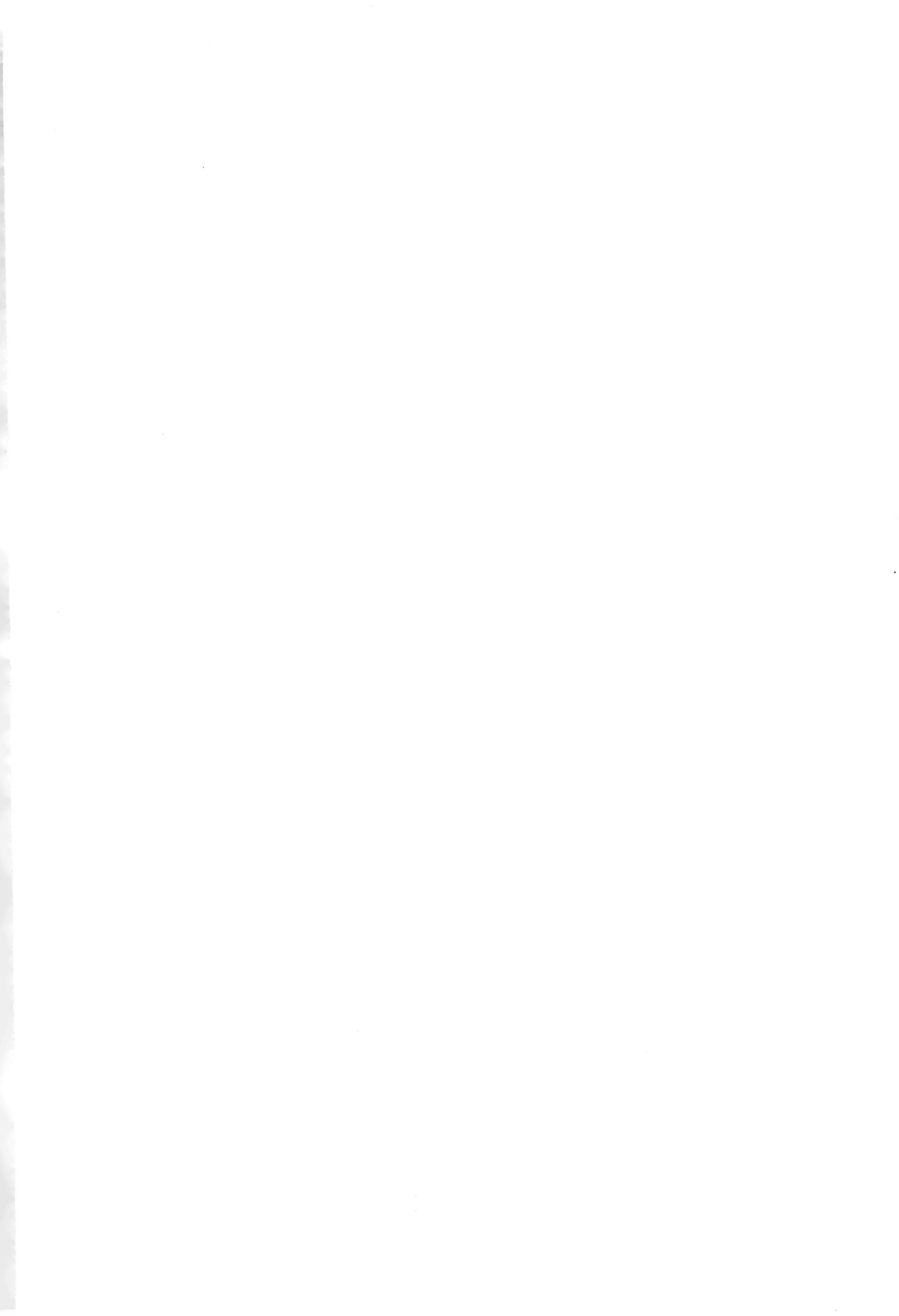

諮商概論

——諮商專業的第一本書

Mary H. Guindon 著
陳增穎 譯

A Counseling Primer

An Introduction to the Profession

Mary H. Guindon

A Counseling Primer: An Introduction to the Profession, 1st edition / by Mary H. Guindon / ISBN: 9780415875356

目錄

（正文側邊數字係原文書頁碼，供索引檢索之用）

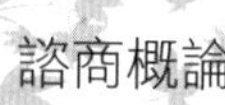

關於作者

Mary H. Guindon 博士是約翰霍普金斯大學諮商與人類服務學系（Department of Counseling and Human Services at Johns Hopkins University）的前系主任及副教授，任職期間首創企業諮商、臨床督導及當代創傷反應等課程。她擁有維吉尼亞大學（University of Virginia）博士學位，也是萊德大學（Rider University）的前副教授及馬里蘭大學歐洲學院（University of Maryland University College—Europe）的學院教授。Guindon 有 25 年的臨床實務及諮詢經驗，包括教授諮商師訓練、督導、心理健康、生涯發展、成人發展、悲傷與失落，及全球諮商議題等，並已在國內外專業會議及研討會上發表多篇著作。最近編輯的書為 Routledge/Taylor & Francis 出版的《一生的自尊：議題與介入策略》（*Self-Esteem Across the Lifespan: Issues and Interventions*, 2009）。

Guindon 曾服務於馬里蘭州專業諮商師與治療師公會、馬里蘭工作／生活聯合顧問委員會、美國諮商學會出版委員會、全美生涯發展學會專業發展委員會，近來任職於《生涯發展季刊》（*Career Development Quarterly*）的編輯委員會。她亦是馬里蘭專業志工團預備與響應處的會員，還曾擔任紐澤西心理健康諮商師學會主席、紐澤西諮商師教育與督導學會主席，以及美國心理健康諮商師學會大西洋區顧問。身為合格的心理學家與臨床專業諮商師，Guindon 仍然從事私人執業工作、個人與職業教練、諮詢和督導。她最近擔任的職務是為美國及歐洲地區的美軍提供短期的問題解決式諮商服務。

譯者簡介

陳增穎

現職：南華大學生死學系所副教授

學歷：國立臺灣師範大學教育心理與輔導學系博士

美國伊利諾大學香檳校區訪問學生

經歷：諮商心理師高考及格

國高中輔導教師

諮商與心理治療實務工作者及督導

譯作：《敘事治療入門》（2008，心理出版社）

《諮商概論：諮商專業的第一本書》（2012，心理出版社）

《團體諮商：概念與歷程》（2014，心理出版社）

《諮商技巧精要：實務與運用指南》（2015，心理出版社）

《悲傷諮商：原理與實務》（2016，心理出版社）

《40 個諮商師必知的諮商技術》（2017，心理出版社）

作者序

本書的誕生乃出於一個心願，期能以簡潔、中肯、好看又好用的內容來介紹諮商專業，而非令初學者望之卻步。入門課程的教科書首先須簡介諮商專業、訓練課程與諮商技巧，足使學生初步瞭解諮商專業及發展脈絡，也給他們充分的機會自我覺察，以成為有效的專業助人者。這樣的教科書還要能廣博實用，並能在一學期內授課完畢，本書完全符合上述要求。

所謂的入門書，就是要涵蓋專業知識體系最基本的要素與原理，這本諮商入門書即在協助專業定向，它說明何謂專業諮商，闡釋最基本的諮商技巧，教導學生提升自我覺察和覺察他人的方法——這是專業認同發展必備的知識。

本書提供清楚、易懂的架構，為學生將來的深度學習做準備，協助他們展開職涯，激發他們改變與自我覺察的動力，將看起來似乎艱深、難以駕馭的知識解構成好讀、容易理解的章節內容。雖然本書最主要是作為諮商師教育與諮商心理學概論的教科書，但也適用於人類服務相關專業及對諮商專業有興趣的大學部師生。剛進入研究所學習助人專業的學生或許還不清楚他們的生涯目標，因此，對於有志進入助人相關專業領域者，本書不但略做定向引導，也解說所有助人專業中常見的基本諮商技巧。

本書的內容想回答學生最常見的問題，故以新聞工作者常用的 5WH 問句（誰、什麼、哪裡、何時、為什麼及怎麼做）架構本書章節。第一部介紹專業定向的主題，以下列各標題為首：誰（Who）（諮商師與個案）；什麼（What）（定義、歷史、趨勢與八大知識體系標準）；何地（Where）（場所與環境）；何時（When）（歷程、階段與程序）；為什麼（Why）（照護、社會正義與倡議）。第二部——怎麼做（How）（基本技巧）——

第一部

專業定向

第 1 章

導論

如果我們沒有勇氣離開岸邊，就無法發現新的海洋。

——無名氏（引自掛在我辦公室的一張海報）

思考重點 3

諸商師有什麼共同點？

價值觀如何影響我們的假設？

是什麼促使人們想成為一名專業諮商師？

我該對諮商課程抱持何種期待？

我該如何開始？

學生們的疑問

無論如何，你現在拿著這本書了。你的手指頭翻過這些書頁、瀏覽目錄、來回讀著句子，或者完全沉浸在書中某一章節。也許你剛好在去上第一堂課途中路過校園的書局，亦或者，你已經結束第一堂課，剛好拿起這本書。你可能根本不是諮商系所的學生，只是對諮商師這個行業很好奇。既然你已經讀到這一頁，很可能你就像我的學生一樣：這本書的某個地方觸動了你，你開始覺得這應該會滿有趣的。

當你進入與諮商有關的課程時，你將展開一趟前所未見的旅程。如果

你像 30 年前的我一樣，或者像今日大多數的學生一樣，你會有滿腹疑惑。好多好多的問題：

諮商師到底在做什麼？
誰是他們的個案？
個案有哪些問題？
諮商怎麼幫助人？
為什麼人們需要諮商師？
如何成為一個專業的諮商師？
諮商師在哪裡工作？
工作機會在哪裡？
他們要怎麼知道他們發揮了作用？

4 還有：

我能做這個工作嗎？
這真的適合我嗎？
我要找誰解答我的疑惑？

你可能還有很多其他的問題。這本書就是要來回答你的問題，並讓你熟悉某些基本的諮商技巧。在你開始前，你需要整理一下思緒，瞭解什麼是諮商專業。首先，讓我們來看看在典型的諮商入門課堂上，一些學生的樣貌。

潘妮，22 歲，不確定她為什麼會來這裡。她剛在某個學院獲得英語教學學士學位，學業和課外活動表現都非常好。畢業後，她不知道要用這個學位做什麼。她並沒有很認真的思考畢業後的日子，只知道她想幫助人，也想繼續留在高等教育學府深造。

26 歲的克雷倫斯擁有心理學學士學位，在精神病房中擔任心理師助理已有 5 年之久。他的體格高大魁梧，但是他知道他想要從事的工作，不單單只是用蠻力協助治療師限制難纏的病人而已。

奧莉維亞，45 歲，三個孩子的家庭主婦。來到班上時，她很肯定她是班上最老、也會是頭腦最駑鈍的學生。她曾是小學老師，教過幾年書，結婚後就兼職簿記工作。現在小孩都上大學了，她想要做點不一樣的事，讓從前未能展現的面向得以發揮出來。

37 歲的伊凡在附近的中學當教練。年輕時候的他是摔角選手，最近 10 年來他教數學、擔任大學摔角與田徑代表隊的教練。他需要進階的訓練以繼續擁有教師資格，因而認為學諮商是一個不錯的途徑。他說他每天都在諮商孩子，想要有更具體的方式來驗證他的經驗。

貝琪在一家小酒館當酒保，直到 29 歲的時候才獲得社會學學士學位。像伊凡一樣，她總說她每天都在做諮商。她說她想要在心理健康機構工作，想要治療成癮者。青少女時期她曾接受諮商，她說她會來到這個班級，是因為那個好諮商師改變了她的一生。

表面上，這些學生看起來似乎沒什麼共同點。他們的背景不同，年齡、種族、性別和性傾向也各異，但是他們有一個共同的特質：他們都是天生的助人者。不管他們的生命故事為何，我大部分的學生都有一個特點：他們具有同理心，他們「人飢己飢，人溺己溺」，他們具有將心比心的能力。

他們還有其他的共同點：他們會觀察，注意到別人會想但不一定會說出來的事。他們覺得自己可以幫助別人解決問題，他們相信自己可以提供很好的建言。甚者，他們深深關心家人和朋友的情緒好不好，不管是認識的或不認識的人，都可以觸動他們關心他人的天性。雖然他們的動機不盡相同，但他們都想為諮商專業做些有意義的事。

以上的描述是不是也在說你呢？如果是的話，那麼你可能就是別人要尋求幫助時想找的對象，深受家人信賴。或者，你可能是個天生反骨的人，不是喝太多酒，不然就是處處留情，但不知為何卻能給別人還滿睿智的建議。不管你是來自溫暖支持的家庭，亦或混亂兼忽視你的地方，你都有潛力去幫助人。

仔細想一想，為什麼透過諮商幫助人會這麼吸引你？有些學生可以明確指出為什麼他們想讀諮商；有些學生做這個決定要花一段時間；對某些學生而言，這可能是他們猶豫踏出的第一步，想來瞭解是否這就是他們想學的領域。

當你開始學習這個課程時，你應該考量這個專業是否適合你。諮商師的儲備課程會花掉你不少時間、精力和金錢。現在，你將展開一趟真誠地省思自我的旅程，在你開始瞭解別人之前，你得先瞭解自己。這是專業認同不可或缺的一部分。我們就先花幾分鐘，從閱讀下面這個故事開始。

老彎山的冒險之旅*

很久很久以前，有位叫珍妮的女孩子，她住在落磯山脈的草原谷。她愛上了住在老彎山頂上的迪恩，但是老彎山很遠，是落磯山脈最難到達的地方。珍妮很想去見迪恩，但是她沒辦法上去山頂，所以只好找史帝夫幫忙。史帝夫是個經驗豐富的直昇機駕駛員，他說他很樂意幫她，只要她願意跟他睡一晚。珍妮拒絕了，她轉而尋求老菸槍卡拉的協助，但是卡拉不想幫她。珍妮別無選擇，只好答應史帝夫的要求，讓史帝夫把珍妮載到迪恩等待的山頂上。當她告訴迪恩事情的來龍去脈後，迪恩聽了非常憤怒，告訴她他再也不要跟她在一起了。珍妮既痛心又難過，她去找也是住在老彎山的喬治，把事情原原本本地跟他說個明白。喬治很心疼珍妮，也對迪恩這樣對待她很生氣，跑去揍了迪恩一頓。當珍妮看見迪恩被打得這麼慘，覺得他是罪有應得，還狠狠的嘲笑他一番。

*老彎山改編自家喻戶曉的故事：〈鱷魚河〉(*Alligator River*)，出處不詳。

你會如何評價這些人物呢？你覺得這個故事中**最不該**受譴責的人是誰？你覺得誰**最該**受譴責？你覺得哪個角色的行動情有可原？你覺得誰最可惡？把你覺得最令人討厭、最難以忍受、最不道德、最令人作嘔等等的角色排列順序。

你為什麼會得出這樣的結論？如果你是這些人的諮商師，你覺得你不想幫助誰？為什麼？你想幫助誰？為什麼？你可以清楚說明你對每個角色的感覺嗎？他們如何引發你的反應？你能夠站在每一個角色的立場來為他們辯護嗎？現在，用幾分鐘的時間寫下你的反應。

這類故事必定會踩中你的情緒地雷，它碰觸到某些基本價值觀的核心，激起諸如對愛、性、權力、冷漠、背叛、暴力與嘲弄等情緒。

我常常在諮商入門的第一堂課做這個練習，每個學生對這些角色的排序都不一樣。某個學生覺得最不可饒恕的角色，另一個學生卻正好相反。有些學生對他們的選擇展開激烈的辯論，其他人則覺得無此必要。學生對價值觀賦予的意義和強度最能解釋他們反應的差異。

再看一遍這個故事還有你對它的反應，你對這些角色的年齡、彼此間關係的假設是什麼呢？如果你知道這些角色真正的關係，你的答案會有所改變嗎？如果你發現迪恩是珍妮 10 歲的兒子呢？如果他只有 3 歲呢？你的排序還會一樣嗎？還是會改變呢？如果卡拉是珍妮的媽媽呢？如果她只是個 13 歲的鄰居？如果史帝夫是珍妮的表姊？如果喬治是迪恩的爸爸？如果你發現迪恩是非裔美人，而喬治是白人牧師？如果兩人的種族正好相反？
你會發現，知道越多這個故事的行動脈絡，你也許會有不一樣的觀點和評 6
價。

我們每天跟人互動時，都在做出假設。如果你想成為一個有效能的諮商師，你要學習去檢核你的觀念，而不是假設別人如何如何，就算事情已經很明顯了。

我們大部分的假設植基於我們所擁有的價值觀。你必須要覺察到你的假設，還有它們根源於何處。

假設與價值觀

人類擁有許多價值觀，隨處可見。它們深嵌於行為、語言、工藝製品和創作中，也在人類所設立的機構裡。每個想法、感覺和行動都跟內在的想像有關，並透過語言表達出來。語言連結我們內在的主觀世界，以及外在的具象現實世界。語言裡充滿價值觀，如果你不瞭解自己的價值觀，你就無法把這項工作做好，也無法協助他人釐清價值觀。

二十多年前，Tjelveit（1986, pp. 515-537）提出建議，希望諮商師要不遺餘力的瞭解個案的價值觀。用今天的話來說，就是：

1. 要瞭解社會上各式各樣的價值觀。
2. 瞭解自己的價值觀。
3. 用不偏不倚的態度告訴個案價值觀的選項。
4. 相信個案有自由選擇權。
5. 尊重個案和你有不同的價值觀。
6. 必要時須向他人諮詢。
7. 當彼此的道德、宗教或政治觀出現重大歧異時，要考慮將個案轉介給其他諮商師。

美國諮商學會（American Counseling Association, ACA）的《倫理準則》（*Code of Ethics*）（2005a）要求諮商師覺察自己和個案的價值觀。事實上，諮商師也必須覺察他們對人性觀的假設。這些假設會影響他們對個案議題的瞭解，也會影響他們的行為（Auger, 2004）。

個人的價值觀會影響諮商師所採取的策略和介入方式。諮商師會用言語和非言語的方式傳達他們的價值觀，也可能會不當地影響個案的行動

（Niles & Harris-Bowlsbey, 2005）。你必須要問自己：「我的核心價值觀是什麼？它們符合這個專業的價值觀嗎？我可以把我的價值觀放在一邊，用另一套不同的價值觀來幫助人嗎？」

為什麼要走入諮商專業？

是什麼讓你有興趣成為一名專業諮商師呢？如果某人問你，你會如何告訴他何謂諮商？這個問題的答案沒有對或錯，只有**你的**答案。你的回答將說明你為何會來到這裡。你知道你想把諮商當作志業的理由嗎？光說你想幫助人或你有同理心是不夠的。你的動機是什麼？

動機本身沒有好或壞，當然，每種動機都有可能是正面的，然而，每 7
種動機也有破壞性的一面。如果諮商師不解讀他們的動機是什麼，就有可能對個案的問題解決產生負面的影響。如果不瞭解自己的議題，諮商師想要幫助個案的好意也有可能會造成傷害。自我覺察是成功處理與解決自己問題的第一步，不這麼做的話就會成為助人的絆腳石。

讓我們來看看某些人進入諮商專業常見的動機。當你仔細看過每一種動機之後，想想它們是不是跟你的很像。雖然要完全誠實——或覺察——你的助人動機很難，仔細反省會幫助你澄清你的動機，也會協助你獲得更好的自我知識。需謹記在心的是，這些動機都可能是正向的，不一定要把它們當作是有問題的。

1.**有些人想為這世界做有意義的事；他們是利他主義者**。大部分的人都想在這個世界上留下些什麼，想做些什麼讓生命更值得存在，這是一個崇高的目標。但是，學生想要看到他們的努力馬上造成改變，實在有點不切實際，個案的改變通常不是立即性的，也不是顯而易見的。當改變不那麼明顯時，學生可能會覺得受挫與失望。這些感覺會阻礙諮商歷程。

有些學生很關心這個世界的不平等。他們想要透過諮商技巧揭櫫社會及政治議題。以此理由走入諮商專業的學生，大多想要協助「系統的受害者：那些洩氣的、心理失常的，還有搞得大家心神不寧的人」（Peterson & Nisenholz, 1999, p. 2）。這樣的說法充滿同情心與熱情，碰觸到我們內心深處，想要追求一個有目標、有意義的生命，這種利他主義及理想主義能帶來強烈的滿足感。相反地，當世界的改變並非立竿見影，諮商師會覺得理想幻滅，氣餒不已，他們可能會忘了個案的需要。如果諮商師的目標是改變世界，即便個案得到合法的協助，他們還是會覺得失敗了。

有時候，利他主義是為了展現諮商師的靈性或宗教信仰。他們需要透過愛世人來表達他們堅定的宗教信仰，想藉由幫助個案或團體來讓世界更美好。這是一個正向的、令人敬仰的動機，然而，當諮商只是用來滿足個人、宗教團體的需求，而非個案的福祉時，就是有問題，甚至有害的。

2.有些人有照顧他人的需求；他們需要「被需要」。照顧他人是人性，也令人尊敬。我們是社會性動物，會關心別人。沒錯，有些學生來自失能的家庭，從小便擔任照顧父母及手足的角色，這些學生可能不知道如何照顧自己合理的需求，他們誤認為照顧他人就是照顧自我，下場之一就是成為重要他人的照顧者，但卻沒有人來關注自己的需求；當自己需要的時候，也不知道該如何求助（Corey & Corey, 2007）。如此一來，學生會犯下給建議、無端給予安慰，以及弱化他人痛苦的錯誤，而這些事實上只是為了滿足他自己、而非他人的需求。他們可能會變得過度保護、占有，或者對個案太過要求。這樣不僅會妨礙個案的進步，諮商師肯定也會枯竭。有這種動機的人一定要學習認識自己的需要，有需要的時候也要懂得求助。

問問你自己：「一個人應該要為另一個人的全人發展負起責任到何種程度呢？」很多受訓中的諮商師自認有責任協助個案解決他們的問題。相反地，很多專家卻相信太多的「幫助」會助長依賴。適當的照顧與協助要視脈絡及情境而定，否則極易分不清哪些個案真正需要幫助，哪些個案有能力自我支持。有效能的諮商師會問自己，他們對愛與關注的需要是否擾亂了個案求助的需要。為了分辨此種差異，在受訓及將來整個專業生涯過程當中，不斷地做好自我的功課是很重要的一件事。

3.有些人視自己為問題解決者；他們相信自己善於傾聽及提供建議。想要幫助別人解決問題的欲望對生涯選擇是個強而有力的影響。有這種動機的學生從傾聽、協助和解決問題的能力中得到正向的回饋。他們善於提供建議，他們的才能也成為人格的一部分。這些人陶醉於別人的感謝及吹捧，錯把提供建議當作助人。當他們用這種方式滿足需求時，終究會覺得很失望。個案鮮少向我們表達欣賞之意，有些甚至貶低或不認同。雖然諮商會提供建議，卻是用在特殊的情況，如危機處理或評估。再者，問題解決是互相合作的過程，諮商師的角色在催化個案的動機與潛能。 8

喜歡當問題解決者來滿足需要的學生，可能會疏於覺察及處理自己本身的問題。雖然用解決問題的方式來助人也是出於一番好意，但卻隱含著不平等及優越感。傾聽和助人雖是諮商的重點，提供建議及幫個案解決問題卻可能一點助益都沒有。這麼做是剝奪個案的控制力及能力，並讓諮商師覺得他們可以「修好」個案，更糟的是，認為個案需要「被修好」，反而讓他們沒有能力去解決自己的問題。有效能的諮商師會假定，大部分的人只要能給他們選擇權以及在信任和鼓勵的氣氛下，他們都是有能力且值得信任的，會為了個人福祉及社會利益來設立並達到目標。

4.有些人從另一個專業轉換跑道。有些學生視學習諮商為自然而然發生的歷程，比之前的生涯選擇更令人滿意，也有很多人在工作場合接觸過諮商師。專業的諮商師及其他助人專家善於傾聽及有效率的解決問題，樹立良好的典範。老師、心理學助理、還有其他跟諮商師一起工作的人，耳濡目染之下，仰慕他們的人格特質，也想效法他們。不管是朋友或同事，他們都讓這些學生更瞭解諮商現場，也影響他們做決定的過程。因為這樣而來的學生通常明白諮商專業的優點及挑戰。另一方面，某些學生曾在教室或團體觀察過諮商師，但卻因缺乏知識而不明所以，這些學生對諮商專業可能有不切實際的想法。

其他的學生曾在相關助人專業工作過，他們認為學習諮商有助於當前的生涯發展。這些學生可能已在其他助人專業裡具備經驗、受過相關教育訓練或在職訓練，老師、牧師、運動教練及護理師都屬於這個類別。他們覺得諮商專業可以為他們現在的職場加分，例如，老師可以因進修學分或學位而加薪。有很多人完成諮商課程後想繼續留下來工作，還可以學到更高層次的知識與技巧。

還有些學生從與助人專業完全不相關的領域轉換跑道而來；他們認為諮商更符合他們的需要和興趣。這些學生可能從早期就從事某項工作，或者他們的工作不允許其展現真正的自我。他們渴望更接近真實的自己，因而認為諮商可以做到這一點。同樣的，他們對於天天從事這項工作的專業諮商師也有不切實際的認識。

5.**有些人曾接受諮商，以後也想成為諮商師**。有些人是因為過去痛苦的經驗而接受諮商。他們有勇氣尋求諮商的幫助，發現諮商改變了他們的一生，獲益匪淺，所以他們也想對個案發揮類似的正向影響力。在治療師的努力下，他們得以成長，擺脫過去痛苦的經驗，與令他們困擾的議題達成和解。有些學生從學校諮商師那裡獲得全然的注意力，他們的鼓勵與引導使其免於中輟，或者在低薪工作與上大學間取得良好的平衡。這些專業諮
9 商師的影響力讓人永生難忘，他們展現的人格特質讓學生也想投入這個領域，讓其他人也能享受到他們曾得到的服務。

相反地，有些曾接受諮商的學生發現諮商並未在重要時刻發揮作用，令人不滿，他們想給未來的個案更好的服務。說來不幸，有些人來學習諮商，是因為他們跟治療師或學校諮商師的諮商經驗不但沒有幫助，甚至造成傷害。他們的痛苦或許因其他較有效能的諮商師而得以解決，或者用其他方式解決，或者從來沒有獲得解決。不管如何，他們從未忘記一個無能的諮商師對他們帶來的負面影響。因此，他們決定學習諮商專業，這樣他們就可以做得更好。這類學生需要去覺察他們的個人議題，面對處理自己的未竟事務。如果沒有的話，他們就會有過度投入個案議題的風險，或者對在諮商中重現往日議題的個案懷有敵意。

6.有些諮商師想獲得地位與影響力；他們相信權力與控制的需求可以在助人時得到滿足。諮商關係本身是不平等的。諮商師處在權力、控制與影響力的位階。不管有意或無意，假使諮商師想要為個案解決問題，就可能會帶給個案負面的感受。他們的優越感作祟，看起來很有能力、幹練，比個案更優秀。除非諮商師謹慎維持平等關係，否則就會冒著先滿足自己對地位的需求，而非賦能個案去找到問題解決辦法的風險。諮商師越想要控制個案，個案就越有可能抗拒此種控制。很明顯地，這不是激勵改變的氛圍。

有些學生認為諮商就是成為專家，他們來學習諮商是為了滿足無所不知或操控者的需求，擁有知識和能力去治癒「壞掉」的個案，此種信念下隱含著某種自負。如果你認為自己充滿智慧、待價而沽，或者是個專家，準備要來大展身手奉獻自己的專業，你會對諮商歷程的本質失望不已。諮商師的工作和訓練是要協助個案找到自己的智慧，瞭解到自己才是專家。諮商師催化個案探索，接著設立適當可達成的目標。甚者，諮商師也會從每個個案身上學到智慧，個案在諮商過程中解決他們的議題，教導諮商師如何成為更有效能的助人者，也成為更好的人。

7.有些人想要有高收入。有些諮商師的確將技巧發揮得淋漓盡致，他們是例外的佼佼者。某些學生誤認諮商師像「精神科醫師」所描述的一樣，坐擁豪華辦公室，提供幾句箴言便獲得可觀的報酬。現實生活裡的諮商師可不是這樣，大部分的人收入中等，有些人甚至少得可憐。真實的情況是，那些需要我們提供服務的人通常都付不起錢。不是所有的個案都有保險，也不是所有的人都能自掏腰包用現金支付，但是他們需要我們服務的需求不亞於那些能付高價的人。事實上，專業責成我們要為那些無聲者發聲。心理酬賞對很多諮商師來說比物質酬賞更重要。

8.有些人有問題需要處理；他們認為可以藉由成為諮商師來自我解決問題。雖然這種動機未必覺察得到，不過有些學生進入諮商專業的確是為了解決自己的問題，希望諮商訓練可以為他們解惑。這些學生在成長過程期間未能得到注意，因而希望給孩子們在童年時期未能得到的關懷，或者給成人撫慰。這種動機本身沒什麼不好，過去的經驗讓人變得更有同理心。但是，成為一名諮商師不是用來解決自己的問題，事實上，諮商專業需要具備良好心理健康狀態的人進來學習並繼續維持下去。

你是可以倚靠諮商專業——你的問題自然會來找你。某天問題自會來到你面前，要求要做諮商。因此，面對並解決個人議題以免它們干擾你跟
10 個案之間的工作，是這個專業的要素。沒有解決好自己問題的諮商師，可能會將自以為有用的解決方法及目標強加在個案身上，但這並非有益於個案。當諮商師成功地解決自己的問題，他們就能幫助有類似問題的人，這些「負傷的治療者」（wounded healers）（Jung, 1969; Schneider & May, 1994）具有良好的同理心與經驗。諮商技巧幫助他們從過往汲取適宜的經驗，並適當地將同理心運用在治療中。

你有多瞭解自己？

上述這些動機並非彼此互斥，大部分成為諮商師的人是這些理由的特殊組合，很多動機還未能列舉出來。你或許符合上述多項動機，亦或一個都沒有。不管你的動機是什麼，你都應該瞭解這些動機如何影響你之所以成為你，以及你將成為哪種諮商師。

透過專業生涯滿足個人需求在本質上並沒有錯。Corey和Corey（2007）指出：「在理想的情況下，你的個人需求在滿足個案的需要中同時得到滿足」（p. 7）。然而，你必須小心地瞭解你的需求，並用適當且不會阻礙個案需求的方式得到滿足。你不能利用個案當作滿足需求的主要對象，他們不是諮商室外健康關係的替代品。

你的動機可能會隨著時間改變。促使你學習諮商的動機未必跟你願意繼續學習、投入現場與實習，以及最終成為諮商師的動機相同。個人的覺

察與成長意謂著你不能只靠學習——你還得有所改變。你不能不改變。當你持續學習，你會成為一個更真誠的人，你會發現這是一個富有挑戰性的情緒經驗。

當此時，學習諮商課程可能會引發某些焦慮，這是可以理解的，也是很自然的。如同我很多學生一樣，你可能會自我懷疑。潘妮並不怎麼確定她選對了課程，懷疑她是否該是一個英文老師；克雷倫斯納悶他是否能做好必要的自我功課；奧莉維亞想對這世界有點貢獻，但由於家庭責任，她也不知道是否能達到當初所做的承諾；伊凡和貝琪發現他們原來不是在做諮商，只是在給建議，兩個人都想知道是否能在諮商歷程中把持住自己的需求和意見。貝琪也擔心她不能像以前那位幫助過她的諮商師一樣，那麼有效能地協助她的個案。上述的每個人都不想跟班上同學和老師分享這些訊息，他們不知道該揭露多少、該保留多少。這些都是很常見的擔心。

你也可能會懷疑是否能達到加諸於你身上的要求，例如煩憂課業或是否能誠實且開放的審視自我。你可能會猜想是否能經由克制自我和善意的建議來幫助別人。這項專業要求實務工作者控管自己的需要、願望和喜好以便服務個案，因此，做好自我功課是必要的，你將展開的生涯要求你改變和真誠一致。成為一個真誠一致的人意謂著接觸自我真實的想法、感覺和行動，並確保彼此協調無間。這不是件簡單的任務，卻很值得去做。

想法、感覺、行動與脈絡（TFAC） 11

你正揚帆展開一段專業之旅，正如同前往一個未知的國度。當然，很多你所學的將來自於你的教育經驗，你的學術訓練是很重要的基礎，但並不保證你能成為一位專業的諮商師。同樣的，你也將開展一段個人之旅，一趟自我知識的旅程。這些知識大部分你已熟知，有些還很新奇，甚至陌生。為了成為一個有效能的諮商師，你需要做一個好的諮商師會做的事：**一位具有反思能力的實務工作者**（*reflective practitioner*）。你要學習檢視生命中的事件及你對它們的反應，你要對自我覺察和成長做出承諾，你將有

機會在課堂上完成這項自我功課，得到老師及督導的回饋，並將所學到的整合至你的行動、態度及諮商技巧中。

你的手記

為協助你瞭解這趟旅程，你該開始將想法記錄下來，把手記當作是這趟旅程趣聞軼事的紀錄。你的手記是反思的來源，也是你可以時常檢閱動機的地方。你會發現規律的記錄，不論是日記或週記，都會帶來洞察的效果。附錄 A「個人手記」會協助你在學習諮商時系統性的紀錄自我反思的內容。

透過閱讀、記錄手記、課堂討論及參與體驗活動，你將開始評估自我覺察的歷程。你的內在主觀經驗是傳統諮商專業的焦點，與其他相關助人專業有別（Hansen, 2005）。你將仔細檢視你的想法、感覺和行動，也能瞭解你的社會文化和個人背景——這些你看待世界的脈絡。你也將有機會觀察生活周遭及課堂中他人的行為意義，思考他們可能的想法和感覺，並學習到他們如何受到他們的特殊脈絡影響，與你所受的影響可能完全不同。

我們每個人都在建構自己的真實，唯有透過文字——內在與外在的對話，才得以瞭解自己與他人的現實（Rudes & Gutterman, 2007）。花些時間想想表 1.1 想法、感覺、行動與脈絡（Thoughts, Feelings, Actions, and Context, TFAC）內的問題，例如第一個問題，想一想：(1)**想**進入諮商這個行業的理由；(2)對此有何**感覺**；及(3)你的想法和感覺如何影響你的**行動**；接著再想想(4)你的**脈絡**。還有任何其他因素，例如你現在的工作狀況、家庭動力、個人特殊的背景變項——文化、性別等等，影響了 TFAC 嗎？要謹記在心的是，覺察不是靜止不變的。Hansen（2009）建議概念化自我覺察，就像在自我敘說一樣，是思考自我較有效的方式，他說：「故事，就定義上來看，並非終極客觀的真理……故事反映著持續不斷敘說的歷程」（p. 191）。多樣化的故事線可經由反思而擴展或摒棄。

表 1.1　TFAC——想法、感覺、行動與脈絡 12

自我	我的想法	我的感覺	我的行動	我的脈絡	其他？（具體言之）
為什麼我考慮要進入諮商這一行？					
我的動機是？					
我為這趟旅程的準備度有多少？					
我的擔心是？					
我還有哪些疑問？					
我的現實狀況如何影響我的反思？					
他人	他人可能的想法	他人可能的感覺	他人可觀察到的行動	他人外顯的脈絡	其他？（具體言之）
在這班上，我從別人身上學到的是？					
我的重要他人對於我開始這趟旅程可能的觀點是？					
授課老師的觀點是？					
我對其他人還有想問的問題是？					
我的現實如何影響我的觀察？					

註：T ＝想法或認知；F ＝感覺或情緒；A ＝行動或行為；C ＝脈絡（可能會進一步影響 TFAC 的因素，如家庭、社經地位、種族、當下的情境或不尋常的狀況等）；其他＝TFAC 未能涵蓋的任何說明，例如：你的直覺。

11 當你開始思考自己的觀點，不妨也藉由回答 TFAC 表下半部的問題來
瞭解別人的經驗和可能的想法。當然，你無法百分百的確定，但是諮商師會持續的對他人的觀點做教育性的評估。這些暫時性的想法根基於觀察，正確與否都有可能。它們是你最初進行的假設，你將學會驗證你的觀察，
13 但現在要做的是磨練你的能力，將直覺建立在觀察上，同時也要想想他人
可能體會到的感覺。你所觀察的可否說明你對他人可能的想法和感覺的評估呢？你是否發現他人的脈絡——文化、觀點、世界觀等等？花些時間在手記上寫下你的反應。是否有任何事情並未涵蓋進影響你觀察自我和他人的因素？把這些具體的記在「其他？」這一欄裡。

盡你所能的記下你的反思。當你做好完整紀錄，檢查一下 TFAC 的每個欄位，一一核對打勾。你一定會在自我覺察方面有所成長，增進你全面觀察他人的能力。

你能期待的是？

當你開始這門課、這項學習，並開啟專業人生時，前方等著你的是什麼？如果你想成為一個成功的受訓諮商師，你必須要會問問題。不要低估向老師及自己問問題的重要性，你也要學會向同學問問題，因為他們每個人都將獨特的專業知識帶入課堂中。你們要一起合作學習、琢磨技巧，在這趟專業旅程中互相照料，而不是互相競爭。你的老師和與之互動的專業諮商師都在設法幫助你成功，他們想知道你有哪些問題，並回答你的問題。

這本入門書目的在回答你許多進入此課程和專業的問題，採用新聞工作者的方式來組織問題。當記者想要探究事實真相時，他們會用 5WH——誰（who）、什麼（what）、何地（where）、何時（when）、為什麼（why），以及怎麼做（how）——來寫成報導。你也需要知道諮商的 5WH。本書的第一部就是環繞著 5WH 的問題：

1. 誰？（關於諮商師和個案的資訊）
2. 什麼？（關於諮商的起源、取向與實務的資訊）
3. 何地？（關於場所與環境的資訊）
4. 何時？（關於療程、階段與歷程的資訊）
5. 為什麼？（關於貢獻一己之力的資訊）

第二部將討論「怎麼做」的問題（關於基本技巧和諮商實務的資訊）。

本章稍早曾提到，你是否能回答別人問你「諮商是什麼」。那時候你的答案純粹來自於個人的知識和經驗，現在的你已經對諮商專業有較清楚及實際的瞭解了嗎？諮商在不同的情境、脈絡和文化下有不同的意義。當然，不是所有自稱**諮商師**的人都是專業的諮商師，我們曾聽過電話諮商師、葬禮諮商師、營隊諮商師、財務諮商師等等，這些都不是這裡所指稱的**專業諮商師**。專業諮商要複雜多了。

美國諮商學會（ACA）將**諮商**定義為：「心理健康、心理學或人類發展原理的運用，透過認知、情緒、行為或系統性的介入方式、策略，以瞭解健康、個人成長、生涯發展及病理學」（American Counseling Association, 1997a, para. 1）。你將開始的諮商課程會訓練你學習上述要素。訓練涵蓋多重領域，不僅僅是正規的課堂學習，還包含過去所有的經驗與知識。「諮商激勵學生成為一個博學通才、文藝復興式的學者，對美味的真理貪得無饜」（Kottler & Brown, 2000, p. 5）。

助人與諮商蘊含著倫理和文化要素。人類具有多重現實與多樣化的世 14
界觀，訓練有素的諮商師要服務來自不同種族及文化背景的個體。即便有很多人寧願看相似文化背景的諮商師（Moore, 2000），一個有文化勝任能力的諮商師還是能夠與相異背景的人共事。如果缺乏此類技巧，頗受歐美文化世界觀影響的諮商技術或許並非適用於非此主流文化的人（Lee, 2006; McAuliffe and Associates, 2008; Sue, Ivey, & Pedersen, 1996）。種族中心主義型的諮商師（不具備文化勝任能力）或許在無意間認為一個人的「文化

脈絡是所有人類行為的表現，而不是多種可能性中其中一種可能的文化表現」（Guindon & Sobhany, 2001, p. 271），因此學生必須意識到文化的內涵以及它對諮商各層面所帶來的影響。在進行學習、自我覺察訓練，及整個諮商生涯時，都要不時重溫這些主題。甚者，你會學到社會正義和倡議（advocacy）是諮商專業很獨特、不可或缺的部分。

大部分的諮商師都同意他們的生命因投入及成功完成諮商課程而改變。你已選擇必須要做些內在自我功課以達到個人成長的道路，為了成為一個好的諮商師，你非這麼做不可。你的學習包括經驗性的課程或多樣化的課程，事實上，你會發現這可能是你修過最具挑戰性的課。諮商師訓練跟你是否能將學到的重要知識概念，運用到演練與真實人生的能力有關。想當然耳，你的專業學術課程將會協助你獲得這些經驗性的學習，但是這樣還不夠，你整個人和所做過的每件事都是為了讓你記住、發揮及運用。每個生命經驗都帶領你越來越瞭解無限多元的人性。為了做到最好，你必須真誠地瞭解自己，透過你這面濾鏡，你才看得見個案和他們的需要。Kottler 和 Brown（2000）曾說：「諮商訓練人們成為生命更熱情的消費者」（p. 4）。哪種訓練能做出此種宣言呢？我相信，就像我大多數的同事一樣，成為諮商專業的一員是個福氣，也是種榮譽。

你準備好要開始這趟旅程了嗎？

摘要

本章一開始便呈現數個學生可能會問的問題，討論到將假設和價值觀帶入覺察的重要性，使其不至於強加於個案身上。本章也談到諮商師的共同點、描述成為專業諮商師的數種不同動機，還有提供資訊以瞭解學生對諮商課程的期待。這本入門書亦強調對多元化保持開放的重要性。

這是一個令人讚嘆的個人經驗，是我有記憶以來最好的。
我對自己更瞭解了。
——初學者對第一堂課的評論

第 2 章

誰？關於諮商師與個案

別懷疑一小群深思熟慮、信念堅定的人有能力改變世界。

事實上，世上的任何改變都是如此產生的。

——*Margaret Mead*

思考重點 15

大部分助人專業的相似點與相異點是什麼？

諮商與心理治療的區別為何？

專業諮商師的特質為何？

誰會來尋求諮商？他們的期待是什麼？

諮商師如何確定個案的需要？

諮商師—個案的關係像什麼？

什麼是文化勝任能力？

諮商專業

專業（*professional*）與**諮商**（*counseling*）這兩個詞常被過度使用。很多人提到工作就自稱專業，幾乎每個接受報酬的行業都說自己是「專業」，不管是否與助人有關。此外，不管用什麼能力助人，通常也會用「諮商」這個詞來描述自己所提供的服務。然而在本書裡，**專業諮商**這個詞，和非直接與此專業有關，或者跟諮商有關、但卻不需要高等訓練的行業有所不同。有學者用**治療性諮商**（*therapeutic counseling*）（Kottler & Brown, 2000），亦有學者結合**諮商**與其他字詞，如**心理治療**（*psychotherapy*）或**輔導**（*guidance*），藉以區隔其他非專業領域，還有學者僅單用**諮商**（*counseling*）這個詞（Gladding, 2009）。他們講的都是同樣的專業——包括學校諮商師、社區諮商師、心理健康諮商師、生涯諮商師等等。在第三章，我會詳加說明這些詞彙以及歷史源由。在本章裡，我們所關注的是專業諮商師的當代認同：成為我們應當成為的人。

16 要成為專業，必須表現出五種特性：(1)透過專業訓練獲取專業知識；(2)具有全國或國際性組織以監督其標準、能力與認證；(3)有規定和正式的倫理行為準則；(4)具備全國或州政府的認可與法律承認地位；(5)專業的實務工作者有清楚的認同。

在本書中，「諮商」與「專業諮商師」並不相同。有許多相關的專業亦進行諮商。本書第二部所說明的諮商技巧亦同時見於其他專業同行，如：精神醫學、心理學、社工、戒癮治療等等。專業諮商與其他助人專業相似，但也有隱微的區別。

與諮商有關的專業

助人的類別

為個人提供情緒或心理健康的服務稱之為**助人**（*helping*）。這項專業的宗旨為「諮商就是助人」。Gladding 在《諮商辭典》（*The Counseling Dictionary*, 2006）中將助人定義為：「在個人需要的時候，提供協助的非正式或正式歷程」（p. 67）。一般而言，助人涵蓋明確的階段和活動，與服務對象建立關係以協助其解決問題。Corey 和 Corey（2007）將所有相關領域及諮商從業人員皆稱為**助人專業**（*helping professions*）。助人的類別或層級包括非專業助人者、半專業助人者及專業助人者。

非專業助人者

非專業助人者（*nonprofessional helpers*）未接受特殊或正式的諮商訓練，也不是合法專業組織的成員（具備共同的知識體系、倫理或法律地位）。他們擁有關於人類需求的默會知識（tacit knowledge），從實務經驗中汲取智慧。他們使用的技巧相去甚遠，有些是本土民俗療癒者，大多數是志工。

半專業助人者

半專業助人者（*paraprofessionals*）是指服務人群的工作者，這個類別的人曾接受一些人群服務的正式訓練，例如大學學歷、社區大學的助人訓練、機構的在職訓練或工作坊的訓練等。雖然他們無法獨立執行專業工作，卻常為很多民眾提供第一線的協助。這些人包括舍監、青少年輔導員、心理健康技術人員、心理學助理、生涯發展催化員，以及某些戒癮諮詢員等。半專業助人者未能符合上述專業人員的五項準則，然而，他們大多能提供必要的服務，對於服務對象的心理健康也有正面助益。

專業助人者 17

專業助人者（*professionals*）同屬相關的助人或諮商專業，符合上述五大準則。他們擁有學士層級以上的訓練、實習、學位與工作經驗，接受資深實務工作者的督導，終而能獨立執行專業工作。這些人隸屬各種心理健康領域，如心理學、精神醫學、社會工作、婚姻與家族治療、精神醫學護理師、專業諮商、戒癮諮商等。與其他助人類別不同的是，他們有能力提供預防與治療服務，獲得州政府級的認可或執照。此種認可乃根據專業組織所發展與堅守的全國通用標準。

心理治療與諮商

從事助人專業者有時會使用**心理治療**（*psychotherapy*）和**心理治療師**（*psychotherapist*）這兩個詞來指稱工作或自己，其實並沒有名為此的專業。心理治療是一套有系統的助人專業活動，為尋求服務的人提供心理健康協助。助人專業會運用心理治療來服務個案，然而，並沒有一種特定的心理治療專業存在或符合上述五項可稱之為專業的準則。**諮商**和**心理治療**的書籍作者或從業者常同時或交互使用這兩個詞，其他人則以提供協助的層級不同而加以區隔。諮商包含心理治療，但不限於此，同樣的，心理治療跟諮商的許多歷程類似，但並未能涵蓋諮商的所有功能。**諮商**意指能促進成長或健康（例如心理健康）的活動，也能治療心理苦惱及疾病。**心理治療**主要是指改善及治療心理疾患，亦能促進成長或健康。兩者在強調重點及歷史背景上有所差異。專業諮商起源自 20 世紀初美國的輔導運動；心理治療則約同時在歐洲因心理分析運動而發跡。第三章「什麼？關於諮商的定義、過去與現在」會幫助你更瞭解此中的細微差別。

心理健康專業同行

雖然助人專業的哲學理念各異，訓練也稍許不同，但在現實情況中，這些專業同行通常在同樣的場所提供同樣的服務。每個學門對訓練和實務各有要求，亦有所重疊。專業諮商師將有機會與其他從業者互動、諮詢及合作，分享資訊。

社會大眾未必能區辨或瞭解不同的專業，外人常在霧裡看花的情況下進入其中一種專業。很不幸地，有些實務工作者陷入**地盤戰爭**（turf wars），企圖排擠其他專業人員進入某些特定的場域，例如社區心理衛生中心或精神醫院。在第七章「何時？關於歷程、階段與程序」將詳加解說諮商認證過程。

你必須對每一項專業有清楚的概念，表 2.1 說明心理健康相關專業學門。

表 2.1　心理健康助人專業同行 18

學門	入門資歷	專業組織	常見的工作場所
專業諮商師：學校諮商師	理學碩士、文學碩士、教育碩士	ACA, ASCA	公私立學校
專業諮商師：社區／心理健康諮商師	同上	ACA, AMHCA	社區機構、心理衛生中心、精神醫院、私人執業
專業諮商師：生涯／組織	同上	ACA, NCDA, NECA	大學與學院、工商界、政府、生涯中心
專業諮商師：復健諮商師	同上	ACA, ARCA	復健中心、醫院、政府單位
專業諮商師：高等教育學生事務	同上	ACA, ACPA, ACCA	大學與學院：生活輔導組；某些諮商中心
婚姻與家族治療師	同上	AAMFT	社區機構、心理衛生中心、精神醫院、私人執業
遊戲治療師	同上	APT	同上
精神科護理師	護理理學碩士、註冊護士	APNA	精神醫院、醫學中心、復健中心、私人執業
心理學家：臨床	哲學博士、心理學博士	APA(a), Div. 12	精神醫院、醫學中心、私人執業、社區機構、心理衛生中心、復健中心
心理學家：諮商	哲學博士、教育博士、數州的理學碩士、文學碩士	APA(a), Div. 17	精神醫院、醫學中心、私人執業、社區機構、心理衛生中心
心理學家：學校	哲學博士、教育博士、理學碩士、文學碩士、數州的教育碩士	NASP, APA(a), Div. 16	學校、私人執業

表 2.1　心理健康助人專業同行（續）

學門	入門資歷	專業組織	常見的工作場所
社工師：臨床	社工碩士	NASW	社區機構、心理衛生中心、精神醫院、私人執業
戒癮諮商師、專業諮商師：戒癮	副理學士、副文學士，或理學碩士、文學碩士	NAACT, ACA, IAAOC	社區機構、心理衛生中心、精神醫院、復健中心、戒癮中心
19 精神科醫師	醫學碩士	AMA, APA(b)	精神醫院、醫學中心、私人執業、社區機構、心理衛生中心、復健中心

註：ACA = American Counseling Association，美國諮商學會，各分會包括：

IAAOC = International Association of Addictions and Offender Counselors，國際成癮與違法者諮商師學會

ACCA = American College Counseling Association，美國大學諮商學會

ARCA = American Rehabilitation Counselor Association，美國復健諮商學會

NCDA = National Career Development Association，全美生涯發展學會

NECA = National Employment Counseling Association，全美就業諮商學會

與 ACA 有關，但獨立於 ACA 者：

AMHCA = American Mental Health Counseling Association，美國心理健康諮商學會

ASCA = American School Counseling Association，美國學校諮商學會

AMA = American Medical Association，美國醫學學會

APA(a) = American Psychological Association，美國心理學會，各分會包括：

Div. 12 Clinical Psychology，12 分會，臨床心理學

Div. 16 School Psychology，16 分會，學校心理學

Div. 17 Counseling Psychology，17 分會，諮商心理學

APA(b) = American Psychiatric Association，美國精神醫學學會

AAMFT = American Association of Marriage and Family Therapy，美國婚姻與家族治療學會

APT = Association of Play Therapists，遊戲治療師學會

ACPA = American College Personnel Association，美國大學人事學會

APNA = American Psychiatric Nurses Association，美國精神科護理師學會

NAACT = National Association of Alcoholism Counselors and Trainers，全美酒精成癮諮商師與學會訓練者

NASP = National Association of School Psychologists，全美學校心理學家學會

NASW = National Association of Social Workers，全美社工師學會

諮商取向

發展取向的諮商

專業諮商師從發展的角度與個案共事，他們將個案視為在生命歷程中經過正常的發展階段，並可能在其中遇到挫折及困難。在人生某個階段能夠順利發展，並不表示在其他階段也能一帆風順。專業諮商師不但致力於預防與健康，也注重治療與介入。發展／健康取向是專業諮商師的正字標記，建立關係與心理教育是諮商歷程的重點，專業諮商師和個案一樣「能在心理、生理和社會層面上發揮最佳功能」（Gladding, 2009, p. 48）。

認同自己是專業諮商師者能在多項場合大展所長，例如學校、社區、心理衛生中心，或者成為生涯、組織及復健諮商師、高等教育學生事務處的諮商師及婚姻與家族諮商師。他們的共同點是具備相同的基礎訓練（共同的知識體系）及認同全國性的專業組織，即美國諮商學會（ACA）及其分會。他們亦遵守倫理準則（見 http://www.counseling.org/Resources/CodeOfEthics/TP/Home/CT2.aspx）。每樣專業諮商的專門項目都將在本書裡有詳細說明。

專業組織為美國心理學會（American Psychological Association, APA） 20
的諮商心理學家也採用發展取向，通常須具有博士學位。但某些諮商心理學家較隸屬於美國諮商學會（ACA）下的諮商師更傾向於採取醫學或心理病理取向。

醫學／心理病理助人取向

醫學／心理病理助人取向最廣為精神科醫師、護理師、臨床心理學家等醫療專業同行所採用。以此取向觀之，就像身體生病時一樣，使用此服

實務線上 **你會怎麼做？**

潘是私人社區心理衛生中心的諮商師，須對本市的中學提供服務。她有幾年在機構服務的經驗，在這所學校服務目前只是第一個月。學校諮商師轉介 13 歲的麗茲，因為她在學校的廁所吸大麻，還用簽字筆隱藏藥管與迷你湯匙。潘剛結束第一次談話。

> 麗茲說她沒帶任何藥物和酒到學校，她堅持她是幫 14 歲的男友帶的，因為他闖了禍，不能再被抓到。我不相信她。我認識這個男孩子，特別愛鬧事。她求我不要告訴她爸媽。當學校諮商師通知家長時，他們立刻來到學校並在辦公室外等待。從麗茲的紀錄可看出她的學業成績並未下降，但是蹺了幾堂課。我也明白她的爸媽並不在意她的功課。我該如何獲得麗茲的信任，並讓她爸媽瞭解事情的經過呢？

課堂討論

1. 潘展現了哪些諮商師的特質？
2. 她可能缺少哪些特質？
3. 她具有哪些價值觀？
4. 如果麗茲是你的個案，你要如何塑造治療情境，並與她建立關係？

務者稱為病人，需接受醫師的診斷與治療。診斷與治療計畫是必要的步驟，在精神醫院、心理衛生中心或社區機構等場所進行。提供診斷是保險公司強制要求的項目，為了得到保險給付，臨床工作者必須表明這是「醫療必要」（medically necessitated）的治療。社區心理衛生中心的諮商師、戒癮諮商師及臨床社工師等助人專業者，也能夠診斷心理疾病並發展治療計畫。然而，並非所有求助於專業諮商師的人都有心理疾病。此外，單用醫療取向將無法如專業諮商師那樣處理有發展議題或生活問題（如生涯相關或生活轉換議題）的個案。

精神科醫師是醫療專科醫生，所以能夠開藥。專業諮商師及其他和心理疾病有關的人員必須諮詢精神科醫師，只有他們才能診斷、開立處方籤，定期評估病患的治療。大部分的精神科醫師並不像其他助人專業者那麼常提供心理諮商，而是將病患轉介給合格的心理治療師。雖然某些心理問題 21
可單用服藥獲得改善，然而藥物合併諮商是治療許多心理疾病的最佳選擇。對於其他的一些疾病，僅用諮商或藥物治療就可以了。

社會系統／個案管理助人取向

婚姻與家族治療師以及臨床社工師傾向於採用系統取向助人。此種取向視個案的問題除了診斷得出的疾病外，還可能來自於社會和家庭系統，因此個案不只是孤立的個體，其呈現的問題僅是眾多會影響心理健康與情緒的因素之一。他們會考慮個案的人際關係及文化背景。傳統上社工師要服務貧困階層民眾，並顧及其所處的社會和家庭系統。現在的社工師作法不一，同時採用個案管理與諮商者有之，為了從事諮商或心理治療，他們亦額外接受臨床社工訓練。婚姻與家族治療師主要以伴侶或家庭為單位，但他們也會在治療過程中對家庭成員進行個別諮商。近來，諮商與相關教育課程認證評議委員會（CACREP）標準及倫理準則均要求專業諮商師在受訓的過程中必須考量個案生活與工作的脈絡或系統。

目標人口助人取向

為服務某些特定人群，助人者必須具備特殊知識與訓練。在眾多專科與分科中，復健諮商、戒癮諮商與遊戲治療為三大主流。

復健諮商師的專長是為身心障礙者提供諮商服務，他們具備身心障礙的就業限制評估知識，工作項目之一是在現存的社經系統下進行就業準備與安置。其教育訓練背景必須符合復健教育委員會（Council on Rehabilitation Education, CORE）的標準。這些助人者的工作場合通常為退伍軍人服務中心、職業復健中心等等。

戒癮諮商師，又稱為物質濫用戒除諮商師，多採取醫學／心理病理取向或系統取向。他們受過高度專業訓練，強調個案管理與患者的服從性更甚於心理治療與諮商策略。他們的工作地點通常是在社區的物質濫用戒除中心、醫院或復健中心等大型機構的戒癮科。過去的戒癮諮商師僅接受工作坊或社區大學層級的訓練，因此被認為是半專業助人者。近來，戒癮諮商師已朝向專業化，多數州也要求必須有研究所學歷及其他合格證明。現今有很多戒癮諮商師與其他助人專業者、專攻成癮的諮商師共事合作。

遊戲治療師運用遊戲而非傳統的諮商技巧來提供治療。遊戲治療師特別專精於兒童的需求，尤其是創傷與失落的議題。兒童的語言能力不如青少年與成人，由於他們無法直接流暢地表達問題，遊戲就成為很重要的治
22 療素材。沙箱、娃娃與木偶、遊戲、藝術、音樂等皆可運用於治療中。遊戲治療對成人也很有效果。其他擅長服務兒童者還有學校心理學家及兒童心理學家。學校心理學家提供服務給遭遇困擾因而影響學業和情緒的兒童，他們與學校諮商師密切合作。兒童心理學家是專精於兒童期問題與疾病的臨床心理學家。

個人與專業的選擇

我們可以很清楚地看到，這些助人專業在實務與工作場所上有所重疊，除了精神科醫師外，他們是同多於異。儘管如此，他們的哲學理念、專精領域與重點訓練課程並不同，任何諮商初學者都應該好好比較這些專業的學習課程，再來決定哪一個最適合自己的個性、人性觀及對工作的期待。不同學門的工作與專業層級各異，不管你選擇哪一門專業，前輩都會告訴你達到目標的過程並不輕鬆。你自己的成長發展會帶來個人酬賞、人際關係的滿足及智性上的領悟，相對的也會造成個人負擔、人際耗損與認知上的挑戰。你原本的個人特質與透過訓練而發展的特質，會影響你是否能成

為一個有效能的諮商師。

專業諮商師的特質

治療關係的品質與個人風格息息相關，與特定的助人學門或治療取向無關。許多學者已闡明何謂有效的諮商師（Corey & Corey, 2007; Cormier & Hackney, 2008; Fiedler, 1950; Neukrug, 2007; Rogers, 1951）。五十多年來，關於有效助人與個人特質間的研究在在顯示諮商關係的品質是影響治療效果的重要因素。Carl Rogers 早在 1942 年就提出溫暖、真誠等個人特質是建立關係的關鍵因子。不論學派或治療取向為何，自我——亦即助人者本人——能夠建立並維持治療同盟乃是成就諮商效果的要素。治療同盟取決於諮商師的個人特質，事實上，諮商師的自我乃是諮商中最重要且最值得注意的地方。

要能在諮商中有效協助他人解決問題，專業諮商師均須具備某些重要的特質。Corey 和 Corey（2007）闡明「理想的助人者」（Ideal Helper）的特點。沒有一個諮商師擁有完美的特質，不過大部分的諮商師兼或有之。注意：別期待在受訓一開始就想修練好所有的特質，因為這些特質的完美性，所以諮商師終其一生皆想努力獲得、維持與改善，在這一點上你應該跟自己比較，否則就會失望。重要的是願意踏實地評估自己的優點，瞭解需要加強的地方。本章末的想法、感覺、行動與脈絡（TFAC）表將協助你誠實評估自我，逐漸成為理想的助人者。

有效的諮商師特質 23

有效的諮商師所展現出來的特質可分為數類，少則四至五種主要特質，多則達 25 種以上。它們通常都可涵蓋在相同的核心特質內。數種有效的諮商師之必要特質為：

同理心

想要進入諮商專業的人，最最重要的，就是對他人的同理心，認同且感覺與他人有所聯繫、親近。有同理心的人似乎具有「天線」，可以感受到他人的感覺。他們也能夠從他人的角度看事情，而不是只從自己的觀點出發。他們在乎其他人，特別是他人的情緒好不好。如果沒有同理心，我們就沒辦法瞭解個案，也就無法幫助他們。同理心是專業諮商的基礎，在諮商師的特質中排名第一。

然而，光具有同理心不足以讓他人產生治療性的改變。同理心僅是一種感覺，人也可以對電視節目的角色產生同理心，但不一定要將同理的感覺傳達給電視中的角色知道。治療的改變始於諮商師不僅有同理心的感覺，還能將同理的瞭解傳達給個案。同理的瞭解意指諮商師能傳遞他們的感覺和想法。大部分的初學者基本上都具有同理心，不過同理的瞭解卻是一套需透過訓練及練習的技巧。

客觀性

能夠與他人產生連結，但同時又能退一步正確檢視他人和關係，是同理心的要素。所有的諮商師都需要發展此種能眼觀四面、耳聽八方，卻不致被問題困住的技巧。客觀性讓諮商師得以回應他人的痛苦，卻不至被吞噬或無法自拔，你也必須分辨同理心和同情心的不同。有同理心的人能體會到他人的痛苦與苦難；有同情心的人覺得這痛苦就好像自己的一樣。有同理心的諮商師不會因而個人的需要讓個案的痛苦儘快消失不見，事實上，有同理心的諮商師明瞭經由修通痛苦以臻完整是治療很重要的一環。相反地，有同情心的人只希望受苦者能趕快好起來，這樣他自己也才覺得好過一些。簡言之，有同理心的人不會把自己跟他人的痛苦、難過、苦惱或憂傷混淆。同情心並不能帶來治療性的改變，同理心卻是改變發生的關鍵條件。客觀性讓諮商師瞭解其間的差異。

敏感度

敏感度是同理心的一部分。諮商師的所見所聞不僅於外在的不完美，
有效的諮商師瞭解個人的本性比外在因素，如外表、社會地位、行為更重
要。敏感度意謂著對個人具有同理心，以和善與溫暖接納之。當諮商師如
其所是的接納他人時，就是在展現敏感度。諮商師「不會因人性的缺點、
不足與軟弱而感到丟臉」（Peterson & Nisenholz, 1999, p. 6）。接納人之所
以為人並非同意某些危險或不能接受的行為。諮商師給予慈悲——對他人
的痛苦感同身受，迫不及待伸出援手。慈悲讓諮商師對他人的悲傷以適當 24
的方式回應。沒有敏感度，就不會有同理心和慈悲心。

觀察力

由於諮商師具有高度的同理心，他們善於觀察人類的生活情境。觀察別人是諮商歷程中不可或缺的一部分，但有效的諮商師不僅是被動觀察而已。諮商師的角色是要協助個案瞭解自己的現實狀況，幫助他們做適當的決定。諮商師要對個案的想法、感覺和行動進行暫時性的分析，瞭解個案行為的意義、潛藏在行為之下的感覺、行為的動機、所處的社會脈絡等。因此，諮商師必須要有正確的知覺，亦即敏銳感知現實。有效的諮商師能覺知個人所處環境，對所觀察到的進行抽象性思考。他們可以統整所有個人與專業訊息，不致扭曲現實。

自我覺察

諮商師具有自知之明，願意自我探索。五十多年前，Tolbert（1959）即言，瞭解自我，覺察自我的偏見、態度和價值觀，是助人的必要條件。時至今日，洞察依然是諮商師效能的重要元素。因此，要成為一個諮商師，就要學會自我覺察，將自我功能發揮得淋漓盡致。教育無法改變本性，卻可以去蕪存菁。諮商師有責任竭盡所能的覺察，瞭解自我的生命議題。經

由反思及探索，諮商師不斷的成長與改變。他們覺察自己的需求、助人的動機，留意自身的感覺與想法、自己的行為如何影響他人，越來越瞭解自己的優點並加以發揚光大，也明白自己的因應技巧和專業能耐，看看還有什麼能改進的地方。覺察自己的問題，看到未解決的個人衝突，更是符合倫理的專業行動。

覺察並接納多元世界觀

諮商師重視、欣賞、接納人與人之間因文化、種族、年齡、能力、性別、宗教、性傾向等所形成的差異。人類生活在兩種世界裡，其一是個人天生的文化、種族、性別世界，另一個就是當下的現實，這兩種世界組成其世界觀。有效的諮商師不但致力於自我覺察，他們也不斷地增進對人類世界多樣性的覺察，換句話說，他們覺察多元文化，覺察個人的出身背景，瞭解其如何影響個人的世界觀。缺乏覺察會導致偏頗。瞭解他人多樣的價值觀在這多元文化的社會裡是必要的。

但僅有瞭解還不夠，有效的諮商師還必須具備民主精神，他們不僅接納差異性，更不會因他人的階級、教育、文化、種族、年齡、能力、性別、宗教和性傾向而加以歧視；亦不會試圖改變或控制他人深嵌於文化的信仰或行動。他們具備四海一家的胸襟，尊重他人（Brems, 2001）。他們相信每個人都具有能力，能完全發揮功能（Kottler & Shepard, 2008）。諮商師對於多元化思想、感覺和行動具有高度的忍受力，無論何時何地，盡一切努力消弭社會的不公不義與迫害。

心胸開放

諮商師明白固著與先入為主的觀念會影響個案與諮商歷程。心胸開放不只意謂著在知識層面接納諮商師的外在世界，還包括瞭解個人的內在世界以及內在標準、價值觀、假設與知覺，這些若不加以覺察管理，就可能會投射在個案身上。諮商師不僅要開放及接納他人，還要對自我開放，他們投入人際互動，與督導、同儕、教授等分享資訊。開放還包括願意適當的自我揭露、接受建設性的回饋。好的諮商師能接受回饋，仔細思考，並整合必要的改變至信念、態度或行為中。此種開放是自我成長與覺察的基石，使諮商師成為一個誠實、真誠、不矯揉造作的人。有效的諮商師是「真情流露而非隱藏自我」（Kottler & Brown, 2000, p. 16）。

正直

正直意指以個人的價值觀引導倫理行動，正直並非渾然天成，而是根據自己的道德與倫理信念去做選擇。諮商師具有高道德標準，遵守專業倫理準則，在工作和生活中都嚴以律己。其中一條倫理信念就是：「客觀、理性、智性的做決定」（Ahia, 2003, p. 26）。

諮商師竭盡所能的以高道德標準及倫理行為來規範生活。道德不同於倫理，道德是指個人能明辨是非。雖然道德不必然與宗教信念有關，但通常以歷史悠久的教義為本，例如不傷害他人、要協助窮人。「倫理通常指對個人決定或行為所做的判斷」（Ahia, 2003, p. 26）。個體會對自己和他人的行為是否合乎道德或倫理下判斷及結論。雖然諮商師必須評估自己的行為，但卻不評判個案的行為。諮商師自有一套價值觀，要求他們合乎倫理及正直。他們選擇接受人性，而不管個案的行為如何，這種倫理中心的價值觀就是正直。

然而，正直不只是倫理、道德和價值觀而已，它還關乎是否值得信賴，值得信賴的諮商師可靠、有責任感及可預期性。可靠指的是諮商師為其行動負責；可預期性意指諮商師貫徹合理的期待；值得信賴可簡化為一句：量力而為，說到做到，這是專業的精髓。

問題解決創造力

諮商師用全新的角度來看問題，並思考其他可能的解決方法。他們相信個體終能達到認知、行為、情緒、人際關係及系統的治療性改變。由於

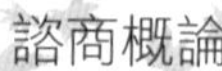

此種信念，他們視自己為改變的催化劑，透過問題解決創造力來促成改變。

諮商師對問題解決採取社會導向，不會把解決他人的問題當作滿足自
26 我需求的替代品。諮商師是任務導向的，認為自己是解決辦法的一環。他們提供協助，卻不勉強個案，以免犯了自以為是的毛病。換句話說，提供協助而並非告訴他人該怎麼做。諮商不等於給建議，諮商師也要避免給建議，個案自己想出來的解決方法對他才深具意義。諮商師的問題解決能力表現在催化個案的選擇，共同想出多種健康又合宜的問題解決方式，以滿足個案的需求。

好的諮商師能夠將看似破碎的要素重新連結，用新奇、創新的方式觀看事物。他們是創意思維者，會重新定義問題，再三思考解答，因此，創造力是許多諮商師的特質。創造力有很多種形式，有些諮商師會在諮商中運用非傳統、藝術的技巧，如音樂、繪畫、詩歌等，有些則具獨創性思考。「創造性思考是指能夠用新穎、不落俗套的方式想到獨特的問題解決方法」（Santrock, 2006, p. 306）。

個人活力

諮商需要全力投入另一人的生命，對細節的專注力及自我專注力都要夠強。這個專業的要求嚴苛、富挑戰性、日新月異，對體力、情緒和心理的負擔極重。如同 Gladding（2009）說的：「要會忘我——把個人的需求放在一邊，先傾聽和照顧他人的需要」（p. 35）。

健康是個人活力的先決條件。諮商師必須體認到如果想要擱置自己的需求來服務個案，就得先照顧好自己。營養、運動、興趣、休閒活動、良好的人際關係等都可以補充個人活力。諮商師把他的能量用在服務個案上，要全心全意地照顧個案並不容易，想要完全顧及他人的需求，身體和心理都要全神貫注，如果沒有足夠的能量，諮商師就無法有效地注意他人的需求。當諮商師的能量充沛，壓力與耗竭就容易消退了。

能力

諮商師要精熟技巧，隨時吸收有關諮商實務、研究、方案發展與評估等方面的新知。諮商師必須處理高度認知複雜性的問題，即使面對同樣的問題，還要運用擴散性思考（divergent thinking）激發各種不同的可能性及解決策略。也就是說，透過訓練及繼續教育，他們有豐富的策略做後盾，有效地規劃問題解決方式。他們的能力建基於後設認知知識，一如往常地因時、因地、因人適用諮商策略，同時又能忍受模糊與未知，檢視非結構式情境，甚至在必要時發展結構或創造結構。

有時候個案的問題非諮商師的專長。有些諮商師知道他們的能力、知識、訓練或督導不足以處理個案的議題，承認自己的專業能力不夠，因此不會做超乎個人訓練與經驗的事。他們知道該將個案轉介給誰，尋找機會充實知能，接受再教育與督導。諮商專業知識與訓練不是一成不變的——而是一股活水。由於要不斷地求新求變，諮商真是一個永無休止的生涯領域。

良好的心理健康 27

雖然諮商師不必是完人或毫無缺點，但為了成為一個好的助人者，他們必須保持心理健康，不受自身困擾所影響。諮商師要願意自我探索，修通人際關係以促進自我成長，他們是真實的，想成為一個在思想、行動和感覺上均真誠一致的人。良好的心理健康包括有能力建立且忍受親密關係，諮商師能自在地與人保持親近。心理健康的人自發性高，自尊與自重。他們是獨立的個體，倚賴個人內在資源與潛能，又能維持健康的關係。如同其他人一樣，他們也有友情、愛情、安全感、尊重與隸屬的需求，同時亦能維持良好的個人界線。

心理健康的人彈性而不僵化，他們不害怕未知、新奇或不熟悉的事務，喜歡健康有益的冒險。他們能忍受生命和世界的曖昧模糊，並有強烈的好奇心——人類天生就有的興趣。他們願意去體驗和欣賞這個世界，發現生命的樂趣與奇妙，富有幽默感，看到生命荒謬性的一面。然而，他們的幽默感卻不是用來嘲笑別人，而是沒有敵意及諷刺意味的幽默。

諮商師能協助他人臻於情緒與心理健康的程度，不會超過自己本身能達到的層次。很不幸的，某些人無法認知到自己的心理健康已岌岌可危，情緒衝動、對自己的行為或想法判斷錯誤。心理不健康的諮商師不能提供個案良好的服務，還可能會傷害個案，這些不適任的諮商師必須尋求協助。我們希望個案能自我實現，協助其設立目標以發揮潛能，那麼我們也應該努力將自己的能力提升到盡善盡美。

價值觀的角色

與有效的諮商師特質密切相關的是諮商師的價值觀，價值觀是推動個體並建立生活準則的影響因素。價值觀可被意識到，也可能不被意識到，它反映了個人或機構的世界觀。它們是社會建構出來的，也就是說，個人和團體透過語言創造了他們所知覺的社會**現實**（*reality*）（Rudes & Gutterman, 2007），價值觀是相當主觀的現實。

諮商師必須清楚地瞭解自己的價值觀。雖然他們並不強加價值觀在個案身上，但事實上，沒有哪個諮商歷程或諮商師能真的不受價值觀影響。諮商制度就是建立在一組特殊的價值觀上。傳統的諮商理論與實務建基於西方主流文化的世界觀，重視獨立、物質主義與理性主義，這種世界觀強調個人主義及自主性、行動導向問題解決、競爭與成功、未來導向、努力工作就會帶來金錢與內在酬賞。而且，諮商的價值觀及目標之一就是協助個案賺錢養活自己，並對國家社會有所貢獻。

另一個價值觀是期待個案能談論感覺，不用說，這也是植基於西方主流文化的世界觀，重視想法和行動甚於感覺。多數諮商策略會注意情緒，但最終還是期待個案有所行動。某些諮商策略只著重感覺或行動。對某些個案而言，因其本身的價值觀，或自身文化世界觀的價值內化，他們看重感覺甚於行動，或者只行動不談感覺。

個體同樣具有個人獨特的價值觀，不僅從社會文化內化而來，且從家 28
庭、宗教信仰及社會階級中習得一套特有的價值觀。價值觀包含某些信仰，例如：工作和金錢的重要性、墮胎、同性婚姻、性行為、酒精、藥物，還有好多好多。這些價值觀可能與主流世界觀大相逕庭，也可能源於主流文化。

另一個諮商專業抱持的價值觀就是：不可加諸個人與主流文化的價值觀於個案。諮商師不能否認自己也有價值觀存在，諮商師的選擇並非價值中立或某套價值觀，而是隱藏或顯露自己的價值觀。在意識清楚覺察的情況下清楚表達自己的價值觀，諮商師才能衡量，接著才不會將自己的文化與個人價值觀強加於個案。

諮商師的任務之一就是協助個案清楚地瞭解自己的價值觀。諮商師要鼓勵個案覺察，質疑不適當的價值觀，這樣才能內化符合自身文化的健康價值觀。另一個任務是創造一個好的氛圍，讓個案能覺知適合自己的價值觀並加以實踐。學習這門課時，你也會被要求做同樣的事。如果你無法瞭解自己的價值觀，你就不能協助個案滿足其價值觀。你必須問問自己：「我的核心價值觀是什麼？我實現了多少？它們跟這個專業的價值觀吻合嗎？」

誰是個案？

來尋求諮商的人沒有哪種特定的類型。種族、性傾向、年齡、教育程度、職業、社會地位、財力、家人和朋友支持度各異的人皆有可能是個案。個案表現出不同嚴重程度的症狀、苦惱及困惑；有些人具有優秀的洞察力和自我覺察，有些人缺乏；有些人擁有良好的社交技巧，有些人則沒有；

有些人擅長認知功能，有些則否；有些人情緒穩定，其他人則不然；有些人自動自發前來，有些人是心不甘情不願。

他們的共同點就是需要改變，諮商等同於改變，雖然有些人會改變是因為想要過更令人滿意的生活，但還是有些人興致缺缺。很多前來諮商的個案並不一致，他們的想法、情緒和行為表裡不一。他們常覺得被卡住了，前途茫茫、進退維谷，深感絕望、恐懼、害怕、丟臉、難過，甚至疏離。

個案的期待與經驗

多數個案前來諮商是希望被「治好」，或要求諮商師治好某人。他們沒辦法處理家庭失和、絕症、爛成績、失業、性虐待、酒癮、尋常的生命轉換，或其他數也數不清的煩惱，他們認為諮商師會傾聽、理解和幫助他們。因為過去的經驗不同，個案對諮商的認知也不同，可能會賦予諮商師一個先入為主的角色，個案也可能沒有諮商經驗。文化的價值觀也會左右他們的期待，很多人期待諮商師解決他們的問題、給個神奇的答案、把痛苦都帶走，或者做個測驗就可以告訴他們接下來該怎麼辦。也有很多人認為他們只是被動地接收諮商師的智慧與專業罷了。

29 諮商並不僅僅是解決問題而已，相反地，諮商師要協助個案瞭解自己是唯一能解決問題的人，自己才是問題的專家。諮商師的工作在幫助個案瞭解諮商的本質及諮商師的角色，諮商不只是要瞭解問題而已，還要瞭解這個問題如何與日常生活模式相呼應。諮商師要協助個案認清這一點，終而達成一個或數個諮商目標。很多個案發現專業諮商關係是很好的支持，帶來一生的改變，更有許多個案認為這裡是反思及學習新知識、新行為的地方。

多數人來諮商前都已試盡千方百法解決問題，他們前來尋求幫助是因為想要用不同的方式思考、感覺或行動，這些人自動自發前來諮商。然而，有些人不是因為自主意志而來，他們不相信自己的想法、感覺或行為有什麼不對，不覺得需要改變。這些人被周遭的權威人士強迫過來，包括因為搗亂班級秩序而被轉介至學校諮商師的青少年；因藥物濫用、違法、認知功能障礙、監護權戰爭而被法院裁定強制接受幫助的人，他們根本不想接受協助，也比那些想要改變的人還難接近。非自願性的個案可能是諮商師遇過最具挑戰性的對象，他們覺得自己是被迫的，也沒什麼動力改變。不過，諮師會學習一些技巧來有效地協助這些個案。

自我揭露與冒險

前來尋求諮商的人都很有勇氣，接受陌生人的幫助是將自己置於易受傷害的情境。個案需透露連最親密的家人或朋友都沒說出來的心事，會焦慮或害怕都是情有可原的。個案冒險將自己呈現在諮商師面前，讓諮商師看到他們「生命」的一部分，希望諮商師能帶來某些改變。個案必須相信他們在諮商歷程中不致受到傷害或虐待，這真的很需要勇氣。在認為諮商師值得信賴之前，個案不可能坦露他們的態度、感覺、信念與行動。透過諮商關係，個案必須冒險以獲致成果，所謂的冒險，可能是重新經驗痛苦的過去，或是談論先前的失敗和錯誤，也可能是嘗試新的體驗和行為。諮商師的任務在創造治療性的情境，使真誠的自我揭露與健康的冒險得以產生。諮商師必須建立信任關係、探索問題的本質、發展治療計畫，諮商師也必須瞭解心理病理學（心理疾病）與評估（診斷），以及正常的發展議題、影響個案的文化脈絡因素。諮商師必須致力於個案評估。

個案評估

評估是治療計畫的重點。治療開始於跟個案第一次接觸的第一分鐘，諮商師必須蒐集足夠、具體的資訊以做正確的評估，並發展治療計畫以協助個案更能完全發揮功能。評估，不管是經由觀察、結構式問題或測驗，都是必要的。

30 心理病理學

我們該如何區辨正常與異常、適應與不適應、有功能與失功能呢？當不適應或失功能的行為、想法或感覺為：(1)侵入的；(2)持續的；(3)有害的；(4)全面的，即可診斷為心理病理，或稱之為心理疾病。談到心理疾病，**異常**（*abnormal*）（不適應或失功能的行為或心理痛苦）這個詞暗示一種或多種基本生活技巧、健康與衛生、工作與學校、關係、現實感的功能水準不彰，為了判定功能失常的程度，諮商師必須透過診斷歷程來分析影響因素。助人專業常用的診斷系統──《精神疾病診斷與統計手冊第五版內文修正》（*The Diagnostic and Statistical Manual of Mental Disorders-IV-TR*, DSM）（American Psychiatric Association, 2000），將約 400 種的心理疾病分類及編碼，在美國境內普遍獲得採用，使助人專業得以瞭解其個案。然而，DSM 並非毫無爭議，很多人認為它對個案貼標籤，貶低人性。貼標籤等於將個人視為他生的病（「他是躁鬱症」、「我的下一個邊緣性人格患者來了」），而不是一個獨特的、恰好有症狀的個體。除此之外，DSM 裡面的心理疾病描繪的是歐美的世界觀，在其他文化並不適用。

儘管如此，DSM 仍然在相關專業間扮演橋樑的角色，使其具有相同的論述，維持紀錄系統的一致性及可信性。「*DSM-IV* 的目的在對診斷類別提供明確的描述，讓臨床工作者與研究者能夠診斷、溝通、研究，治療各式各樣的心理疾病患者」（American Psychiatric Association [APA], 2000, xxvi）。

發展性議題

不是所有的個案都有心理疾病，也不是所有諮商師的工作對象都是心理疾病患者。個案也許在生命的轉換階段碰到困難，或者有生活問題。本章稍早曾提到，專業諮商師是從發展取向觀點來面對個案的。人類發展的定義是：「改變的模式，從受孕持續至終其一生……，與成長有關，也包括因年老和死亡造成的衰退」（Santrock, 2006, p. 5）。發展是終生的議題，它是正常的，包含成長與改變的可預測性，維持及調整個人在往後生活的能力（Baltes, 1987; Baltes & Smith, 2003）。所謂階段性的發展，意指「成熟過程中的固定順序，通常與年齡或成熟有關」，透過階段性的發展，個體得以成長前進（Gladding, 2006, p. 44）。在每一個發展階段，個體完成獨特的發展任務，獲得正常的成長與功能。例如：大約在同樣的時間，嬰兒就會微笑、爬行和走路；兒童會跑跑跳跳；大一點的孩子會遵守遊戲規則；青少年的批判性思考能力增進，會嘗試擴展行動範圍；成人會尋求生涯認同、尋找終生伴侶、養育小孩；老年人會喪偶、離開職場等等。諮商師必須瞭解及評估發展階段。

轉換通常是從一個發展階段到另一個發展階段，會產生適應、壓力或困惑，轉換困難會伴隨著情緒的緊張。改變雖然是正常的，還是令人倍感壓力、耗盡心力。轉換點常會促發個人尋求諮商。在預定的人生階段，總會有某些時候正常的發展任務未達成，甚者遭遇創傷，因而需要諮商師的
協助。諮商師除了預防，也要治療與介入，在心理健康與心理疾病的連續 31
光譜上評估個案的功能。對於評估的討論請見第五章的「評估與測驗」。

諮商師—個案的關係

治療同盟

要使諮商有效，諮商師和個案必須形成治療同盟或工作同盟，這種關係對有效的諮商是必要條件。個案與諮商師同盟的強度比起個案的問題、特定的諮商理論，甚至諮商師的特質更能帶來正面效果（Corey & Corey, 2007; Norcross, 2001; Orlinsky, Grawe, & Parks, 1994）。為了形成治療關係，個案必須非常信任諮商師，諮商師也要負起責任藉由行動傳達出尊重、

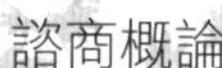

接納、關心與溫暖，以贏得個案的信任。諮商師以真誠的關懷與同理分享他們對個案議題的想法和感覺。透過個人特質的展現與一致性，諮商師毫不矯揉造作。為了達成諮商目標，個案與諮商師建立合作性的連結。諮商是一趟諮商師和個案互信的旅程，在這過程中，諮商師相信只要投入合作、治療性的關係，個體就有能力自我導向成長。

有效諮商的理想核心條件

Rogers（1951）的個人中心取向治療強調，理想核心條件對建立有效的治療關係是很重要的。治療關係的核心是尊重且相信個案有能力因應生活狀況做出必要的改變，重視個人自我實現的內在傾向。諮商師要創造包容、刺激成長的情境，協助個案正視自己的想法、感覺、行動與周遭環境，鼓勵個案自我揭露，促進改變與問題解決的動力。諮商師告訴個案他所說的都會保密，這個諮商空間能提供心理上的安全感。諮商師致力於維持治療關係的品質，這意謂他在關係中是真實的，在關係當下自在地表達情感與態度，和個案一起學習成長。他的真誠、正直與可靠，為個案亦能朝向真誠一致樹立良好的典範。

專業與社交關係

諮商關係就跟其他關係一樣真實，但卻大異其趣。治療同盟不是私交，諮商也不是尋常的交際，它極似友情，但卻是由諮商師建構的專業助人關係，這種關係基本上是不平等的，諮商師的位階存在著地位及權力。諮商師與個案均需遵守諮商師的規則，諮商師的職責在維持界線，依倫理而行事，個案的任務在處理自己的議題。諮商關係限制諮商師不能與個案再有
32 任何其他形式的關係，它也要求諮商師不能對先前已有關係的人進行諮商。

多元化

諮商師必須體認文化勝任能力的重要性。任何諮商師與個案的討論若未能建立在瞭解多元化與種族、性別、性傾向、年齡、障礙人士、宗教、社經地位等議題的話，都是不完整的。諮商師要不斷地主動瞭解不同個體的世界觀，積極與自己不同面向的人互動，也必須深入覺察自己的各種面向在在都形塑了世界觀。覺察諮商師自己和他人的世界觀可促進諮商效能，缺乏覺察則會漸行漸遠，因為自我中心而不慎對個案造成傷害。也就是說，假設你的行為深受歐美文化脈絡的影響，就以為所有的人類行為都是出於歐美文化，而非它種文化可能性的表現，那就大錯特錯了（Lee, 2006; McAuliffe & Associates, 2008; Segall, Dasen, Berry, & Poortinga, 1990）。

諮商師必須具備多元文化技巧，同時不因個案的背景做出刻板印象的假設。他們不將文化視為固定不變、單一的價值觀與信念。「個人不會因擁有一套固定與普世的價值觀及取向而一成不變；他們並非只是他們國家或種族的表徵而已」（Guindon & Sobhany, 2001, p. 273）。人類在本質上是開放有彈性的，有潛能改變（see McAuliffe & Associates, 2008）。

可以理解的是，很多人寧可接受擁有相似文化背景諮商師的協助，然而，這是不可能的，因此諮商師必須同時具備文化敏感度及文化勝任能力，將他們對文化的瞭解轉化為技巧。例如，個案的情緒開放程度、溝通方式、對諮商的期待都因文化背景而不同，「他們的問題現實（reality of their problems）（即問題經驗）反映出文化信念、教育、職業、宗教信仰、社經地位，以及過去處理心理問題的經驗」（Guindon & Sobhany, 2001, p. 276）。文化勝任能力是終生的學習歷程，在專業生涯中，諮商師要不斷地學習與修正，以便提供個案最有效能的服務。

想法、感覺、行動與脈絡（TFAC）

本章說明一致性的重要性。諮商師的一致性意指他們要努力在想法與感覺、感覺與行動、行動與想法間協調一致，他們也必須覺察並瞭解影響其想法、感覺與行動的脈絡因素。表 2.2 會協助你觀察自己的 TFAC 面向，就像所有有效的諮商師該做的一樣。接下來就去完成章末表 2.2 的每一個欄位吧！

口是心非、表裡不一、言不由衷等所耗費的能量會扼殺成長與心理健
33 康。不一致會帶來壓力、不真誠、不快樂。事實上，不一致會阻礙你達成目標，包括成為一個專業諮商師的目標。

當然，有時候人們選擇心口不一。他們覺察到情緒，瞭解情緒為何會在此時出現，並決定要如何反應。例如，你可能對某位同事很不滿，但是爆粗口或大打出手並不恰當。一致性並不是這個意思，一致性意謂著你要覺察什麼讓你生氣，瞭解生氣的原因，可以的話，跟同事討論為什麼會這樣，才能讓你和同事皆大歡喜。

摘要

本章說明專業諮商師的認同，以及與其他專業的區別，亦探討有效諮商師的特質，描述受訓者在學習及其後專業生涯發展中能進一步發展的特質，這些都是理想諮商師的特色。本章也強調價值觀的角色、個人覺察與一致性，並討論諮商師常碰到的個案類型。接下來介紹評估的重要性，以及正常、異常、心理疾病與診斷的概念，並說明應將個案視為在生命中出現正常發展議題或問題。本章也討論個案—諮商師的關係，並以多元化作為結尾。

永遠不要把任何事或任何人視為理所當然。開懷的笑吧！

——一位諮商初學者

表 2.2　TFAC[a]——想法、感覺、行動與脈絡

我是誰？別人是誰？

自我	我的想法	我的感覺	我的行動	我的脈絡	其他（具體言之）
我的有效特質：我的優勢是什麼？					
我的有效特質：我要加強的地方是？					
我的有效特質：我可以做什麼去改善？					
我的擔心是？					
他人	他人可能的想法	他人可能的感覺	他人可觀察到的行動	他人外顯的脈絡	其他？（具體言之）
班上其他的同學表現出哪些特質？					
老師表現出哪些特質？					
其他人還可以對我說什麼？					

[a]更多 TFAC 的資訊，請見第一章。

第 3 章

什麼？關於諮商的定義、過去與現在

淚水與汗水都是鹹的，但是卻回報你不同的結果。
淚水讓你得到同情；汗水卻會讓你改變。

——*Jesse Jackson*

思考重點 35

何謂諮商師？
諮商如何發展成一項獨特的專業？
諮商的知識體系從何而來？
重要的專業諮商組織有哪些？
諮商的願景為何？

何謂諮商？

每個人都聽過諮商師（*counselor*）這個詞，也大致瞭解它的意思，諮商師一向給人一種幫助他人解決問題的形象。自有人類社會開始，就有助人者出現，以治療情緒的痛苦與心理疾病，他們具有同理心、關懷與受人信任，這些助人者在他們的社會中被稱為薩滿（shamans）、巫醫、修女、

舅母、神父、大叔、長老。放諸四海，每個社會裡都有能夠協助他人的角色，這是跨文化的體驗（Egan, 2006），這些助人者通常比求助者更有經驗、更具智慧。當我們遇到困難時會想找人商量，會想尋求建議與指引，
36 那些我們尋求商量的對象都擅於協助他人克服生命困境，符合這項定義的諮商師經常伴隨在我們左右，如令人信賴的朋友、老師、牧師、尊長、民俗療者等，皆能提供支持與方向，他們通常與求助者早有關係存在。廣義而言，這些諮商師能夠給予支持、引導與建議。

這與我們所熟知、經社會認可的專業諮商師與相關的助人專業迥異，以專業諮商為職業者必須獲得諮商碩士或博士學位，並通過能力認證測驗。專業諮商師的協助與建議幫助人們順利度過生命的階段與轉換期，雖然專業諮商師不常給建議，他們仍會協助個人在工作、學業或生活上發揮最佳潛能（Corey & Corey, 2007; Cormier & Hackney, 2008; Ivey & Ivey, 2007; Kottler & Shepard, 2008; Neukrug, 2007）。他們能在不與個案產生雙重關係的情況下給予支持與方向。Torrey（1986）曾說諮商師是經過社會認可，足以藉由談話與傾聽等專業能力激發他人改變認知及行動的助人者，因為自我認知錯誤而有人際關係問題的個案就再也不會有這些困擾了。

「諮商是諮商師與個案間的合作努力。專業諮商師協助個案指認目標、引發情緒困擾的問題、可能的解決方式；加強溝通與因應技巧；增強自尊；促進行為改變與理想的心理健康」（American Counseling Association, n.d.a, para. 7）。這是一個互動的歷程，協助個案更瞭解自我及環境，澄清價值觀，為未來的行動設立目標。

根據美國諮商學會（ACA, 1997b），諮商的目標是：

1. 促進個人一生的發展與適應。
2. 預防、診斷與治療阻礙心理健康的心理、情緒和行為疾病或異常。
3. 為設立諮商目標須執行診斷與評估。
4. 在多元社會的脈絡下運用諮商介入策略，規劃、實施與評估治療計

畫。

很明顯的，專業諮商比本章第一段所指稱的諮商還要廣泛、形式化及具結構性。從許多人累積的實務經驗開始，跨時代與跨文化的諮商終成為一門專業。專業諮商的根源立基於人類的各種思想觀，包括哲學、宗教、心理學、社會學、人類學以及教育學。

歷史

時間拉回到古代，諮商師既是啟發人心的心靈導師，也是宗教領袖。摩西、耶穌、佛陀、穆罕默德等都是人們尋求建議的宗教領袖。在西方，希臘哲學家蘇格拉底、柏拉圖及亞里斯多德皆是廣為人知的導師；而在遠東國家，則有老子和孔子提供智慧的箴言。17 世紀時，歐洲哲學家如笛卡兒（Descartes）、斯賓諾沙（Spinoza）精於知識與經驗的意義，也論述心
靈與身體間的關聯。人類經驗的探索由約翰・洛克（John Locke）、大衛・ 37
休姆（David Hume）、約翰・彌爾（John Stuart Mill）等人繼起，這些哲學家影響心理學作為科學學門的興起（Kottler & Shepard, 2008）。

心理疾病及其認識則始於更早期，包括史前人類的大腦手術、希波克拉底（Hippocrates）對醫學診斷與預後的貢獻、中世紀的驅魔儀式等等，直到最近 200 年來才有助人形式的諮商及心理治療。事實上，今日的專業諮商經由歐洲的傳統與稍後美國心理學家的努力，已發展為獨特的美式系統。為了因應這個新興國家的需求，而有職業與教育輔導。

早期心理學的貢獻

Wilhelm Wundt 對心理學的影響，在於他 1879 年時於德國創設第一個實驗室，Wundt 要求他的屬下使用內省與語言的方式以瞭解心智結構。19

世紀晚期，奧地利的 Sigmund Freud 在與亦師亦友的 Joseph Bruer 通力合作下，發展出「談話療法」（talking cure），被視為第一個認識到潛意識存在的劃時代理論系統，並逐漸發展為透過宣洩或釋放潛意識情緒以治療情緒痛苦。雖然 Freud 不是第一且唯一闡述情緒困擾的人，但我們仍須歸功他影響了一群忠於其理論與實務的追隨者，這些追隨者調整、擴展與充實自己的談話助人理論。心理學家如 Carl Jung（分析心理學）、Alfred Adler（個體心理學）、Jacob Moreno（團體心理治療與心理劇），與一些 Freud 學派的心理分析師都發展出自己的理論與技術，運用談話來克服情緒問題。

在美國，第一個被授予心理學博士學位的是 G. Stanley Hall，1883 年，他在約翰霍普金斯大學創設第一個心理學實驗室。Hall 的研究興趣是兒童的心理特質，其後他在克拉克大學運用科學方法研究社會問題，創立第一個心理學系。Hall 是 1892 年美國心理學會（APA）的主要創始者之一，他前無古人的懿行為他贏得「美國心理學之父」的美譽（Belkin, 1988）。Lightner Witmer 的興趣是將科學發現應用於心理學實務中，1896 年，他在賓州大學成立第一個臨床心理學系，Witmer 亦影響了學校心理學，行為心理學家對他也多所推崇。John Watson 拓展 Pavlov 的操作制約研究，運用增強對人類行為與學習進行科學實驗，雙雙影響了心理學與教育。William James 是 19 世紀末第一個稱自己為心理學教授的人，James（1913）的研究重點在心智功能與情緒、認知、理性、行為所扮演的角色，並與同僚研究人類的「自由意志」與意識作用。

心理與教育測驗也始於 19 世紀末。法國的 Alfred Binet 開發出第一套單因子構念的智力測驗作為心智遲緩者的班級安置依據。在美國，Wechsler 的智力測驗是多因子構念（Anastasi & Urbina, 1997），目的是測量多向度的心智能力。

Clifford Beers 也影響這個專業，他因躁鬱症及企圖自殺入院治療數次，對自己的遭遇深惡痛絕。他的著作《我找回了自己》（*A Mind That Found Itself*, 1908）力圖改革心理疾病的治療方式。他說：「我希望能讓精神病患者——至少那些不是真正的精神病患者，不再陷於恐懼之中」（p. 4）。他的努力啟發了心理健康運動，William James 為他的書作序，共同推動建立全美心理衛生委員會（National Committee for Mental Hygiene）與全美心理健康學會（National Mental Health Association），此乃心理健康諮商的先驅。Clifford Beers 在兒童輔導運動上也扮演重要角色，現今，畢爾斯輔導診所（Clifford W. Beers Guidance Clinic）在治療兒童及家庭上仍然十分活 38
躍投入。

這段時期剛過不久，存在與現象心理學便從哲學發軔，存在主義學者開始研究存在的本質，思考人類心靈與真實的意義。

早期職業輔導的貢獻

約此同時，心理學的發展已使其在 19 世紀時成為一門獨特的專業，美國的社會改革運動正如火如荼地展開。社工師照顧窮人，精神科醫師改良治療心理疾病的方式，教師在課堂上的教法更人性化。所有的理念與方案都朝向職業輔導的理想進行。早期諮商專業的形成主要重點在輔導方案與活動。

隨著工業時代的來臨，北方亟需訓練有素的技術工人，南北戰爭後對人力市場的需求更讓當局覺察到職業輔導的重要性。1881 年，Salmon Richards 可能是第一位提倡輔導與諮商專業的人。他建議要在每一城鎮設置職業輔導所（Brown & Srebalis, 2003），鼓勵社會大眾要對未來的方向有所覺察。在這段社會改革時期，移民紛紛湧入美國，成為工業時代的雄兵，這些工人需要新技術領域的訓練和技巧。20 世紀初，教育界也採用新的課程方案以呼應這些需求，職業輔導應運而生。

1908 年，Frank Parsons 在社會改革上的努力終於開花結果，成為民營服務機構布雷德溫納研究院（Breadwinner's Institute）的首位院長。接著他又興辦波士頓職業局（Vocational Bureau of Boston）（Zunker, 2006），訓練年輕人成為諮商師，學習經營 YMCA、中小學校、大學及企業組織。

1908 年 5 月，Parsons 報告說明系統性的輔導程序，但不幸於該年去世。他 1909 年出版的《職業選擇》（*Choosing a Vocation*）一書立即得到廣泛迴響，讓 Parsons 成為職業輔導之父。他相信事業成功的最佳條件在於個人特質與工作因素的適配性，方法是將個人安置於適合其技巧與能力的工作環境，在當時可是革命性的想法。他的功業迅速遍及全國，波士頓首先開設諮商師認證課程，哈佛大學也加以採納，成立第一個大學層級的諮商師教育課程（Schmidt, 2003）。波士頓的督學指示一百多位中小學教師受訓為職業諮商師，1910 年，全國 35 個學校系統同步進行。同年，第一屆全美職業輔導大會在波士頓盛大舉行，三年後，諮商師的第一個專業組織——全美職業輔導學會（National Vocational Guidance Association）成立，這是今日美國諮商學會（ACA）的前身。

Parsons 並不是唯一成就職業輔導運動的人。Jesse B. Davis 首度開設系統性的學校輔導課程，1897 年密西根州激流市，他開始在學校教授職業輔導等課程。10 年後，他鼓吹英語教師在課堂上融入輔導，以協助學生建立品格，預防行為問題。他的輔導創見著重在教育學生因應生活事件、預防可能出現的問題，是今日學校諮商的先驅者。

聯邦政府在這塊新興的諮商領域也扮演重要推手。例如 1917 年的史密斯—修斯法案（Smith-Hughes Act）指示公立學校必須提供職業教育。第一次世界大戰促使美軍實施測驗與安置以符合人力需求，諮商與輔導是安置
39 歷程中的重頭戲。在美軍的委託下發展數套篩選評量工具，測量智力、性向及人格特質。大戰結束後，這些評量工具被用在大眾身上，特別是那些想要回鄉休養生息的人。心理測驗越來越普遍，心理計量成為心理學的重心領域。由於早期諮商師的工作是測驗導向的，職業輔導變得比以前還要「科學」取向，力促這項新興專業合法化，建立專業認同。1920年代期間，輔導獲得認同，然而由於它過於強調測驗與專家模式，職業輔導竟成為「測驗—告知」的專業。獲得認同的代價是要將行為科學納入輔導與諮商中。結果，這些輔導運動亦招致批評，它窄化的觀點開始受到挑戰，諮商師想

要拓展其角色。

諮商專業的發展

特質與因素理論

明尼蘇達大學的 E. G. Williamson 及其同僚發展出特質因素論，並於 1939 年出版著作《如何諮商學生》（*How to Counsel Students*），這個理論又稱為明尼蘇達觀（Minnesota point of view），源於 Frank Parsons 的理念，但其用途不限於職業決定。它成為第一個形式化的諮商取向，理念是人們具有各式各樣的**特質**（*traits*）（如性向、能力、人格、興趣等等），組成了**因素**（*factors*）或特質星座。諮商是理性、科學的問題解決程序，協助個案更有效的思考或行動，以成為有效的決策者。Williamson 特質因素論在接下來的 20 年裡成為繼 Freud 的心理分析理論後，最具代表性及主流的諮商取向。

1940 年代的影響

或許對諮商專業的發展影響最大，並使其成為有別於心理學及職業輔導者當推 Carl Rogers。他的第一本書《諮商與心理治療》（*Counseling and Psychotherapy*, 1942）質疑 Parsons 與 Williamson 的特質因素論觀點，也挑戰心理分析的假設與理論。他認為不評價的態度是有效治療的基石，Rogers 相信人類能對自我成長負責，強調尊重與「積極關懷」個案，在接納與真誠的氣氛下，個體就能改變。他主張治療技巧與方法在於賦能個案做出有益生命的選擇。Rogers 的理念深深影響職業輔導、教育和心理治療的發展方向，鼓舞人本取向諮商，並將專業從職業輔導一途帶至更廣泛、更兼容並蓄的取向。

第二個重大的影響來自第二次世界大戰，如同第一次世界大戰一般，軍方希望能改良心理測驗。戰爭對百姓工人的需求孔急，女性投入職場的數目也以空前的速度增加，女性角色的扭轉將女性能從事的工作徹底改變。第二次世界大戰後，退伍的身心障礙軍人造就榮民的團體諮商服務。第二次世界大戰對退伍軍人和其家屬的影響，加上退伍軍人行政管理局（Veterans Administration, VA）的努力，家族治療順勢興起，這些變化也造成諮商服務形式的改變。聯邦政府透過美國教育部挹注經費培訓高等教育層級的諮商師。VA的財力資助讓學生得以獎學金及助學金的方式接受諮商訓練，改寫職業輔導諮商師的水準，**諮商心理學家**（*counseling psychologist*）這個名詞就嶄露頭角了（Gladding, 2009）。這些因素影響諮商教育的研究所課
40 程，諮商這個專業開始有別於職業輔導、傳統的精神分析與心理學了。

聯邦政府的倡議也影響心理衛生與社區諮商。1946 年，美國國家精神衛生研究院（National Institute of Mental Health, NIMH）設立，國民心理健康法（National Mental Health Act）明定投入研究與訓練經費，協助各州對心理疾病患者實施預防、診斷及治療。

1950 年代的影響

1950 年代這 10 年或許是專業諮商最蓬勃發展的時期，人本主義理論、聯邦立法與專業組織的建立對此時期的影響尤鉅。

Rollo May（1950/1996）對心理健康意指生活沒有憂慮的說法提出異議，他認為焦慮是治療過程的必要條件，會帶領個體邁向自我實現。

1951 年，Carl Rogers 出版第二本書——《個案中心治療：當代的實務、意義與理論》（*Client-Centered Therapy: Its Current Practice, Implications, and Theory*），Rogers 學派——亦稱為非指導、個案中心治療——被諮商師奉為圭臬，1960 年代至 1970 年代蔚為助人專業的訓練主流。Rogers 認為個案需要安全的環境以表達並解決自己的問題，諮商師與個案的治療關係是重點。Rogers 的技巧包括接納、真誠、無條件的積極關懷，在信任與非指導的氛圍下建立融洽關係，成為諮商的正字標記，直到現在仍為主要宗旨。儘管如此，個案中心諮商學派仍招致批評。雖然大部分的諮商師

都受過個案中心技巧訓練，但是將其運用至多元族群與議題上尚有限制。

還有其他學派及理論對專業諮商發展深具貢獻及影響。1951 年，Fritz Perls 和其同事出版《完形治療：人格的興奮與成長》（*Gestalt Therapy: Excitement and Growth in the Human Personality*），概述人本諮商一些較直接的介入策略。1953 年，B. F. Skinner 透過研究發現引進行為治療，大大地影響教育界及諮商界，次年，在 Abraham Maslow 的努力下出現了人本心理學，並發展成今日為人所熟知的需求階層（Hierarchy of Needs）。1957 年，Albert Ellis 初創理情治療（Rational Emotive Therapy, RET），又將其擴展為現在的理情行為治療（Rational Emotive Behavior Therapy, REBT）。這些理論構成本書想法、感覺、行動（thoughts, feelings, actions, TFA）模式的基礎（脈絡的概念要遲至數年後才進入這個專業）。

另一個重要的理論是 Donald Super（1953, 1957）1950 年代開始建構的生涯理論，成為此專業最富盛名的生涯發展理論學家。他的生涯模式縱貫九年級至 35 歲的 100 位男性，形成一生的生涯發展理論。直到 1994 年過世前，他都還在不斷地充實及精練自己的理論。

聯邦政府在這 10 年間透過立法對諮商產生直接影響，兩個主要的法案影響深遠。1954 年，職業復健法（Vocational Rehabilitation Act, VRA）要求諮商及授權培訓基金需對身心障礙者提供服務。1950 年代最有名的立法當屬 1958 年的國防教育法（National Defense Education Act, NDEA）。受到蘇俄發射斯普特尼克號（Sputnik）的衝擊，投注大量經費在改善中小學的數學及科學成績，並希望能儘快培育美國的資優生。該法案的第五條（Title V）明定將為學校的諮商服務挹注經費，培訓高等教育機構的學校與生涯諮商師。結果學校諮商師的數目大增，1960 年代好似是學校諮商師及諮商教育者的「嬰兒潮」。

1950 年代也是專業發展的全盛期，有兩個主要的組織在 1952 年創立。去掉輔導（guidance）這個字，美國心理學會（APA）核准 17 分會（Division 17）——諮商心理學會（Division of Counseling Psychology）成立，該

41 會的會員傾向於服務正常發展階段議題的個案，而非像臨床心理學家般治療心理疾病患者。同年，美國人事與輔導學會（American Personnel and Guidance Association, APGA）為符合輔導、諮商與人事需要應運而生。它是從以下現有的組織組成：美國大學人事學會（American College Personnel Association）、全美輔導督導與諮商師訓練者學會〔National Association of Guidance Supervisors and Counselor Trainers，現為諮商師教育者與督導學會（Association of Counselor Educators and Supervisors）〕、全美職業輔導學會〔National Vocational Guidance Association，現為全美生涯發展學會（National Career Development Association〕和教育學程學生人事學會（Student Personnel Association for Teacher Education）。人本教育與發展諮商學會（Counseling Association for Humanistic Education and Development, C-AHEAD）也是創始學會。次年，美國學校諮商師學會（American School Counselors Association, ASCA）加入美國人事與輔導學會（American Personal and Guidance Association, APGA）。1958 年，美國復健諮商師學會（American Association of Rehabilitation Counselors, AARC）也獲得認可成立〔現為美國復健諮商學會（American Rehabilitation Counseling Association, ARCA）〕。

1950 年代發生的重要事件還有：1952 年美國心理學會（APA）出版《精神疾病診斷與統計手冊》（*Diagnostic and Statistical Manual of Mental Disorders*, DSM）。DSM 象徵現代心理疾病分類系統的開端，為以抗精神病藥物治療心理疾病的時代揭開序幕。結果，許多精神病患不必再住在醫院，而能在門診中接受治療。

這 10 年間大學諮商師大量出現，大學諮商中心亦如雨後春筍般萌芽。

1960 年代的影響

1960 年代的政治動盪影響專業諮商的發展方向，如：民權運動、越戰，還有女權運動等，每一項都強調理論須捕捉當今社會與多元族群的脈動。當此時，有三個主要的諮商取向引領風潮：心理動力（即心理分析取向）、直接指導（特質因素論），及個案中心取向（羅傑斯學派）。雖然 Ellis、Perls 和 Skinner 的理論較早出現，但在 1960 年代他們的理論卻暫居幕後。

接下來，師從 Rogers 的 Robert Carkhuff 將 Rogers 的三項治療核心條件——同理心、真誠一致與無條件積極關懷具體操作化，並將研究結果發表於《有效的諮商與心理治療》（*Towards Effective Counseling and Psychotherapy*）一書中（Truax & Carkhuff, 1967）。Aaron Beck 的心理模型主張認知對憂鬱症的起因與復健至關重要。Bandura 的行為研究成果、Glasser 的現實理論、交流分析的溝通技巧、存在取向等皆對諮商師的行動發揮影響力，將在本書稍後討論。

公共政策的推動持續進行。1962 年人力發展訓練法（Manpower Development Training Act）為身障者與失業者的諮商輔導服務奠定基礎。1963 年的社區心理衛生中心法（Community Mental Health Centers Act）涵蓋當時多數國人的心理健康需求，並在全國設立超過 2,000 所的心理衛生中心，為諮商師創造了教育情境外的工作機會。這些社區心理衛生中心為鄰近地區提供直接諮商、外展、酒精及藥物等物質濫用衛教與治療服務。

1964 年，國防教育法（NDEA）修正案通過，明令學校諮商師必須從小學延伸至專科學院。1965 年的中小學教育法（Elementary and Secondary Education Act, ESEA）更進一步擴展諮商師的角色與服務。

專業組織在 1960 年代更為專門化。1961 年，美國人事與輔導學會（APGA）首次出版倫理準則，1964 年各州及國外紛紛設立分會。全美就業諮商師學會（National Employment Counselors Association, NECA）在 1965 年獲准成立。1968 年 APGA 的內部章程賦予各分會更多權力，地方代表開始在 APGA 的理監事會上占有一席之地。

實務線上　你會怎麼做？

柯特是西北部一間社區大學生涯中心的諮商師。除了協助學生選擇學業及生涯外，還要服務社區居民。在工作的過程中，他經常要對生涯抉擇部分提供諮商。

> 大衛前來找我，希望能再次復學，他已讀完三年的大學醫學預科。五年前他發生嚴重車禍，留下腦傷的後遺症，他說他有持續復健，早在兩年前就獲得合格健康證明，只剩下記憶還有問題。他說他還能記事情，因此不希望在班上擁有特殊待遇。接著他告訴我他有時候「不確定要做什麼」，當我試著蒐集更多資訊時，他卻發脾氣了，他說：「事情永遠不會變好，唯一有用的就是回到事故發生前，你根本沒辦法幫我！」

課堂討論

1. 柯特要如何讓大衛知道諮商對他有用？
2. 柯特會為大衛設立的諮商目標為？
3. 假設你學過職業輔導與諮商，對大衛能有什麼幫助？
4. 如你所知，諮商是一門獨特的專業，哪種諮商取向可以協助大衛？

1970 年代的影響

1960 年代的立法為專業諮商師在 1970 年代受雇於各種組織，如心理衛生中心、臨床社區機構開啟一扇大門。根據 Kottler 和 Brown（2000）所言：「曾有一段時期，80%的諮商所畢業的學生都進入學校體系」（p. 33）。1970 年代則可見一群學生想在學校系統以外的機構工作，如社區心理衛生中心。社區諮商師（*community counselor*）這個詞自 1970 年代始為人知（Lewis, Lewis, Daniels, & D’Anderea, 2002），用來代表非在教育機構工作的諮商師，諮商師教育課程也開始提供專業化訓練以順應這段潮流。

因此，從前的諮商專業重點還是放在教育機構，進行諮商的方式從 Rogers 及其他學者的理論去蕪存菁。就是此時期，**助人技巧**（*helping skills*）和**基本諮商技巧**（*basic counseling skills*）兩個名詞大放異彩，並特別用以說明諮商師的實際作法。Egan（1970, 1975）、Ivey（1971）、Carkhuff（1971）及同僚等人（Carkhuff & Anthony, 1979）皆發展一套方法訓練基本諮商技巧，延用至今，也就是本書第二部的基本專注技巧。與完形學派、認知／行為學派、存在取向有關的技巧也逐漸增加。

聯邦立法又再度扮演重要角色。1973 年的復健法（Rehabilitation Act）強制要求為身心障礙者提供職業輔導與就業諮商。1975 年，美國國會將原本社區心理衛生中心法中的五項服務擴充為 12 項。這些始無前例的作為更擴展各種助人專業的需求。

當受雇於非教育機構的諮商師越來越多，與心理學家和社工師做一區隔的認證呼聲也越來越高。在美國人事與輔導學會（APGA）的倡導下，諮
商師的證照制度終於上路，維吉尼亞州率先在 1976 年核發證照給專業諮商 43
師，阿肯色州與阿拉巴馬州隨後跟進。有照專業諮商師（Licensed Professional Counselor, LPC）躍居舞台。

專業組織也越見壯大與活躍，56 個分支及許多地方分會皆獲政府許可，諮商師教育者與督導學會（Association of Counselor Educators and Supervisors, ACES）制定碩士與博士層級的訓練準則。美國心理健康諮商師學會（American Mental Health Counselors Association, AMHCA）受到 APGA 的認可，成為其最大的分會。APGA 也在 1970 年代認可團體工作專家學會（Association for Specialists in Group Work, ASGW），其他的分會也因其符合特殊需求而獲得認可，成為 APGA 的會員。原為全美天主教輔導大會（National Catholic Guidance Conference）的宗教與價值觀議題諮商學會（Association of Religious and Values Issues in Counseling）其後更名為靈

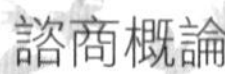

性、倫理與宗教價值觀諮商學會（Association for Spiritual, Ethical, and Religious Values in Counseling, ASERVIC）。關懷非白人的人事與輔導學會（Association for Non-White Concerns in Personnel and Guidance）也於此時創立，也就是現今的多元文化諮商與發展學會（Association for Multicultural Counseling and Development, AMCD），還有公然違法者諮商師學會（Public Offender Counselor Association）衍生為現今的國際成癮與違法者諮商師學會（International Association of Addictions and Offender Counselors, IAAOC）。

1970 年代，美國人事與輔導學會（APGA）的成長已超越其名。雖然大多數的專業諮商師仍留在學校與高等教育機構，卻已有越來越多的諮商師走向社區機構、心理衛生中心、物質濫用戒除中心、醫院、工商界及私人執業等。**人事**（*personnel*）與**輔導**（*guidance*）不再能代表APGA大多數的會員，但還是經過 10 年才改名。

1980 年代至 1990 年代的影響

1980 年代以前，多數諮商師對諮商歷程或顧客群尚未有特定、多元的觀點。理論的發展以主流白人男性文化為主，未能涵蓋性別、種族、性傾向、社經地位等多元文化議題，這些理論及技巧皆假設能適用於所有人，不論其尋求諮商的問題為何。當改變沒發生時，個案要為抗拒或病入膏肓負起絕對責任。在民權運動及女權運動的努力下，助人專業者才驚覺改變的需要，著重多元文化訓練和服務。諮商與相關教育課程認證評議委員會（CACREP）配合此項改變列入多元文化諮商標準，要求研究所必須將多元文化勝任能力納入課程。從那個時候開始，學術文獻對多元族群的研究多不勝數，諮商理論與實務取向也如百家爭鳴般豐富。

這 20 年間可見諮商專業化遍地開花。1981 年，諮商與相關教育課程認證評議委員會（CACREP）的設立宗旨在於為訓練設定標準，認證設有諮商師教育訓練課程的學校系所，這樣諮商師訓練才能在知識與實務上符合最低標準。碩士層級的學校、社區、心理健康諮商訓練將於稍後詳加說明。同年，美國人事與輔導學會（APGA）設置全美認證諮商師委員會（National Board of Certified Counselors, NBCC），負責執行全美諮商師考試（National Counselor Examination, NCE），這是諮商師要成為全美合格諮商師（National Certified Counselors, NCCs）時的必要應試，亦為現今多數州採納的州證照考試。1997 年，已有 44 個州及哥倫比亞特區舉行諮商師執照考試或認證。2009 年隨著加州的簽署立法，專業諮商師在 50 個州及哥倫比亞特區皆必須獲得認證許可，至 2009 年美國大約有 45,000 名合格諮商師。

專業學會成長蒸蒸日上。1983 年 APGA 改名為美國諮商與發展學會（American Association for Counseling and Development, AACD），接著又在 1992 改名為美國諮商學會（ACA），並延用至今。諮商榮譽協會（Chi Sigma Iota）於 1985 年俄亥俄大學創立，並迅速遍及全國。它的任務為「提升諮商的學術成就、研究、專業化、領導與卓越，追求諮商專業的學術和臨床傑出表現」（Chi Sigma Iota, 2007）。

美國諮商學會（ACA）在此時期也認可數個能符合特殊需求的新分 44
會，包括 1984 年的政府單位諮商師與教育者學會（Association for Counselors and Educators in Government, ACEG）、1986 年的成人發展與年長者學會（Association of Adult Development and Aging, AADA）、1989 年的國際婚姻與家族諮商師學會（International Association of Marriage and Family Counselors, IAMFC）、1991 年的美國大學諮商學會（American College Counseling Association, ACCA），後者是為了讓 ACA 內的大學諮商師有專業歸屬感，其創始會員之一為美國大學人事學會（American College Personnel Association, ACPA），並在 1992 年時獨立成為新的分會。1996 年，新分會——同性戀、雙性戀議題諮商學會（Association of Gay, Lesbian, and Bisexual Issues in Counseling, AGLBIC）也獲得認可。

ACA 在 1990 年代積極推動多項專業化的創舉。1995 年，理監會起草新的認同、使命與願景宣言。2005 年使命宣言重修，反映出當代會員的狀態。

現今的專業諮商

美國諮商學會（ACA）的任務在「藉由促進專業諮商師的發展、提升諮商專業、運用專業及諮商實務以增進人類尊嚴與尊重多元化，來提高國家社會的生活品質」（American Counseling Association, 2005b）。現在，美國境內及 19 個 ACA 分會下的合格專業心理健康諮商師已超過 10 萬人，還有難以計數的學校諮商師。2000 年社會正義諮商師分會（Counselors for Social Justice, CSJ）、2004 年創意諮商學會（Association for Creativity in Counseling, ACC）獲得認可成立。每個分會獨立管理旗下活動，在全國的 ACA 理監事會上亦有代表席次。此外，ACA 內的特殊福利團體（special interest groups, SIGs）包括：兒童諮商福利聯盟（Children's Counseling Interest Network）、諮商歷史議題聯盟（Historical Issues in Counseling Network）、進階幽默治療興趣聯盟（Interest Network for Advances in Therapeutic Humor）、關懷多元種族諮商福利聯盟（Multiracial/Multiethnic Counseling Concerns Interest Network）、猶太福利聯盟（Network for Jewish Interests）、運動諮商福利聯盟（Sports Counseling Interest Network）、創傷學福利聯盟（Traumatology Interest Network）、動物輔助治療（Animal Assisted Therapy），以及女性福利聯盟（Women's Interest Network）等。特殊福利團體（SIGs）是成立新分會的第一步。

就在本書寫作之時，會員數已達 42,594 人（American Counseling Association, 2010）。ACA 在美國、歐洲及拉丁美洲四大地區有 56 個受認可的分會，每個分會與地區自有其理監事會。諮商師持續在新的實務領域開疆闢土。2009 年末，諮商榮譽協會約有將近 265 個分會、11,500 個顯性會員及 65,000 個隱性會員。

先前的政治鬥爭及地盤之戰是為了限制專業諮商師在教育場所之外的機構提供心理健康服務，隨著諮商師的能力水準獲得認可，情況已有所改變。「關於什麼有效、什麼無效、對象是誰的知識，不只是決定接下來該怎麼做，也要決定誰能做」（Guindon & Richmond, 2005, p. 93）。美國諮商學會（ACA）不斷呼籲要將諮商師納入保險給付、HMOs 和聯邦政府等多種組織裡。2006 年，經 ACA 及美國心理健康諮商師學會（AMHCA）遊說多年後，心理健康諮商師終與社工師攜手同為退伍軍人事務部（Department of Veterans Affairs, VA）服務。根據退伍軍人福利、健康照護與資訊法（Veterans Benefits, Healthcare, and Information Act）S. 3421 條款的規定，心理健康諮商師可進入 VA 健康照護系統以服務退伍軍人。雖然復健諮商師已提供再適應服務數年，心理健康諮商師直到 109-461 公法（Public Law 109-461）頒布後才獲允，讓心理健康諮商師獲得大眾認同。ACA 致力於擴大合格專業諮商師和婚姻與家族治療師的照護範圍。2009 年 11 月，眾議院通過健保改革法 H.R.3962，或稱美國大眾健康醫療法（Affordable Health Care for America Act），「這項立法中的 1308 條款明定醫療保險給付須包含門診心理健康服務，且需由具備州證照的專業諮商師及婚姻與家族治療師提供」（American Counseling Association, 2009, para. 1）。雖然美國參議 45
院尚未將專業諮商師含括在內，但 ACA 仍繼續爭取。類似此種 ACA 在立法機關的努力，以及年年提供密集訓練，就是要讓 ACA 會員「為諮商專業及個案著想，成為有效的州級和聯邦級立法倡議者」（American Counseling Association, 2007）。

現今諮商的類型

今日的專業諮商提供各種不同形式的服務。《職業展望手冊》（*Occupational Outlook Handbook*, OOH）（U.S. Department of Labor, 2008）將諮

商師分成數類：(1)教育諮商師、職業諮商師及學校諮商師；(2)在教育場所外提供生涯諮商的職業諮商師、就業諮商師或生涯諮商師；(3)復健諮商師；(4)心理健康諮商師；(5)異常物質濫用行為戒除諮商師；(6)婚姻與家族治療師。《職業展望手冊》也對老人諮商師、多元文化諮商師、遺傳諮商師及大學學生事務諮商師有所說明。

這些在不同場所工作的專業諮商師有什麼共同點呢？當然，他們的共同點是接受諮商師訓練，而非其他學門的訓練。典型的碩士層級諮商是 48 個學分，有些系所課程甚至要求 60 個學分的碩士層級心理健康諮商專業訓練。

專業諮商師的必要知識已如諮商與相關教育課程認證評議委員會（CACREP）和全美認證諮商師委員會（NBCC）所述，基礎諮商課程訓練之外再附加特殊專長訓練。基礎課程包含八大核心領域：專業定向與倫理實務、多元社會與文化、人類成長與發展、生涯發展、助人關係、團體工作、評估、研究與方案評估。本章帶領你瞭解專業的歷史與當代的脈絡，第二章討論專業的五項核心特質，接下來兩章將說明諮商專業的知識體系，你的課程學習亦將涵蓋八大核心領域。CACREP 及 NBCC 主宰諮商專業的知識體系，美國諮商學會（ACA）的組織監督全國標準、勝任能力及認證。CACREP 設立訓練標準，NBCC 則評估這些標準，並執行全美諮商師考試（NCE）。

諮商專業已在助人專業裡發揮獨樹一格的功能。近年來，倡議（advocacy）（含對個案及專業）、降低個案在機構與社會限制的社會正義介入策略、靈性議題、科技成長、網路諮商等在在顯示新的特殊專門領域被開發出來。時至最近，專業也開始強調緊急應變準備（emergency preparedness），思考「諮商師在危機、災害與其他創傷事件中的新興角色」（Beckett, 2008, p. 1）。

2010 年代以後

明尼蘇達州立大學的 Wesley J. Erwin 調查私人執業和社區機構諮商師，將結果發表於《當代諮商》（*Counseling Today*）（Rollins, 2008），說明 224 位美國諮商學會（ACA）會員對未來專業領域的選擇，其中被認為最重要的新興議題有：網路成癮、網路性掠奪者、多元種族個案、伊拉克／阿富汗戰爭、老人等。同一篇文章也訪談數位 ACA 分會會長，特別指出網 46
路成癮與色情是一個重大問題。其他還有：創傷壓力、天然災害、軍人家庭、高科技效應、網路霸凌、工作性質的變化、工作壓力等等。

2005 年初，ACA 率先組成「20/20：諮商未來的願景」（20/20: A Vision for the Future of Counseling）。大約有 30 個諮商組織響應發起要擴充諮商專業的定義與方向（Kennedy, 2008）。至 2008 年 8 月，七項重要的專業未來準則已獲得贊同。

它們是：

- 諮商師享有共同的專業認同至關重要。
- 呈現專業的獨特風貌好處甚多。
- 共同合作以促進社會大眾對諮商的認識能強化該專業。
- 提供一套既有助於諮商師，又能強化諮商專業的簡便認證系統。
- 增加與改善基礎研究以便促進專業諮商效能和社會大眾的認知。
- 重視學生及未來入學的學生，以持續確保諮商專業的健全。
- 促進個案的福祉，為服務人口倡議是諮商專業的焦點（American Counseling Association, n.d.b, para. 2）。

在 2010 年 ACA 年會上，20/20 團體的代表們對諮商的定義達成共識，

正在等候美國諮商學會（ACA）會員的最後確認：**諮商是一種專業關係，賦能各式各樣的個人、家庭和團體，使其心理健康與幸福，獲致教育與生涯目標**。這項基本架構可能會因不同專業領域人員的加入而有所變動。

作為一門獨特的專業，諮商持續在全球發光發熱，順應多元文化的方法也將在美國及世界各地推陳出新。當學校裡的移民人口增加，更具文化敏感度的介入策略會變得越來越重要，且成為一件再自然不過的事情，而強調正向而非缺陷的諮商模式亦將成為主流。新的服務傳遞方式，如運用網路等也將繼續增加。

隨著社會的腳步越來越快速，先前人們尋求鄰居、朋友或家人協助的信任已轉移至諮商中，諮商這項助人專業會融入日常生活裡。此外，根據 Dahir 和 Stone（2009）的說法，學校諮商師將與學校諮商課程標準改革密切合作，導致「系統性的變化，增進每位學生的學習成就」（p. 18）。

專業認同

你正處於發展專業認同的過程中，這不是件容易的事，你必須能自我覺察、有自信，願意開放地對想法、感覺和行動做出改變，以便成為有效的諮商師。充分瞭解你的個人認同及專業認同如何影響個案，會讓你成為更有療效的人。「諮商師或治療師越能自我發展、越統整及越能達到個人及專業角色的認同，就越能送出一份絕佳的禮物，幫助他人發展獨特的自我感」（Capuzzi & Gross, 2006, p. 26）。諮商專業認同包括瞭解諮商的歷
47 史與哲學觀；專業角色、功能，與其他助人專業的關係；專業證明；專業組織；公開與隱私政策制定歷程，為專業及個案發聲；倫理標準與法律考量。這些都是諮商師初始訓練中的必備知識，也是個人讓職業成為專業的因素。

摘要

本章一開始說明數種諮商的定義，最後介紹現今美國諮商學會（ACA）的定義。本章從早期在助人者揭開諮商的歷史、由歐洲傳入的心理學對美國專業諮商的貢獻，以及 20 世紀初美國的職業輔導運動。接下來則是數十年的發展，如何影響諮商成為獨樹一格的專業，包括 ACA 的創設、分支機構、分會、功能與類型等。本章最後討論當代的諮商專業與專業認同。

不久之前我還不知道諮商師在做什麼，
現在我已經稍微有點瞭解了，可是還不知道我該怎麼做。
——學生在 ACA 網站上的留言

表 3.1　TFAC[a]——想法、感覺、行動與脈絡

自我	我的想法	我的感覺	我的行動	我的脈絡	其他？（具體言之）
念到諮商的歷史時，對我而言最特別的是？					
哪一個專業組織最吸引我？					
現在我該做什麼以加入州級或全美的專業組織？					
我的擔心是？					
他人	他人可能的想法	他人可能的感覺	他人可觀察到的行動	他人外顯的脈絡	其他？（具體言之）
相關助人專業如何看待諮商師？					
教授或老師的專業認同為何？					
專業諮商師做些什麼來推廣諮商師？					

[a]更多 TFAC 的資訊，請見第一章。

第 4 章

什麼？關於知識體系：倫理、社會與多元文化、人類成長與發展，以及生涯發展

出於那麼一點自大的心理，

我們分門別類、整理安排，美名之爲知識。

——*Ambrose Bierce*

思考重點 49

如何區分倫理、道德、法律？

諮商師要做什麼以確保倫理行動？

什麼是主流世界觀？

世界觀如何形成與改變？

人類行為如何發展與改變？

廣義來說，生涯（career）這個字的意義為何？

生涯介入策略在不同發展階段的準則為何？

專業諮商師的專業認同奠基於諮商與相關教育課程認證評議委員會（CACREP）設定的知識標準，你必須在八大核心課程領域裡好好學習，
也就是：專業定向與倫理實務、社會與多元文化、人類成長與發展、生涯 50

發展、助人關係、團體工作、評估、研究與方案評估。這些領域是諮商課程最基本的要求，本書第一部的重點就在第一項標準——專業定向與倫理實踐，第二章也說明了第五項標準——會影響助人歷程的諮商師特質與行為。本書第二部將討論第五項標準中最基本的晤談與初始化技巧。本章及其後數章將帶你綜覽核心課程，複習與摘述核心領域的基本原理。首先，我們要回到第一項標準中的專業定向，也就是倫理準則與法律議題，稍後再探討其他七項核心領域。

諮商倫理準則與法律上的考量（CACREP 認可標準，IIG-1J 款）

倫理是專業諮商與相關助人專業的核心要素，從每一堂諮商課程都包含倫理與法律議題來看，其重要性不言而喻。一般說來，倫理是為了回應社會大眾的需要，專業組織制定倫理準則以「確保共通標準……引導專業人員安然度過實務過程中隱藏的危險」（Ponton & Duba, 2009, p. 119）。

諮商師在執行專業與個人生活時應以倫理行動為依歸。多數州證照法要求諮商課程應有專門科目教授倫理與法律議題。每位諮商師都有責任全盤知曉與瞭解專業的倫理準則，除了美國諮商學會（ACA）或美國心理學會（APA）的倫理準則外，還有專門執業類別的倫理準則（例如美國學校諮商學會、全美生涯發展學會、美國心理健康諮商學會等）。附錄 B「諮商專業的網路資源」列出不同助人專業的倫理準則網址。

倫理議題很少是黑白分明的，詮釋及判斷的空間很大。倫理準則為專業人員的行動提供引導方針，但未必能對諮商實務中的特殊、複雜情況一一提出解答。儘管如此，諮商師仍受倫理準則約束。雖然倫理準則因學門而異，不同工作場合亦有其附加的倫理準則，但仍有些共通點。在我們討論諮商倫理與法律議題之前，先來定義一些名詞。

倫理、道德與法律

道德（morals）與**倫理**（ethics）的意義人言言殊，法律的意義就明確多了。Ahia（2003）在《心理健康專業的法律與倫理辭典》（*Legal and Ethical Dictionary for Mental Health Professionals*）中對這些名詞加以區別：

> 道德觀（*morality*）——對個人的行動是否符合宗教或美德的規定做出判斷，是宗教規範的延伸（p. 43）。
>
> 道德（*morals*）——與個人的對錯信念結構有關的行動或行為。道德和道德觀一樣，隱含宗教的規矩（p. 43）。
>
> 倫理（*ethics*）——關於個人應如何待人處世、並對這些行動做出價值 51
> 判斷的哲學體系研究。價值階層容許個人在對或錯的層級上做出選擇。倫理通常涉及在非宗教情境下判斷個人的決定或行為是否違反可接受的標準（p. 26）。
>
> 倫理準則（*ethical principles*）——一個社群中的高階標準與道德準則一致，以形成高標準的道德行動與態度。當發生倫理兩難情況時，運用倫理規章與準則就可做出正確的道德抉擇，它強調的是客觀、理性、做決定的智性層面（p. 26）。
>
> 法律（*law*）——由政府宣布的法令。成文法（實定法）是指由立法機關通過，並記載在公開文件中的法律；判例法或普通法與法庭的判決宣告有關（p. 37）。

與其他學者不同的是，Ahia 認為宗教應概括在上述定義中；其他學者並未排除道德靈性的重要性（Herlihy & Corey, 2006）。無論你的道德立場及宗教信仰為何，你都要嚴守倫理準則，即使你是志工也一樣。你也必須遵守法律。大多數時候，道德、倫理與法律均能相輔相成、協調一致，目的在協助個案，而非貽害個案。倫理準則認定倫理與法律間的關係存在。

當道德、倫理與法律相互衝突時，諮商師就必須根據價值觀做出倫理決定。Gladding（2007）主張：「諮商師若不瞭解自己及個案的價值觀、倫理和法律責任，就算心存善意，也可能會造成傷害」（p. 58）。

倫理決定

倫理準則是一份正式的聲明，用以保障個案的權利並規範專業人員的行為。倫理決定並非如探囊取物一樣，大部分的情況下沒有明確的答案可供依循。諮商師必須理性地評估倫理準則，將其運用於實務工作中（Herlihy & Corey, 2006）。倫理判斷因時、因事、因人、因地、因文化制宜，也與執行工作任務有關（例如：心理疾病的生涯測驗與診斷）。大部分的人都同意應依據「普世真理」（universal truths）的價值觀建立一套具共識的倫理指導方針：不會侵害他人、造成痛苦或剝奪自由的準則（Corey, Corey, & Callanan, 2007; Neukrug, Lovell, & Parker, 1996; Remley & Herlihy, 2007）。

決定分析（decision analysis）協助諮商師在任何情況下都能做出最佳的決定、釐清價值觀、評估可能的結果，並在直覺式的決策歷程中創造合理的行動和見解（Cottone & Claus, 2000）。

倫理準則

當你決定受訓成為一個諮商師，就必須遵守美國諮商學會（ACA）或（和）美國心理學會（APA）的倫理準則。**美國諮商學會倫理準則**（*Ethical Standards of the American Counseling Association*, see http://www.counseling.org/Resources/CodeOfEthics/TP/Home/CT2.aspx）包含兩個部分：(1)倫理準則；(2)執業標準——與倫理準則有關的最低限度行為說明。倫理準則包括八大標準：

- 諮商關係。
- 保密。
- 專業責任。 54
- 與其他專業的關係。
- 衡鑑、評估與解釋。
- 教學、訓練與督導。
- 研究與出版。
- 解決倫理議題。

執業標準包含八大標準的最低限度行為說明。倫理準則是你遭遇倫理兩難問題時可以依循的指標。執業標準明定你的專業生涯中作為一個有倫理的諮商師應有的作為。你現在就該好好學習，並於學習過程中奉行不悖。以下介紹幾種最重要的標準。

保密、隱私權、溝通特權、知後同意與預警責任

個案向諮商師揭露個人與隱私的資訊，如果諮商師不能**保密**（*confidentiality*），個案就不太可能會自我揭露其想法與感覺，治療性的改變也無從產生。「保密」保護個案免於揭露個人不想為人所知或未經授權的資訊。信任與尊重是諮商關係的必要條件，信任讓個案有足夠的安全感而願意自我揭露，尊重意指諮商師明瞭個案有**隱私權**（*right to privacy*），未經其同意不得洩露。個案的隱私權受到美國憲法第四條修正案（Fourth Amendment of the U.S. Constitution）的保障，他們有權利選擇如何揭露及何時揭露、要不要揭露等。保密也是諮商師的專業責任，違反保密原則就是侵犯隱私權。

保密和隱私權易與**溝通特權**（*privileged communication*）混淆。溝通特權同受憲法第四條修正案保障，意指個案的溝通內容受法律所保護，未經其同意不得於法庭上揭露。溝通特權屬個案而非諮商師所有，也唯有個案能放棄此項權利。溝通的權利僅止於當州合法或合格的諮商師。

因為每個州對保密和溝通特權的詮釋不同，你必須瞭解州法的規定，大部分的州法對溝通特權的解釋類似法律與醫療專業。2008 年，18 個州和哥倫比亞特區執登委員會將美國諮商學會（ACA）的倫理準則納入章程與條例。

諮商晤談開始時，諮商師必須解釋諮商歷程，稱為**知後同意**（*informed consent*）。諮商師必須告知個案的權利、諮商師與個案的責任，包括保密限制、隱私權、溝通特權、諮商的本質與歷程等。知後同意是諮商師的倫理與法律義務，通常在初次晤談或第一次諮商療程時即必須以紙本文件說明。文件內容包括：諮商師的專業能力、專長領域、收費資訊、辦公時間、緊急處置行動、投訴程序等。實施團體工作時還必須涵蓋其他額外的訊息，如：瞭解團體成員的事先篩選過程、在團體中如何受到保護等。如果諮商師想分享個案的資訊，例如諮商師想諮詢其他專業人士，或將紀錄轉移給其他助人專業，則必須得到個案的書面同意，簽署讓渡書。

保密的例外情況也必須在諮商開始時說明，包括危及自我及他人、未
55 成年虐待等。這些情況發生的時候，即使個案並不同意，諮商師仍須告知個案他將採取行動。諮商師有權利保護個案及他人免受個案的傷害，即諮商師有**預警責任**（*duty to warn*），意指諮商師若認為個案所說的內容涉及傷害他人，判斷有立即的危險性時，諮商師可以打破保密原則以警告他人有迫近的危險。

多重關係

當諮商師與個案在治療期間或其後維繫不只一種角色時，多重關係就產生了。諮商師有義務保護個案的福祉，因為諮商關係的建立，諮商師得以獲知在別種情況下無法得知的資訊，因此，諮商關係以外的關係出現問題的風險極高，除非諮商師能在個案同意的情況下證實此類互動有百利而無一害，才得以與個案及其家人維持非專業關係。有可能造成傷害的情境包括：參加婚禮及畢業典禮、探病、交換禮物或服務等。諮商師必須記錄

產生多重關係的理由、潛在利益及預期效果。

專業人士應避免與個案、前個案、個案的重要他人和家庭成員維持非專業關係。在最後一次專業諮商晤談結束後五年內，情愛或性關係應予禁止（American Counseling Association, 2005a）。即便五年後，有可能對個案造成傷害或剝削的事情都應該慎重考慮。

法律上的考量

法律也規範專業諮商師的行為。有許多法律議題影響實務進行，包括有可能因執業不當被告、為兒童虐待或離婚案件出庭作證、接到提供紀錄的傳票，以及其他零零總總的法律規定或法庭裁決。倫理準則讓那些不節制行為、行事不符倫理的人面臨暫時吊銷執照及開除資格。最常見的案例就是治療師與個案間的性親密關係，明顯地違反倫理準則。其他常見的案例還有對兒童虐待知情不報、對個案可能造成危害的對象沒有盡到預警責任。

諮商師可能會成為執業不當或犯罪責任的訴訟對象。只要提告者認為倫理本身不足以約束諮商師因執業不當所造成的錯誤，就可對諮商師提出民事與刑事訴訟。你必須瞭解工作中會面臨的潛在法律風險，特別是遵守有關兒童虐待、隱私權、溝通特權、通報責任、保護及預警責任等法律。這些知識能保護社會大眾，也保護諮商師不會被誣告。表 4.1 詳列不利於諮商師的訴訟類別。

多元社會與文化
（CACREP 認可標準，IIG-2 款）

雖然助人專業在 19 世紀發跡時乃奠基於歐式的世界觀，但今日的助人專業已逐漸體認到服務多元文化背景的族群時，文化勝任能力的重要性 56
（Lee, 2006; Ponterotto, Casas, Suzuki, & Alexander, 2001; Sue, Ivey, & Peder-

表 4.1　不當執業訴訟[a]

常見於心理健康實務工作者的九種執業不當訴訟：
1. 診斷錯誤：將生理問題診斷為心理問題。
2. 在承諾程序中提供不當證明。
3. 面對有自殺傾向的個案，未給予適當照護。
4. 洩露秘密。
5. 提供非經證實為能力所及的服務。
6. 保證療效（與契約不符）。
7. 利用諮商關係獲取個人利益，如金錢、性等等。
8. 未能警告他人危險迫近。
9. 行為不當，不為專業標準所接受。

[a]轉載自：N. Vacc & L. Loesch (1994). *A Professional Orientation to Counseling, Second Edition* (pp. 150-151). © 1994 Accelerated Development.

sen, 1996）。大部分的助人專業理論與實務傳承自白人男性、歐美中心式的世界觀，雖然它們是諮商專業的基礎，功不可沒，但是傳統的諮商已不再適用於當代大多數族群，從非主流文化與少數族裔鮮少尋求諮商協助，或中途流失的比率高於白人主流文化服務對象即可見一斑。對這些人而言，歐美式的諮商專業問題重重，談不上幫助。

前事不忘，後事之師，若能將已有的技巧以具文化敏感度的脈絡調整，一樣能帶來成效（Hanna, Talley, & Guindon, 2000）。不管有意或無意，諮商師的人類行為知識若只局限在單一文化群體上，獨鍾美式文化，以偏概全，忘卻還有其他文化會影響行為表現，他們就犯了種族中心的錯誤。我們生活在地球村裡，當今的專業文獻應優先考量多元化族群，而非一般性群體（Guindon & Richmond, 2005）。因此，多元文化議題及社會因素均必須整合至你的學習訓練和生涯發展中，將脈絡研究與實務當作知識基礎。在治療過程中，工作、家庭、性別、社區、種族、社經地位等因素皆必須列入考量。多元文化諮商運動的興起已逾二十載，「改變傳統以來諮商師對心理健康、心理疾病的思維訓練與助人策略，使其面對多元文化背景的個人時，更易激發出正向的諮商效果」（D'Andrea & Heckman, 2008, p. 259）。

文化與多元世界觀

文化的概念不一而足，常見的定義是：一個文化團體共有的價值觀、信念、常規，包括語言與行為表現、相同的生活型態、對他人的期待、個人的世界觀等。當文化僅被視為價值觀與信念時，即暗喻其為固定不變的世界觀，無法加以改變，個人適應及彈性範圍縮小，即使生命歷程中有所 57
成長也無法在建構獨特的世界觀中扮演主動積極的角色。

文化也被定義為國籍、種族，或改變中的系統。僅將文化視為國籍就看不出某些重要的因素，如貧窮、缺乏教育或社會地位對個人的影響。諮商師若無法辨識此種差異，就可能會把個案對貧窮和歧視的反應誤認為心理有病。有些人認為「種族」（race）與「民族」（ethnicity）兩個詞可互換使用，其實是不對的：「種族是社會建構出來的類別，以基因的生理特徵來辨識群體；民族是因為有相同的歷史、祖先、國籍、語言和宗教淵源所產生的一種歸屬感」（Guindon & Sobhany, 2001, p. 272）。

然而，近來遺傳學的進步已改變種族的定義，移民與大遷徙更為其注入新意。或許最好將文化視為動態、創造性的歷程或流動的系統。個人不僅創造文化，還會「透過社會歷程如移民與同化而改變、增添、排拒文化的內涵」（Guindon & Sobhany, 2001, p. 273），其間的區別諮商師必須謹記在心。諮商師和個案的知覺差異會影響治療介入策略，對個案而言，他們的問題現狀與文化密不可分，「反映其文化信念、教育、職業、宗教信仰、社會地位、過去接受心理治療的經驗」（Guindon & Sobhany, 2001, pp. 276-277），以及次文化內的社會位階。你對文化的覺察越敏銳，準備越充分，就越能有效地協助個案。

文化認同發展

每個人都是獨特的，從嬰兒期、兒童期、青春期到往後的人生都在發展自我認同，文化認同發展亦遵循類似的軌跡。要瞭解多元化的群體，我們必然體認到每個人都是從數種文化參考架構來觀看他人。大部分的少數族群個體認同的文化不只一種，在與主流文化互動的過程中視自己為主流文化的一環，也強烈認同一種或數種種族／民族次文化。例如，某個人可能是白人同性戀的移民，另一個是黑人異性戀女性，但卻同樣生長在南方，皆有其獨特的文化適應方式。有幾種模式闡述不同群體（如少數族群、性別、白人、同性戀等）的文化認同發展階段。大部分的文化認同模式分為早期順從階段、覺察或不協調階段、整合或解決階段。在最後一個階段，個人終能頌揚自己的次文化，同時也能認可及欣賞它種文化，包括主流文化的正向層面。表 4.2 是 Atkinson（2004）最為人所知的**少數族群認同發展模式**（*Minority Identity Development Model*）。

58 **表 4.2　少數族群認同發展模式（摘要）**[a]

少數族群認同發展模式	對自我的態度	對族人的態度	對其他少數族群的態度	對主流族群的態度
階段一：順從	自我貶抑	團體貶抑	歧視	團體欣賞
階段二：不協調	在自我貶抑與自我欣賞間擺盪	在團體貶抑與團體欣賞間猶疑	刻板印象與「心有戚戚焉」間矛盾衝突	在團體欣賞和團體貶抑間掙扎
階段三：抗拒與沉浸	自我欣賞	團體欣賞	對其他少數族群的經驗抱持同理心，但又持有文化中心主義	團體貶抑
階段四：內省	思量自我欣賞的基礎論據	思量絕對欣賞的本質	思量評價他人的種族中心論據	思量團體貶抑的基礎論據
階段五：共鳴與覺醒	自我欣賞	團體欣賞	團體欣賞	選擇性欣賞

[a]轉載自：Atkinson (2004). *Counseling American Minorities: A Cross Cultural Perspective, Sixth Edition* (p. 41). © 2004 McGraw-Hill.

文化敏感度與文化勝任能力 57

諮商師必須擁有文化勝任能力，就算諮商師是一番好意，也可能誤解
多元文化背景的個案。諮商不全然適用於少數文化族群個案。Neukrug
（2007）曾說諮商師可能會低估社會因素的影響而誤診個案，或誤解心理
疾病的文化差異，假設個案的價值觀和主流文化一致，被自己的種族中心
主義、偏見或（白人）文化特權位階所蒙蔽。在美國被視為不正常的事情， 58
在另一個文化卻可能是再正常也不過了。尤有甚者，社會大眾內化的是制
度式的種族主義（institutional racism），意指諮商師所持有的偏見，可能與
社會用來邊緣化族群的假設一樣。

根據Sue和Sue（2003）的說法，文化勝任能力有三大基本要素，諮商師必須覺察自己的世界觀、瞭解個案的世界觀、採用適合文化的介入策略。想要具備文化勝任能力，諮商師必須時時更新與多元族群有關的知識。身為公民與專業者，我們有接觸多元文化團體與個人的社會責任，瞭解不同的種族、社經地位、性別、年齡、性傾向、身心障礙者與移民人口，花時間投入社會正義運動以改造世界。具備文化勝任能力也意謂著必須覺察個人文化對文化認同的影響、伴隨而來的偏見與歧視。諮商師有義務容納不同的觀點，將之整合並擴展自己的世界觀。

在你逐漸蛻變為專業諮商師的學習過程中，你也要改變你那種族中心式（ethnocentric）的世界觀。這是專業對你的要求。

人類成長與發展 59
（CACREP 認可標準，IIG-3 款）

由於專業諮商師要面對不同生命發展階段的個案，因此具備人類發展知識是必要的。每一個發展階段都有需完成的發展任務，這些發展任務雖

然獨特但又在意料之中。成長、改變、維持，與調整個人能力等階段，終其一生處處可見（Santrock, 2006）。諮商師必須瞭解個人和家庭的發展理論、生命的轉折點，以及學習理論、人格發展，和各式各樣的人類行為。雖然諮商哲學重視發展觀點，諮商師仍必須瞭解「危機、身心障礙、心理病理、情境與環境因素」（Council for the Accreditation of Counseling and Related Educational Programs, 2009, p. 10），以及成癮及成癮行為。

人類發展的研究錯綜複雜且包羅萬象，涵蓋成長與改變各個層面。人類不僅僅是會思考、有情感、有動作的個體而已，也不只是心理、身體、行為和靈魂的獨立運作。我們是一個整合系統的個體，生活在社區、家庭、學校、街坊和國家裡。發展心理學的領域包括從出生到死亡的生理、身體、感覺動作、認知、智力、社會環境、情緒、靈性與道德發展。生命階段通常分為：嬰兒期、幼兒期、兒童期、青春期、青年期、中年期、成人晚期及老年期。近來，隨著人類壽命的增長，研究者已體認到要將最後一類再細分為年輕的老人（65 至 79 歲）及年長的老人（80 歲以上）。每個階段各有其發展任務。

人類發展的重要理論

人類發展的研究自成一格，有太多的理論無法在此一一詳述，重要的理論能協助諮商師辨識發展的不同層面及分水嶺。除了 Freud 的理論及其他人格理論外，你還會學到 Piaget、Erikson、Levinson、Kohlberg、Gilligan、Kegan、Bandura等許許多多的理論研究。某些理論學家，如Piaget側重兒童發展，Erikson 則提出生命全程發展理論，Levinson 強調成人期的發展。

Jean Piaget（1896-1980）對兒童發展的研究可謂無人能出其右。根據他的認知發展理論，兒童會主動地探索環境、建構知識以適應環境，隨著大腦的成熟，兒童的經驗益形豐富，繼而發展出不同的思考方式。Piaget（1971）的四大認知發展階段為：

1. 感覺動作期（出生至兩歲）：嬰兒透過眼、耳、手及口來思考及探索世界。
2. 前運思期（2 至 7 歲）：兒童開始會運用符號理解他們在感覺動作期的發現。語言和假裝（make-believe）遊戲開始萌芽，但邏輯性思考尚未發展出來。
3. 具體運思期（7 至 11 歲）：邏輯性思考讓兒童得以組織其周遭環境，瞭解質量的概念及簡單的數理。會用階層及次階層的方式將物體分門別類。
4. 形式運思期（11 歲以上）：此時期的兒童越來越能抽象思考，他們 60
可以運用五官之外的邏輯性符號代表物體，比起先前的具體運思期，他們還會以高階數學推理並思考可能的結果。青春期至成人期的認知思考顯得更複雜與抽象推論。

Erik Erikson（1902-1994）起初是 Freud 的信徒，其後發展出自己的心理社會理論。Erikson（1950, 1980）系統地闡述八大發展階段與相對應必須完成的心理社會發展任務。「基本心理衝突在正向到負向連續光譜上的解決程度，決定每一階段的結果是健康的或不適應的」（Berk, 2004, p. 17）。Erikson 的八大發展階段為：

1. 基本信任與不信任（出生至一歲）：當嬰兒探索環境時，他們逐漸獲得自信。在照顧者溫暖的回應下，覺得這世界很安全且令人喜悅。當嬰兒受到嚴厲對待，或者等待滿足的時間太長，就會對世界產生不信任。
2. 自主與羞愧懷疑（1 至 3 歲）：兒童試圖掌握身體技能，並獲取控制感。當照顧者過分地阻撓時，兒童就會羞愧及懷疑自己。
3. 創造進取與罪惡感（3 至 6 歲）：經由「假裝」遊戲，兒童嘗試瞭解自己的潛能，以及可以成為什麼樣的人。在照顧者的支持下發展

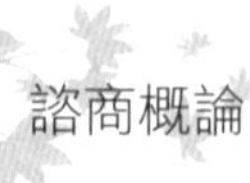

實務線上　你會怎麼做？

瑪琳在富裕郊區的一所高中擔任諮商師。作為職場新鮮人，她投入相當多時間諮詢專業人士，向行政主管企劃學校輔導課程，也為10年級的學生上班級輔導活動課，幾乎沒有時間進行個別諮商，不過她還是有帶領課後學習技巧團體。

> 上完壓力管理課後，17歲的露絲來辦公室找我，想跟我談談。她說她在課業上碰到困難，成績下滑。兩年前，她們家從辛巴威逃難來此，雖然她的父母親教育程度相當高，但現在也只能做兩份工時長薪水又低的工作，很少待在家裡。露絲還得負責照顧兩個分別為10歲和7歲大的妹妹，其他兩個跟她年齡相近的手足在逃難的過程中不幸身故。她的爸媽要求她操持家務，所以露絲看起來總是很疲憊、無精打采的模樣。自從來到這裡，她還沒交到任何朋友，她堅稱她沒時間。現在才剛開學不久，她就說她想輟學，這樣就可以減輕家人的負擔。當我試著幫助她，她卻說：「妳根本不了解我家裡的情況。」我不確定該怎麼做。她的年紀還小，不能負起那麼多責任！

課堂討論

1. 瑪琳必須考量哪些倫理議題？你會建議她接下來怎麼做？
2. 面對露絲時，瑪琳應該怎麼做才是一個有文化敏感度及文化勝任能力的諮商師？
3. 考慮到露絲的生命發展階段及家庭背景，你認為她的行為和情況正常嗎？為什麼？
4. 你認為露絲未來的生涯發展為何？哪種生涯介入策略適合她？

出抱負與責任感。然而，控制欲過強及要求過高的照顧者卻會引發 61
兒童的罪惡感。

4. 勤勉與自卑（6 至 11 歲）：透過合作發展出能力感，順利完成學業。照顧者、教師或同儕若施加過於嚴苛的經驗會導致無能感。
5. 認同與認同混淆（青春期）：能夠成功回答：「我是誰？」及「我在世界上的定位為何？」的青少年具備價值與生涯目標。正向的經驗帶來正向的認同，負向的經驗卻帶來困惑，缺少未來方向。
6. 親密與孤獨（成人早期）：年輕人有能力建立且維持令人滿意的親密關係，反之則會覺得孤獨。
7. 生產與遲滯（成人中期）：生產意指願意實際付出與回饋給下一代。無法順利通過此階段的個人會覺得缺乏生命意義及成就感。
8. 自我統整與絕望（老年）：統整意謂著反思個人一生時，洋溢著滿足感、智慧、順應死亡，覺得這一生過得很值得，也滿意個人現在的處境。如果對生命怨聲載道，個體就會深感絕望與恐懼死亡。

Piaget 及 Erikson 各自提出理論後，有越來越多的研究加以去蕪存菁或駁斥，但是他們的理論今日看來仍相當實用。人類的發展是全方位的：生理、身體、行為、認知與情緒，它是：「複雜、非線性的歷程，與情境脈絡密不可分。隨著生命的進展與變化，個別間的差異益形擴大」（Guindon, 2010, p. 45）。一般而言，發展是：(1)終生持續不斷地進行；(2)受基因與學習（遺傳與教養）共同影響；(3)兼具獨特性與連續性、系統性；(4)穩定與改變階段交錯，但核心自我仍維持不變；(5)階段的轉換間可能會痛苦不安；(6)是成長導向與正向的。個體必須順利地完成每一個階段特定的發展任務，不管是預期性較高的早期人生階段，亦或預期性較低的成年晚期階段，改變必然會發生。每個人以不同的改變速度通過發展階段，例如，一個 14 歲的兒童可能較早達到感覺運動期，但認知功能較晚成熟，而社會情緒發展則和其他孩子相仿。個體何時及如何因應發展的變化，受到情境及

環境因素影響。諮商師協助個案順利因應改變，或協助他們重新化解過去未竟成功的改變。因此，全盤瞭解人類發展是必要的。

生命的轉折點

多數個案在人生發展的轉折點時首次尋求協助。人的一生中有許多轉折點是在個人的意料之中，但結果或發生次序卻可能始料未及。個人對轉折點的處理不一，有的得心應手，有時卻一籌莫展，諮商師就是要在個案人生的重要時刻伸出援手。**轉折點**（*transition*）可以是任何事件或時期，導致個體對自我、周遭世界、人際關係知覺的改變（Schlossberg, Waters, & Goodman, 1995）。轉折點或可預期，或讓人意想不到；或許受人歡迎，或令人想去之而後快；它在任何情境下皆有可能發生：工作場合、家裡或個人內在本身。它可能深具個人意義，也可能毫無價值、毫無道理可言。或許很容易應付，或者難以招架。轉折點是生命中無可避免的一部分，個人如何因應轉折點，端視其對轉折點的看法、個人人格特質及支持系統而定。

62 何謂正常？何謂異常？

為了儘可能地瞭解人類行為的範疇，包括：身心障礙、成癮，及心理疾病，我們首先必須思考何謂正常（normal）的人類行為，何謂異常（abnormal）的行為。

你對異常行為的定義是什麼呢？誰異常？誰又正常？一個人可能外表看起來很「正常」，但外在行為「不正常」；或者看起來「不正常」，但行為「正常」。什麼是古怪、怪異，或奇怪的行為？我們常說眼見為憑，但真的是這樣嗎？

不正常可能意謂著不為社會所接受（socially unacceptable），但什麼是不為社會所接受？對誰來說是不為社會所接受？多數文化相對主義者主張「異常就是不為社會所接受」的觀點，意指在某文化中稱為正常，但在另一文化中則否。很多人都同意沒有所謂的「病態」（sick）社會或文化，任何文化中的個體或團體內的個人可能是「病態」或「異常」，但不是社會上所有的人皆如此。另一方面，異常也可能是特殊、獨特，甚至有創造力。如果僅以狹義的「為社會所接受」來看待正常，個性或獨創性就沒有發揮的空間了。異常或許可說是不適應（maladaptive）或失功能（dysfunctional），我們就是採用這個觀點來學習、評估、診斷心理疾病。再者，心情苦惱本身並非不正常、不適應或失功能。人類的思想、行動與情緒包羅萬象，但也恰如其分地落在正常的範疇內。擁有人類發展的知識能幫助我們洞察正常與異常行為的界線。

生涯發展
（CACREP 認可標準，IIG-4 款）

生涯發展是人類發展過程中很特別的一部分。許多開始學習諮商的學生誤認生涯發展只跟學業或就業有關，雖然專業諮商從 20 世紀早期的職業輔導運動起家，但現今的生涯發展包含一生的生涯與生活計畫。工作占人生的絕大部分，但生涯諮商還強調個案在家庭和關係中的自我認同，不管這個個案是學生、上班族、自由業、志工或家庭主婦（夫），重點在發掘人生全期有意義的生活型態。全美生涯發展學會（National Career Development Association, NCDA）說明人人都想有所成就：「工作（work）是個體認識與瞭解自己，以及為什麼要活在這世上最主要的方式，希冀對社會有所貢獻，發現個人的意義與滿足感」（National Career Development Association, 2008, p. 2）。

全美生涯發展協會（NCDA）的政策方針（2008）明列各項名詞定義如表 4.3。你會發現生涯發展包含一系列活動，適用於人生各階段。NCDA 指出人生各階段如學齡前、K 至 6 年級、7 至 9 年級、10 至 12 年級、中學

63 表 4.3　全國生涯發展學會的名詞定義

生涯發展（career development）	心理、社會、教育、生理、經濟、機會等因素的總和，在每個人的一生中共同作用，影響工作的本質與意義。
生涯（career）	個人一生中有酬及無酬工作的總稱。
工作（work）	不管有酬或無酬，均持續不斷地付出努力，目的在對社會產生有益的貢獻。
行業（vocation）	個人在人生某段時間內主要的工作任務。
職業（occupation）	受雇期間內主要的工作任務。
職責（job）	個人被賦予的本分及責任——不管有酬或無酬。
職務（position）	擔任某單位或組織職位時所需的一組能力（技術與知識）。

資料來源：全國生涯發展學會（National Career Development Association, 2008）。

62 後階段青少年、成年（20 至 65 歲）、退休期等生涯諮商的可行策略。

主要的生涯理論

生涯發展與生涯規劃自有其理論與技術。從《職業選擇》（Parsons, 1909）出版到後現代的建構取向，生涯學者已提出多種生涯行為理論及介入策略。

第三章介紹的特質因素取向仍延用至今，成為當代最為人所知的生涯諮商活動。Parsons 提出三階段步驟協助個人選擇職業。諮商師協助個案：
63 (1)探索自己的興趣、性向與價值觀以瞭解自我；(2)瞭解外在工作世界與特定行業的要求、優勢、劣勢和機會等；(3)將自我和外在工作世界配對，Parsons 稱此歷程為「真實的推理」（true reasoning）。現在的諮商師仍採用此套基本架構與活動以評估個案，並提供相關技術、興趣、價值觀、目標與工作資源等資訊。諮商師以出版品、網路資源或個人經驗協助個案探求生涯選擇，完成適配。除了生涯諮商外，其他形式的諮商亦可運用此類活動來催化個案的選擇。

生涯諮商師擷取多種理論應用在實務上。John Holland的職業選擇人格理論（personality theory of occupational choice）（Holland, 1973; Holland & Gottfredson, 1976）將特質因素取向加以擴展，主張個體的人格會展現在工作環境中。它假設遺傳與環境會影響個人因應環境任務的方法。Holland（何倫）將人格類型分為六種，職業也以這六種類型來識別，分別是：實際型（Realistic）、研究型（Investigative）、藝術型（Artistic）、社會型（Social）、企業型（Enterprising）及事務型（Conventional）。根據評量表將個人和職業配對於三個字母的何倫碼中。第一個字母的分數最高，第二個字母次之，依此類推。例如，多數諮商師的何倫碼為社會型、藝術型及企業型（SAE），或藝術型、社會型、企業型（ASE）。何倫碼被廣泛應用於職業資源檔案的工作分類，特別受美國政府青睞，例如SAE職業碼就包含諮商專業。Holland的理論受到多數研究支持，效度亦高。

最具影響力的理論當屬Super的生命全期發展取向生涯諮商（Lifespan Developmental Approach to Career Counseling）（Super, 1980）。Donald Super於1950年代開始建構理論，並經四十多年不斷的研究與精練理論。Super認為生涯發展是一段複雜的終生發展歷程，漸次形成職業自我概念，而工作就是實現自我概念的方式（Super, 1980）。Super的生涯發展貫穿人類一生，包括出生、成長（至14歲）、探索（14至24歲）、建立（24至44歲）、維持（44至64歲）、衰退（64歲以後）及死亡等。每個階段內又有數個次階段（substages），各有其生涯發展任務，個體必須完成以順利進入下一個階段。除了最主要的終生五大階段循環圈外，個人的生命或生涯若有所改變，就會在每個時期重新經歷五個迷你階段。Super主張生涯涵蓋所有生命角色，任何時期的角色重要性或顯著性不同。生命角色包括兒童、學生、休閒、公民、工作者、配偶、父母、持家或退休。Super發展理論的年代，個人傾向於進入某段生涯後就延續很久，甚至終生不變。時 64
至今日，生涯顯得越來越難以預測，然而，他的理論仍具有實用性。

還有其他你將會學到的三個生涯發展理論，包括：社會學習理論

（Krumboltz, 1976）、社會認知生涯理論（Lent, Brown, & Hackett, 1994）、慎思與妥協理論（Gottfredsen, 1981）等等。

生涯介入策略

生涯諮商師運用多種介入策略協助個案做出良好的生涯決定及生涯規劃。不同的年齡與生命階段有不同的活動。全美生涯發展學會（NCDA, 2008）根據生涯發展列出以下活動方針：

- **K 至 6 歲兒童：**「讓教室成為職場……教導並增強建設性的工作習慣……，協助學生瞭解各學科在生涯上的應用……，運用社區資源，看重工作與職業……，強調生涯覺察，但並不局限某項特定的職業選擇……，於生涯覺察中降低偏見與刻板印象」（pp. 3-4）。
- 65 **7 至 9 年級兒童：**「透過生涯探索以增進自我瞭解……」，鼓勵其「投入社區志願工作……」，「為高中及中學後階段提供多樣化的選擇」（p. 4）。
- **10 至 12 年級兒童：**「協助青少年為中學後階段的教育／生涯規劃做出良好決定……」（p. 4）。很重要的是，在這個階段不僅要協助想上大學的學生，也必須幫助想立即就業或就讀職業技術學校的孩子（pp. 4-6）。

值得注意的是，每個階段的活動皆包含前面層級的活動。以成人為例，NCDA 列出的類別有：「離校就業者」、「離職需新工作者」、「尋求工作機會的團隊」、「因偏見或刻板印象而生涯發展受阻者」、「希望透過轉職更上一層樓者」，以及兩種「退休人士，包括：(1)出於財務需要者；(2)出於個人對工作的熱愛，希望能善用休閒時間者」（pp. 7-9）。

現在的生涯諮商師要處理終生的議題，他們關注個案的個性，如何於有酬無酬的工作中展現出來。生涯是終生持續不斷的歷程，每個人都要評估、整合自我和世界觀，以達到個人和生涯目標。經由正式與非正式的評估、諮商與教導，諮商師協助個案做決定、設定目標，並讓決定付諸行動。

摘要

本章介紹專業諮商課程，說明八項核心諮商與相關教育課程認證評議委員會（CACREP）領域中的四大項，其中一部分談到諮商倫理的意義、基本的倫理和法律觀念。其他部分則討論差異與多元文化、文化認同發展的過程、在諮商中具備文化敏感度的重要性。接著說明人類發展與生命階段的共通元素。最後以生涯發展領域、主要的生涯理論和生涯介入策略的資訊為結。

當我甚至不知道我究竟是誰時，我該如何決定怎麼做？
我越學習去瞭解自己，就越不懂！
——學生在課程督導時所提出的問題

66 表 4.4 TFAC[a]——想法、感覺、行動與脈絡

自我	我的想法	我的感覺	我的行動	我的脈絡	其他？（具體言之）
對於倫理，我最擔心的是？					
我個人的道德信念和專業倫理準則有多契合？					
我對多重關係的信念是？					
我的世界觀是？它如何隨著時間改變？					
作為一個諮商師，我的文化勝任能力發展階段為何？					
我覺得自己是在哪個文化認同發展階段？					
我在哪個發展階段？我如何順利通過以往的階段？					
生涯發展資訊如何影響我的生涯／教育決定？					
我如何發展個人的生涯／生命計畫？					
我的擔心是？					

表 4.4　TFAC[a]——想法、感覺、行動與脈絡（續）

他人	他人可能的想法	他人可能的感覺	他人可觀察到的行動	他人外顯的脈絡	其他？（具體言之）
最重要的倫理標準是？					
在我的國家（州）裡，有哪些重要的法律規定？					
我的原生家庭世界觀為何？					
生命中其他人的文化勝任能力為何？					
我的家人會怎麼敘說他們的發展階段？他們又會如何敘說我的發展階段呢？					
生涯階段如何影響我的同學、學生、老師、家人的選擇？					

67

[a]更多 TFAC 的資訊，請見第一章。

第 5 章

什麼？關於知識體系：助人關係、團體工作、評估、研究與方案評估

不是每件可以算數的事都可以計算，
不是每件可以計算的事都可以算數。

——*Albert Einstein*

思考重點 69

有哪些重要的諮商和心理治療理論？
何謂團體諮商？如何運作？
評估在諮商中扮演的角色為何？有哪些類型？
為什麼諮商師要運用評估？如何運用？
關於研究與方案發展，諮商師必備的知識為何？

助人關係 70
（CACREP 認可標準，IIG-5 款）

晤談要素與諮商技巧

要成為有效能的諮商師，學生必須學習「發展治療關係、設立適當的

諮商目標、構思介入策略、評估個案的治療結果，以及成功地結束諮商師與個案的關係」（Council for the Accreditation of Counseling and Related Helping Professions, 2001, Section II, K5b）。從閱讀這本書及課堂參與，你將有機會增進自我覺察，學習建立專業治療關係的技術，以及維持適當的專業界線。在第二部，你將開始學習基本的晤談技巧、進階的主動傾聽及問問題技術，並學會運用情感、認知和行為介入策略。這些基本技巧和進階技巧都是奠基於上個世紀所發展出來的理論與實務。諮商是項專業，各家理論學派風格和技術不勝枚舉，時至今日，全球已有超過 400 種的諮商與心理治療方法（Corsini, 2008）。

理論的重要性

你如何得知你的所作所為有效？最簡單的回答是「我就是知道！」，較正確的回答則是我們都有義務採用百年來理論家研發出來的諮商方式，以及資深實務工作者的智慧結晶。當實務作法乃根據理論、研究以及實務工作者的現身說法，就比較能好好地回答這個問題。於此同時，我們仍然必須謹記每位個案都是獨特的個體，不可用單一理論來削足適履。

有效的諮商策略必須有理論做後盾，然而，理論不是事實，有時無法獲得證實。但即便理論不能成為事實，卻得由事實加以佐證。**理論**（*theory*）通常因為能解釋某個概念而獲得認可。**概念**（*concept*）由許多事實組成，似乎能對現象提出推論，但我們永遠無法達成最後的結論。在科學界裡，包括行為科學，理論都必須根據事實，理論必須前後一致，描述現實狀態。理論很重要，因為它讓我們瞭解現實、預測現象（行為或人格等）未來發生的可能性。有時候，諮商師會想使用某個技巧，原因只是個人的喜好或直覺的表示這麼做會產生效果，而個案也願意配合。有倫理態度和專業效能的諮商師會瞭解許多理論，根據嚴謹的研究結果來實施符合個案需求的技巧。Gladding（2009）曾說：「理論影響我們如何概念化個案的問題、人際關係如何發展、如何履行專業倫理，以及諮商師如何看待自己和專業」（p. 195）。

運用知識、經驗及觀察所得，諮商師從眾多理論和相關技巧中加以選擇，希望能為個案提供最好的服務，滿足個案獨特的需求。不是所有的理論或技巧都同樣有效——或適合每位個案。沒有一種理論能一體適用於所有的情境、對所有個案發揮作用，即便個案有相似的議題和困擾皆然。諮商師的任務在為個案量身訂做實務工作，檢視理論、決定治療目標，期能最有效地協助個案。因此，諮商師要熟悉許多理論和實務技巧，也要將自己的風格和人格特質納入考量。

新手諮商師常認為自己是「**折衷學派**」（*eclectic*），能夠自由選擇任何吸引他們的實務技巧，而不管自己的理論取向為何。這樣的態度非常危險，較負責任的作法應是諮商師覺得自己可以、也應該使用一種以上的理 71
論取向來展現實務作法，但這些實務技巧應立基於對理論知識的透徹瞭解，熟知哪些作為對大部分的個案最有效。在深度瞭解現有的理論、累積實務經驗後，你要去發展自己的諮商理論與實務，並在自身的生涯和專業領域域裡不斷地精進與建構。

主要的諮商理論

理論說明情緒、認知、行為、系統介入策略，或兼而有之。理論並非無所不包，有些理論強調覺察與知覺，有些則重視行為與行動，有些屬於整合或系統取向。Kottler和Shepard（2008）將理論分為洞察導向（insight-oriented）與行動導向（action-oriented）兩個取向。洞察意指自我覺察，有能力瞭解自我，發現問題的解決方法；行動導向認為問題的解決之道在於行為改變。推崇洞察與自我覺察的理論包括：心理分析／心理動力學派、Adler學派、存在主義學派、當事人中心與完形學派。注重行為和行動的理論則有行為學派、認知／行為學派、現實學派、策略學派與短期心理治療。整合取向所使用的策略和傳統諮商的概念原理與實務迥異，常見的整合學派有：家族系統、女性主義學派及敘事治療。

心理分析／心理動力學派

Sigmund Freud（1865-1939）是第一個系統地闡述心理分析理論的學者，他最偉大深遠的貢獻就是確認潛意識心靈的存在。Freud認為不適應導因於被壓抑至潛意識的記憶，個體的行為受到不被意識所覺察的經驗影響。治療目標是將潛意識的內容化為意識，因此，個案得瞭解他的行為動機才能改變行為。人類的心靈有三個層次——**意識**（*conscious*）（現在覺察到的事件）、**前意識**（*preconscious*）（非現在發生的事件，但很容易覺察到）、**潛意識**（*unconscious*）（未能覺察到的內在世界，只有付出相當的努力與焦慮才能獲得覺察）。人格由本我、自我和超我組成。**本我**（*id*）是心靈能量、性、衝動等本能的發源地，享樂原則（pleasure principle）即說明本我的目的是為了降低焦慮、逃避痛苦、獲得樂趣。本我只有欲望跟行動，沒有思考。**自我**（*ego*）是本我和外在世界的仲裁者，控制並管理本我及超我。現實原則（reality principle）即說明自我的意圖是現實的、邏輯的思考，擬定行動計畫以滿足本我的需要。**超我**（*superego*）是人格中社會、道德和裁決的部分，追求完美，代表理想、行為的價值觀，以及社會規範。個體一出生即擁有本我，隨著嬰兒期心性發展階段開始，自我和超我才逐漸形成。本我的欲望會令個體感到不安，因此個體會創造出防衛機轉（defense mechanism）來協助自我扭曲現實、減輕焦慮，這是潛意識的歷程，用以保護個體免受心靈創傷。最主要的防衛機轉是**壓抑**（*repression*）——自我將令人不安的素材阻絕於覺察之外。其他常見的防衛機轉有**否認**（*denial*；無法接受現實或事實，不承認痛苦的事件、想法或感覺存在）；**合理化**（*rationalization*；將個人無法接納的知覺、感覺或行為，以合理或理性的態度加以正當化，藉此逃避真正會令人痛苦的解釋）；**退化**（*regression*；回復到早期的發展階段，以箝制不能接受的衝動或想法）；**反向作用**（*reaction formation*；將不想要的、危險的衝動、想法或感覺做 180 度的轉變，例如以過度關心來掩飾敵意和憤怒）；**投射**

（*projection*；把令自己不愉快的衝動、想法或感覺錯誤地歸因於他人，即 72
便此人並無同樣的想法、情緒或衝動）；以及**替代作用**（*displacement*；把對某人或某物的衝動、想法或感覺轉移至他人或它物上）。**移情**（*transference*）是將孩提時代已遺忘的情感投射或替換到現在的某人身上。對他人不當的感覺通常源自早年經驗，例如，某人對老闆的感覺，和他對母親的感覺如出一轍。心理動力治療的目標在協助個案處理療程中的移情作用，如此一來壓抑至潛意識的素材就能帶至意識中解決。治療師運用自由聯想、夢的解析及抗拒來解決早期的衝突。

對 Freud 而言，這些衝突與早年的性幻想和攻擊有關，他的理論充滿決定論和悲觀的思想。其他的心理分析理論家——致力於將潛意識素材提升至意識者——與 Freud 的理念迥然不同。Carl Jung（1875-1961）原先服膺 Freud 的理論，後來發展出**分析心理學**（*analytic psychology*），較看重人格中健康、樂觀的一面。Jung 的理論有**個人潛意識**（*personal unconscious*）、個人意識所及的經驗，以及與遠古人類流傳下來的原始經驗——**集體潛意識**（*collective unconscious*）。集體潛意識包含**原型**（*archetypes*），有正向的原型，也有負向的、令人驚懼的原型，代表人類共有的經驗。Jung學派治療的目的，是要將集體潛意識中的原型帶至意識覺察中。Jung 學派的分析師會運用自由聯想、夢的解析、心像等，視這些素材為原型的象徵，用這些象徵解釋潛藏的原型需求，協助個案瞭解並整合、自我接納這些需求。其他有名的心理分析／心理動力學派的理論家有：Anna Freud、Otto Rank 以及 Erik Erikson。

一般說來，**心理分析**（*psychoanalysis*）這個詞意指治療師採用 Freud 式概念和療法的技術。現代的心理分析要協助個案「檢視……假設，瞭解並溯源個人的生活，必要時加以修正，為自己做出最佳的選擇，（運用）潛意識決定行為論與過去對現在的影響等概念」（American Psychoanalytic Association, n.d.）。**心理動力**（*psychodynamic*）意指治療師以潛意識素材作為治療重點，運用各種技術將潛意識提升到意識層面。和心理分析相較，療程沒有那麼密集。

Adler 學派

Alfred Adler（1870-1937）和 Jung 一樣，剛開始時追隨 Freud 的腳步，但是他對 Freud 將潛意識視為儲存性與攻擊能量的理論不以為然，例如，Adler 並不認為夢是為了實現性幻想，也反對將本我、自我和超我加以區隔。他發展出個體心理學（individual psychology），意指人格在心靈結構上具有不可分割性。他認為困擾起因於自卑感——即意識或潛意識心靈內的自卑情結，大多數的失功能症狀都是因為過度補償自卑感。**自卑情結**（*inferiority complex*）緣於個體的自我肯定需求受到限制，當一個人被無能感壓垮，正常發展受到阻礙，就會產生自卑或缺乏自我價值感，導致適應不良或病態。Adler 相信是個體沒有得到適當的鼓勵，而不是「生病了」。

Adler（1963）的理論強調所有的個體都奮力達成目標，以臻優越、強壯與完整，也就是說，個體致力於追求卓越。Adler 使用**優越情結**（*superiority complex*）這個詞，指個體藉由壓抑既有的自卑感，並在嘗試克服的過程中發展出的心理狀態。他認為每個人心裡都有理想的自我圖像，稱為**虛構的目的論**（*fictional finalism*）。雖然這個圖像可以改變，但通常個人的生命型態會朝向一致的方向。Adler 也相信意識和潛意識彼此攜手合作，以實現理想自我。虛構的目的論賦予個人較清楚的目標和決定。**虛構的目標**（*fictional goal*）是想像出來的中心目標，引領個體的行動，是行為背後的
73 動力。個體的**生命型態**（*style of life*）則是整體的生活模式，影響個人的感覺、思考與行為。

Adler 學派的一個重要概念是**社會興趣**（*social interest*），他主張人類天生就知曉要對他人負起責任。我們每個人的潛意識裡都具備社群感，生命的任務——友誼、愛、工作、靈性及自我接納——在發展歸屬感與社會責任感。社群感如此重要，就算是尚未健全發展出關懷他人能力的個體，也會表現得好像他們仍為此殫精竭慮。另一個重要的概念是出生序（birth order），Adler認為每個孩子出生時，會因為老大、次子、么子等順序不同進而形成獨特的家庭星座。家庭中的位置影響個人的生命型態，例如逃避、支配或善於交際。

Adler學派的目標是重拾自信，克服自卑感。諮商歷程包含四個階段：(1)建立關係；(2)評估與分析，例如，探索個案的生命型態、早期記憶、家庭星座、出生序、夢及生命任務等；(3)洞察與詮釋，發現個案關於信念、態度與知覺方面的私人邏輯；(4)重新定向，諮商師提出可替代私人邏輯的其他觀念。如果私人邏輯改變，行為也會隨之改變。

Adler 學派的技術還有：**矛盾意向法**（*paradoxical intention*），邀請個案誇大自我挫敗的想法和行為；**假裝**（*acting as if*），指導個案扮演某種角色，並儘可能地假戲真做；**潑冷水**（*spitting in the soup*），諮商師查明並提醒個案注意行為的代價，減少不良行為發生；**按鈕**（*pushing the button*），諮商師協助個案轉換經驗與感覺，如此一來個案也能學會覺察並控制情緒。

行為學派

行為理論自學習本質的研究嬗變而來，基本前提是行為是習得的，因此行為也有可能沒學到，或需要重新學習。行為理論與潛意識無關，可觀察的症狀才是治療的重點，而非潛藏的因素。感覺和想法在諮商中並非占有重要的角色。行為取向諮商與心理治療的歷史淵源和實務應用，可分為古典制約、操作制約及認知行為。後者已自成一家，將在隨後另闢一節討論。

在**古典制約**（*classical conditioning*）裡，中性刺激反覆地與另一刺激出現，產生一個自然的（非制約）反應，導致原本的中性刺激也會引發制約反應。**增強**（*reinforcement*）是刺激（或增強物）增加了反應發生的歷程。**正增強**（*positive reinforcement*）是個人想要的刺激引發目標行為，例如，當孩子這個星期每天早上起床都整理床鋪（目標行為），即給他特別的獎賞（想要的刺激）。**負增強**（*negative reinforcement*）則是移除嫌惡刺激，以增加目標行為。以上述例子來說明，如果孩子每天都做完功課（目標行為），即免除他洗碗的任務（嫌惡刺激）。**懲罰**（*punishment*）是施予嫌惡刺激，以減少目標行為發生的頻率，也就是在行為發生之後施加令人不快的事件。**消弱**（*extinction*）是行為的消失，行為會消失是因沒有相對應的結果出現。

操作制約（*operant conditioning*）意指適當反應的習得（或不當反應的消除）有賴反應的結果、酬賞或懲罰。個人會如何表現端視行為的結果。

B. F. Skinner（1904-1990）發展出行為改變技術，以操作制約原理為主。運用增強物控制行為、管理個案的環境是諮商中常見的主題。社會環境，尤其是學校，是協助學生行為改變、調節學習環境的重點區域。**示範學習**（*modeling*）是指個體在社會環境中觀察他人表現出令人讚許的行為，
74 並加以模仿。Albert Bandura（1925-迄今）的社會學習理論奠定示範學習的原理原則，通常是指在短期內習得複雜的行為。

行為理論認為個人之所以學會不適應的行為，原因有二：不當的正增強及嫌惡刺激減少，與個人生存的特殊文化、社經地位及時代有關。行為改變技術可以幫助個案放棄不好的行為，學會更適當的行為。由於所有的行為都是學習、忘卻或重新學習的結果，因此洞察並非重點。諮商歷程在協助個案設立並維持改變行為的目標，以消除不當行為及學習更適宜的行為。治療歷程具體、結構化，包括指派療程間的行為家庭作業。個案要主動投入治療歷程和諮商師一同合作：(1)分析並界定行為；(2)選擇的目標要明確、具時效性；(3)選擇行為改變策略；(4)監控、評估、修正進度；(5)類化新習得的行為。

一些共同的技巧包括：

- **行為契約**（*behavioral contracting*）：和個案簽訂正式合約，以履行特定任務或行為。
- **角色扮演**（*role playing*）：個案練習替代行為。

- **代幣制**（*token economies*）：當適當的行為出現時，立即給予有價物品或代幣作為實質增強物。
- **放鬆訓練**（*relaxation training*）及**系統減敏感法**（*systematic desensitization*）：搭配肌肉與心情放鬆的方式，用以減輕個案焦慮的歷程。
- **自我管理**（*self-management*）：用結構化的方法教導個案管理自己的問題。

隔離（time-out）也是一項有效且廣為採用的策略，禁止兒童接觸他們喜愛的活動，以消除不良行為。另外一個較不普遍、爭議性也較高的技巧是**嫌惡治療**（*aversion therapy*），採用某些作法，諸如不快的影像或電擊以抑制失功能的行為。**饜足**（*satiation*）則是過量地進行不當行為，讓這個不當的增強物失去效力。

Arnold Lazarus（1932- 迄今）發展**多重模式治療**（*multimodal therapy*），涵蓋更多行為取向策略。他結合數種方法，整合為一套內容豐富、靈活變通的系統取向，包括七大領域，或稱之為人格模組，根據首字母縮寫成 BASIC ID。他的取向要蒐集有關行為（**B**ehavior）、情感（**A**ffect）、感覺／生理因素（**S**ensory/physical factors）、意象（**I**magery）、認知（**C**ognitions）、人際／環境因素（**I**nterpersonal/Environmental Factors），以及藥物／生物化學／神經生理反應（**D**rugs/biochemical/neurophysiological reactions）等方面的資訊，以形成治療計畫（Lazarus, 2008）。

認知與認知行為學派

雖然行為治療的技術能有效地改變可觀察的行為，但某些學者仍認為想法雖然看不到，卻會影響情緒，因此想法是困擾的原因，亦影響行為。認知取向著重個體對情境所賦予的意義，心理問題起因於人們思考的方式。認知取向的特色就是認知重建。

認知取向的主要倡導者為Aaron Beck（1921-迄今），Beck（1995）的認知治療主張失功能的思考在心理困擾中比比皆是。這個取向的中心要旨為：(1)認知影響行為；(2)認知可以加以監控及改變；(3)改變認知就能改變行為。合理的評估能修正思考方式，進而改善情緒與行為。認知的層次有：**自動化思考**（*automatic thoughts*）（持續在心裡流動的想法）、**中介信念**（*intermediate beliefs*）（形塑自動化思考的極端和絕對規則與態度）、**核心信念**（*core beliefs*）（重要的自我概念，位於自動化思考之下，並反映在中介信念）；及**基模**（*schemas*）（控制資訊處理歷程與行為的特殊規
75 則）。諮商的目標是協助個案辨明、覺察錯誤的認知，透過自我的資訊處理系統指出這些錯誤，並矯正各個層次的錯誤認知。**事實概念化方法**（*case conceptualization method*）可以達成這個目標：首先，個案必須列出他的問題；第二，假定有些潛藏的信念影響他的問題；第三，檢視信念系統與當前問題間的關聯；第四，思考問題的導因；最後，瞭解核心、錯誤信念如何產生。諮商具有結構性、時間限制，也會運用問卷、量表和家庭作業（Beck & Weishear, 2008）。

認知行為取向綜合行為與認知歷程，主要的提倡者為 Albert Ellis（1913-2007），他也是系統性的闡述信念如何影響人們的感覺和行動的第一人。他的取向強調心理困擾起因於誤解和錯誤的認知。Ellis（1962）認為不適應的行為是一種慣性、失功能的模式，情緒反應受到意識和潛意識中的評估與信念影響。情緒反應不是事件造成的，而是人們對這些事件的信念。他發展出 **ABCDEF** 理論（*ABCDEF Theory*），A 是促發事件（**ac**tivating event），B 是對該事件的非理性信念（**be**lief），C 則是情緒的結果（emotional **c**onsequence），如焦慮和恐懼就是未經驗證、證實的非理性信念所產生的非理性結果，阻撓個體回頭解決促發事件。例如，(A)某位學生的課堂作業只拿到C的分數，這就是促發事件；(B)這位學生覺得教授應該認可他的努力，沒給他更好分數的教授真是個笨蛋。該生認為他付出的努力沒有獲得應有的價值，簡直不像話，這就是信念；(C)這個學生覺得

生氣、丟臉，擔心被當，這就是信念造成的情緒結果。在 Ellis 的理性情緒行為治療（REBT）裡，諮商師(D)協助個案覺察信念，並予以駁斥（**d**isputed），如此一來，(E)就會產生新的、更理性健康的效果（**e**ffect），以及更恰當的感覺（**f**eelings）(F)。再以上述為例，諮商師會(D)駁斥個案的信念，協助該生檢視他的信念是否合理？他得到低於平均的分數是否有那麼可怕？諮商師指出學生把該事件「災難化」，以為他就要被學校踢出去了。接下來，這個學生可以用較合理、理性的自我對話方式，對自己說雖然他不滿意這個分數，但不能斷言世界末日到了或他的學習生涯毀了。他可以採取某些步驟，例如跟教授談談他的作業，希望能在下次重振旗鼓。他會(F)有更理性的情緒，亦即他可以對分數失望，但不必那麼絕望和焦慮了。

Ellis的理情行為治療（REBT）工作目標，如他所言，是**重建個人的生活哲學**（*philosophic reorientation*）（Ellis & Dryden, 1997）。他會使用家庭作業來教導個案辨認自我挫敗的信念，根據現實而非錯誤的知覺，經由認知重建的歷程將其轉變為理性的信念。非理性信念導因於人們不加思索地以「應該」（shoulds）、「應當」（oughts）和「必須」（musts）來歸因事件。諮商目標是降低個案的敵意與焦慮，減少個案的自我挫敗觀點，建立更合乎現實、容忍度更高的生活哲學，教導個案辨識非理性信念，並加以駁斥與改變（Ellis, 2008; Ellis & Dryden, 1997）。REBT 諮商師不認為與個案建立溫暖的關係就能構成有效的改變，事實上，治療歷程是主動的、面質的，並運用科學化的方式來質疑、辯論和挑戰。

存在／人本與當事人中心學派

存在／人本諮商又被稱為**第三勢力**（*Third Force*），出發點為反對心理分析與行為取向。哲學界，特別是齊克果（Kierkegaard）、尼采（Nietzsche）、海德格（Heidegger）、沙特（Sartre）等哲學家，Rollo May（1950）及 Victor Frankl（1963）的影響深遠，樹立了 20 世紀中期諮商與

76 心理治療的方向。**存在主義**（*existentialism*）的觀點反映出人類的生存狀態，所揭示的信念為沒有人有權利將自己的價值觀強加於他人，每個人都要為自己的行為負責。覺察、存在、真誠及責任是**存在諮商**（*existential counseling*）的正字標記。存在諮商的中心要旨為焦慮，它是普世現象、生而固有，焦慮源自於孤獨、無意義、死亡與自由（Yalom, 1980）。覺察死亡的存在是件無可避免的事，而焦慮是正常的、合理的心靈狀態會帶來持久的改變。覺察個人的死亡和生命的終極性，才會學習到該為創造個人的生存意義負起責任。

存在／人本取向的諮商師要進入個案的現實世界，專注在此時此刻。存在諮商沒有什麼特殊的治療技巧，治療同盟足以讓改變發生，更確切地說，治療目標是協助個案發現生命的意義。治療目標具有現象學的本質，諮商師要完全的真誠與個案同在，協助個案面對焦慮，越來越真誠、接受責任、有生活的目標。諮商師協助個案覺察潛意識的恐懼，例如：死亡恐懼、缺乏生命意義、逃避責任、終極的孤獨等。正視焦慮是真誠的必要步驟，當個案與自己的焦慮接觸，就能做出選擇，過著更適應及完整的生活，發現自己存於世上的自由，並決定該如何行動。

以存在主義理論為基石，人本取向和個案發展出全新的治療型態，治療歷程躍居正向改變的原動力。存在／人本諮商的焦點人物是 Carl Rogers（1902-1987），稱他為當代諮商與心理治療界最具影響力的人物也不為過。他提出**個人中心諮商**（*person-centered counseling*）〔**即當事人中心諮商**（*client-centered counseling*）〕，也稱為 Rogers 學派或**非指導式諮商**（*nondirective counseling*）。在 Rogers（1942, 1951）劃時代的理念出現之前，美國的諮商界大多以心理分析或輔導工作為主，助人者處於專家的位階，充滿指導性及高高在上的權威，以提供建議和解釋。隨著 Rogers 的理念出現，諮商與心理治療產生 180 度的大轉變，個案被視為具有自我決定的能力，要為治療方向和結果負起更多的責任。

Rogers（1957）認為理想的治療關係兼具關懷與慈悲等必要條件，這樣就足以讓改變發生了。他的自我理論（self-theory）強調每個人都有自我實現的傾向，只要在滋養、健康的環境下，個體自然就能完全發揮功能、自我覺察。人類有強烈的被尊重需求，可惜在他人價值條件作梗下，限制了天生的成長過程。為了得到他人的尊重與評價，個體往往發展出扭曲的自我感，表現出反常、不健康的行為。適應不良的行為即是心靈弱點的反映。

對 Rogers 而言，安全及互相尊重的治療環境讓諮商師及個案得以自在地做自己。諮商師是個誠懇、真實、開誠布公的人，在這樣的治療環境下，個案亦有可能發展出一致、真實的自我感，或如 Rogers 所說的**理想自我**（*ideal self*）。諮商師提供溫暖、真誠一致、無條件的積極關懷、接納、同理的瞭解，後者更讓諮商師得以進入個案的參考架構，將此種瞭解傳達給個案知曉。當治療關係的種種條件齊全，個案會對諮商師坦誠開放，於是改變自然發生，因為個案會瞭解並解決過去在有條件的關係下所產生的議題。當事人中心學派的諮商技術包括：心理的同在、一致的語言與非語言訊息、同理的傾聽。很多的專注與傾聽技巧（本書第二部將會討論）雖非個人中心學派僅有，但均建立在 Rogers 的哲學觀思想上。

完形學派 77

Fritz Perls（1893-1970）的理念與實務源自存在主義和現象學運動，他的理念與當事人中心取向有異曲同工之妙，但技巧部分則有天壤之別。對 Perls（Perls, Hefferline, & Goodman, 1965）來說，個體的世界由主觀的現實知覺所定義，主張個體不斷地試圖維持情緒及心理的恆定或平衡，可是也時常被需求所干擾，再經由滿足需求而重獲平衡。相反地，內在的衝突——或對立——存在於想法、價值觀、特質和行動間。**完形理論**（*Gestalt theory*）主張個體與環境間的互動決定其存在的本質，不一致及心理困擾即與環境的互動不良所致。**內攝**（*introjection*）是將觀念照單全收，無能加以辨別，內攝者不知道他們真正的信念為何。**投射**（*projection*）是要他人為

自己負責，投射者不能接納自己的感覺，才會將它們附加在某人身上。**迴射**（*retroflection*）則是把想對待別人的事情，轉而對向自己，迴射者將感覺重新導向內在。**融合**（*confluence*）則是自我和環境的心理界線模糊不清，融合者無能辨明自己的想法，為自己發聲。**偏離**（*deflection*）則是分散注意力的過程，未能與他人保持連結。偏離者會以過度發問、幽默或抽象類推等方法試圖抽離關係。

知覺依序進入經驗的現象即稱為**形象—背景**（*figure-ground*），也就是**完形**（*Gestalt*）。形象能立刻被感知及覺察到，背景卻未能得到覺察。個體會尋求完形把形象視為完整，而非只是知覺的一部分。**未竟事務**（*unfinished business*）是那些被迫成為背景而未受覺察的經驗，但卻持續地影響現在的行動。完形的特徵為此時此刻，焦點放在具體的當下行動，如姿勢、舉止、臉部表情、聲音、呼吸等不一致的徵兆。完形理論認為覺察本身即具有療效，重視體驗及現象經驗。

在完形取向裡，諮商師催化個案，協助他們覺察所有的感覺、行為、經驗及部分自我的未竟事務。完形諮商重視當下正在發生的經驗更甚於過去的經驗，常用的完形技術如：**演出**（*enactment*），教導個案將感覺或想法付諸行動，可運用**空椅法**（*empty chair*）或**優勝者／劣勢者**（*topdog/underdog*）；**誇大**（*exaggeration*），要求個案誇大某種情緒、動作或想法；**整合與旋鬆**（*integrating and loosening*），請個案想像經驗的對立面，並信以為真；**停留**（*stay with it*），鼓勵個案與感覺同在。其他的技術還有：夢工作、引導式想像、身體覺察工作等。這些技術協助個案將過去的未竟事務帶到當下的覺察中，並加以處理解決。

現實學派

現實治療（*reality therapy*）由 William Glasser（1925-迄今）首創，強調個人的選擇、責任與轉變。它鼓勵成功、計畫及行動力，主張行為是個體在某段時期為了滿足一個或多個基本需求而做的最佳嘗試，這些行為是遺傳結構的一部分。多數的問題起因於無法與他人產生連結，建立並維持圓滿的關係。很多人有錯誤的觀念，認為別人控制了自己的生活，當個體覺得需求無法獲得適當的滿足，失調的情況便會產生，導致生活進一步失控。現實理論和**選擇理論**（*choice theory*）（Glasser, 1998）均主張是個人自己選擇要變得悲慘的，換句話說，某些情緒，如憂鬱、焦慮、罪惡感等都是選擇出來的反應；敢怒不敢言、試圖控制他人、強迫別人幫助我們、替自己的無能找藉口，都是為了控制生活而選擇出來的行為。Glasser 的選 78
擇理論主張個人應該為自己的所做所為負起責任。

現實治療重視整體行為（total behavior），同時也著重個案願意選擇改變的部分，並檢視當前的行動和想法，負責的行為是諮商的目標。現實治療特有的問句是：「你現在所做的能得到你想要的嗎？」諮商師首先協助個案與諮商師建立信任關係，示範如何建立令人滿意的關係。使用的技巧包括：**積極正向**（*positiveness*），鼓勵個案打破負向模式，著眼當下有建設性的層面；**知覺控制**（*controlling perceptions*），教導個案冥想對生活握有控制權；**面質**（*confrontation*）個案的辯解、藉口及合理化；**計畫**（*plans*）是諮商師鼓勵個案寫下邁向成功的行動步驟；**約定**（*pinning down*），諮商師協助個案允諾採取積極的行動以達成目標。

Wubbolding（1991）是 Glasser 的同事，他將現實治療的理念加以擴展，認為所有人都有生存、隸屬、權力與自由的基本需求，任何行動都是為了滿足這些需要，遺憾的是所用的方法，不管個人意識到與否，常常無效或事與願違。Wubbolding 的 **WDEP 系統**（*WDEP system*）其實是治療歷程，個案要清楚地定義**需要**（**w**ants）；檢視整體行為、感覺、自我內言、行動，以及前進的**方向**（**d**irection）；持續不斷地自我**評估**（**e**valuate）；形成明確、可行的實施**計畫**（**p**lans），並承諾實踐。

短期、策略與焦點解決學派

過去 30 年來逐漸發展出數種短期模式。我們目前已討論的取向大多需實施數週、數月甚至更久，因此有些理論已開始思考更簡短、有效的介入策略來協助人們改變。短期取向能獲得青睞，乃是為了回應管理照護（保險）公司對療程次數的給付限制。依靠保險給付為生的諮商師不再能提供超過數月及數年的諮商療程，學校諮商師能進行的晤談次數寥寥無幾。因此，諮商師必須學習在有限的療程次數下，既能滿足個案的需求，又同樣有效的服務介入方式，短期和焦點解決治療法成為許多諮商師的治療選項。短期諮商通常介於 1 至 20 次的療程內。焦點解決取向認為個案具備優勢、內外在資源及問題解決的能力，只是還不知道要怎麼好好利用以解決問題。治療過程中諮商師與個案互相合作，如字義所見，它強調問題解決，而不是問題的成因。

一種短期取向——**策略治療**（*strategic therapy*）（Haley, 1973）以 Milton Erickson（1901-1980）的治療工作為立足點，他發現個案嘗試解決問題的方法通常只會讓問題陷入惡性循環、重複發生的窘境中。例如，當孩子不聽爸媽的話，不撿起衣服，父母親就提高聲量，如果這個方法無效，父母親仍舊提高聲量，結果孩子還是充耳不聞，此種解決問題的方法**如出一轍**（*more of the same*）（Watzlawick, Weakland, & Fisch, 1974）。諮商師強調個案有問題解決的能力，不過他們採用的方式卻發揮不了效果，因此諮商師運用隱喻、催眠暗示、矛盾意向、開處方等協助個案打破循環，學習新行為。

另一個短期取向是**焦點解決短期治療**（*solution-focused brief therapy*）（de Shazer, 1985; Berg, 1994），焦點放在未來，而非問題。若把焦點放在問題上，不利於發現解決之道。因此，諮商師跟個案一起合作，想像如果問題不存在，生活會變得如何。焦點解決短期治療運用問話技術，例如**奇蹟問句**（*miracle question*），請個案描述若奇蹟發生、問題消失無蹤的話，他可能的反應和生活情況為何；**評分技術**（*scaling technique*）邀請個案在
79 1 到 10 的分數上，評比問題或症狀。此外，諮商師提出一系列問題，協助個案改變看問題的角度，建構更適應或令人滿意的未來，例如**例外問句**

（*exceptions question*）協助個案認出問題沒有發生或較不嚴重的時刻；**因應問句**（*coping questions*）協助個案看見他們擁有可解決問題的資源，啟動更光明的未來。

系統／家族治療學派

近年來，諮商已不再局限於單一個人的行為、想法和情緒。人類並非單獨存在的個體，在人類演進、適應的過程中，環境扮演關鍵的角色。適應不良的行為不僅與個人內在的問題有關，也有可能直接受到個人所處的多元系統衝擊。家庭、學校、宗教組織、職場、社區及其他社會系統均對發展產生重大影響。系統觀包括瞭解系統理論和主要的介入模式。

家庭系統（*family systems*）是其中很重要的取向之一，這個取向並非單一理論，而是一套理論，每個理論有獨特的宗旨與技巧，把家庭視為治療的重點。家庭是社會系統內獨一無二的次系統（Carter & McGoldrick, 2005）。從一般系統理論（general system theory）的觀點來看，每個系統各有其界線範圍或限制區域，在與周遭系統互動時，得以維持結構完整。有健全的家庭，也有失功能的家庭。健全的家庭能開放地討論彼此關切的議題、分享情緒，清楚地瞭解每個家庭成員在系統內擔任的角色。父母親做好父母親的角色，設立合理的家庭規則，孩子們也瞭解他們在家庭內的角色，並遵守家庭規則。家庭成員間的界線清楚，但也不至於墨守成規、不懂得變通。雖然界線和規則要保持一致，但隨著家庭的發展與改變，界線和規則也隨之調整。家庭成員間的界線若太緊密或太鬆散，失功能的情況將難以避免。主要的家庭系統理論取向有：聯合家族治療（conjoint family therapy）（Satir, 1967）、策略家族治療（strategic family therapy）（Haley, 1973）、結構家族治療（structural family therapy）（Minuchin, 1974）、多世代或Bowen學派家族治療（multigenerational or Bowenian family therapy）（Bowen, 1978）。雖然每種取向各具特色，但咸認家庭有獨特的正向或負面互動機制。治療師進入家庭系統，以便瞭解每位成員的角色、運作規則，並打破失功能的系統。治療師接著和家庭成員一起努力，改變適應不良的行為，學習以較健康的模式互動。

家族治療能有效處理婚姻、性、兒童與青少年困擾方面的問題。到了1990年代，治療成癮、憂鬱、家庭失和、嚴重的精神疾病等亦被證實有效。

女性主義學派

以1960年代的多元文化運動為本，女性主義是另一個非常重要的系統取向。女性主義堅稱外在因素的影響力才是許多身心疾病的元兇，而非個體的內在缺陷。Jean Baker Miller（1986）、Carol Gilligan（1982）及其同僚在衛斯理（Wellesley）史東中心（Stone Center）劃時代的貢獻促成治療女性的方向應與男性有別。史東中心的理論學家發展出**關係—文化理論**（*relational-cultural theory*），強調關係在女性生命中的關鍵地位。

女性主義理論（*feminist theory*）認為在男性主導的文化裡，女性容易出現問題。暴力——不管是肢體、情緒、心理的暴力——是女性身處此種文化常有的經驗，而且往往得不到重視和治療。這是唯一體認到生殖和生理問題是女性必須面臨的重大現實之一的取向，月經、性欲、育兒、更年期問題等，在女性的健康上占有一席之地。除此之外，獨立和自給自足被
80 視為健康的常態標準，重視聯繫與關懷的女性常被認為是天生弱者和病態的依賴，但從女性主義治療的觀點來看，卻是值得頌揚的優勢。

因此，女性需要上述議題的資訊與教育，諮商師要扮演資訊提供者的角色。女性主義諮商師採行的技巧有：

1. **意識覺醒**（*raising consciousness*）：諮商師盡力協助女性瞭解她們未能活出真實自我的生命是由於性別角色的影響，限制了她們的潛能，導致憤怒、悔恨與挫折感，因此才會衍生出自我挫敗的行為和有害的關係。
2. **確認經驗**（*validating experiences*）：諮商師分享自己身為女性的經

驗，協助個案瞭解面臨超乎尋常的情境時，她的反應是正常的。

3. **適當的抉擇**（*making appropriate choices*）：諮商師協助個案體認自己能做選擇，並支持個案根據自己真正的需求做決定。
4. **提升自尊**（*enhancing self-esteem*）：諮商師協助個案學習看重自我，認識自己的優點和潛能。
5. **提供參與團體工作的機會**（*providing opportunities for group work*）：諮商師催化、激發個案與其他女性夥伴的成長。很多女性在生活中常感孤立無援，能獲得其他女性的支持具有絕佳的治療效果。
6. **提供資訊**（*giving information*）：當個案有需要時，諮商師會指引個案運用社會資源，例如將個案轉介給生涯諮商師，或推薦適合的中途之家、書籍或教育訓練課程。諮商師亦可自我揭露身為女性的經驗。
7. **表達取向**（*using expressive approaches*）：有些女性主義諮商師會運用一種或數種表達性藝術，如音樂、藝術、舞蹈、引導式想像等，協助個案治療與成長。

敘事治療

敘事治療源於**建構主義觀**（*constructivist view*），是後現代主義運動的宗旨，它主張沒有客觀的真實，只有多元真實或多種可能的解釋。換句話說，我們無法直接知曉這個世界，透過認知歷程，每個人在心理上建構世界和意義。因此，每位個體的世界都是社會、文化和政治脈絡下獨特的建構，經由生命故事的連結，個人的意義得以彰顯，使得每個人的故事都和別人的一樣真實。個人的故事由事件組成，以某一主題貫之，前後呼應。故事情節因著特殊事件的發生隨之開展，根據其重要性或個體承認與否，而決定加以保留或揚棄。當故事和情節持續湧現，個人會選擇特定事件而忽略其他事件，前後一致的生命故事就產生了。

生命故事塑造一個人的生命，影響個人對事件的知覺，以符合其對世界的瞭解及個人的內在現實。不適應的行為導因於**充滿問題的故事**（*problem-saturated stories*）（Monk, Winslade, & Crocket, 1997），成為個人最強力、主要的認同，例如，視自己為無望的受害者或人生的輸家。這樣的故事以負向影響力的方式主宰個人的自我效能和生命事件。

敘事諮商（*narrative counseling*）的數種技巧（see Angus & McLeod, 2004）允許個案敘說自己的故事，以有意義的方式加以重新架構，或根據內在現實重新建構。個案首先學會解構，接著透過**重新敘說**（*restorying*）的方式重新架構主流故事。行為、認知或情緒故事都是治療的重點。前提是當個案有能力建構並瞭解其獨特生命故事的主題和情節時，就能夠以較健康、適應的方向重新撰寫（re-author）生命故事。

81 諮商師的首要之務是傾聽個案的故事，尊崇個案的現實，諮商師和個案一起探索具影響力的時刻、生命的轉捩點、重要的回憶和關係等。諮商師協助個案把焦點放在即便遭遇困境和險阻時，仍舊指引生命的意圖、價值、目標和夢境上。他們一起處理和正視被忘掉的故事，幫助個案瞭解他曾有健康、適應，甚至英雄般的輝煌時光。找出優點並整合至未來新的敘說裡。

其他治療取向

沒有一本書能涵蓋所有的諮商理論，本書也不例外。以下僅介紹幾種其他的治療取向。

危機諮商（*crisis counseling*）採用特殊的策略協助個案有效地因應意外的創傷事件。它涉及「多種直接和行動導向的方法，協助個案發現內在資源，處理外在的危機」（Gladding, 2007, p. 235）。與其說它是理論，不如說它是一套因應事件的既定技巧，通常有時間限制，為期數週。必須謹記在心的是，危機情況隨處可見（從正常的發展階段事件，如退休，到預料之外的創傷事件，如：天然災害、恐怖行動、意外、失業等），但是個體

實務線上　你會怎麼做？ 81

伊蓮成為合格諮商師已經一年了，現在私人執業中，她花了三個月的時間治療 34 歲的蓋兒。蓋兒對於當眾說話這件事很「神經質」，她說她的工作需要定期做簡報，這是她最痛恨的事。當同事與她意見不合時，她也不喜歡跟他們互動。

> 蓋兒似乎對諮商有相當程度的瞭解，從青少年期開始她就不斷接受諮商，我猜她是個「治療迷」（therapy junkie）。她很會使用專業術語，通常是從自助團體中學來的，例如：「滿足我的內在小孩」及「有毒的人」（toxic people）。她說她受過密集的肯定訓練和夢工作，寫了不少手記。她也定時冥想、做瑜伽、參加各種自助團體。就我所知，她沒有朋友，我認為她利用這些團體作為唯一的社交管道。她看起來似乎懂得比我還多，我該如何幫助她？

課堂討論

1. 在本章所介紹的諮商理論中，哪種理論可能有助於蓋兒？進行之前有哪些考量？
2. 蓋兒的「經驗老到」會如何改變（或不改變）伊蓮所選擇採用的諮商技巧？
3. 蓋兒適合參加團體諮商嗎？如果適合，哪種團體最有效果？如果不適合，為什麼？
4. 伊蓮應該對蓋兒施測嗎？如果要，目的為何？如果不用，理由何在？
5. 伊蓮想要研究「治療迷」。如果蓋兒同意參與，哪種研究可能有助於瞭解此類族群？

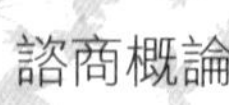

對危機的反應可能有天壤之別。危機諮商的模式有數種，評估危機情境，
83 包括個案對事件的想法是第一步驟，接下來則是提供支持，如安全的需要和教育資訊等，都能協助個案發展不同的因應技巧。

表達性藝術取向亦可派上用場。藝術、音樂和舞蹈等，以非語言的方式提供「談話治療」不及的治療素材，比起認知和行動導向更能儘速降低抗拒、防衛和焦慮。**遊戲治療**（*play therapy*）特別適用於認知和語言功能尚未完整發展的兒童。心理藥物學和生理回饋也很有效。

諮商專業的重要趨勢之一是以個案的最佳利益為前提，整合不同的治療模式。作為受訓諮商師，你應該熟知傳統的理論學派並學習較新的理論，在專業生涯裡持續不斷地吸收並更新現存與新興的理論和技術。

團體工作
（CACREP 認可標準，IIG-6 款）

之前所討論的理論取向不僅適用於個別諮商的個案，也可運用在團體成員中，不過，團體諮商的特徵有別於個別諮商。上個世紀以來，其歷史背景顯示團體工作能解決的問題與日俱增，其效能有迎頭趕上個別諮商的趨勢（Corey & Corey, 2006）。

團體諮商與治療的歷史

以歷史觀點來看，團體取向的發展和心理諮商治療的歷史發展極為相似，影響兩者進展與成熟的因素也大致相同。1900 年以前，團體工作主要是協助社會邊緣人，促進他們的生活與社交技巧，例如：個人衛生、營養等。20 世紀早期，醫學界首度意識到將病患聚在一起，讓他們談論彼此的困擾，具有不錯的治療效果。1905 年，Joseph Pratt 醫師被公認是實施團體治療的第一人，他將結核病人集合起來聽他上課，接著分享彼此的故事，互相加油打氣，其後，研究者開始研究團體動力的本質與歷程。人類行為的研究顯示，人們獨處時的行為表現，和在團體中的行為表現截然不同。Freud（1975）在 1920 年代率先出版《團體心理學與自我的分析》（*Group Psychology and the Analysis of the Ego*）一書，成為早期團體工作的標竿。他對心理動力團體的定義是，一位領導者與數位成員形成認同與依附的關係，成員間彼此也形成認同與依附的關係。

時代推移，許多理論家與治療師紛紛提出自己的觀點，將早期的團體工作演變為今日所稱的團體諮商與團體心理治療。Jacob Moreno 在 1942 年創立美國團體心理治療與心理劇協會（American Society for Group Psychotherapy and Psychodrama）。Moreno 發展出行動導向的團體工作取向，命名為**心理劇**（*psychodrama*），就像在即興劇場一樣，成員們演出他們的問題、期待與渴望，解決個人議題，從此過著更有建設性、創造性的生活是該取向的特色。美國團體治療學會（American Group Therapy Association）於 1943 年成立，並於 1952 年更名為美國團體心理治療學會（American Group Psychotherapy Association, AGPA）。今日，這些學會已進行跨學科合作，組成許多相關的助人專業。

第二次世界大戰時，為了服務退伍軍人，團體工作的需求大增，各種團體治療的研究如過江之鯽，團體工作成為主要的治療方式。**訓練團體**（*T-Groups, training groups*）及**心理教育團體**（*psychoeducational groups*）於此時應勢而生。1960 年代及 1970 年代的社會變動，使得團體工作開展出新風貌，如**會心團體**（*encounter groups*）及**自助團體**（*self-help groups*），不過現在已不再那麼流行了。Kurt Lewin 發展出的訓練團體原先的用意是改善 83
職場中的任務表現與問題解決能力，並演變成聚焦在人際關係，學習瞭解每個成員的行為如何影響其他成員和團體進程。心理教育團體，顧名思義就是在教育成員有關心理問題方面的資訊。團體有一套既定的療程架構，「灌輸、討論及整合事實訊息」（Corey & Corey, 2006, p. 11），例如：生涯轉換、壓力管理、肯定訓練、提升自尊、憤怒管理、物質濫用等。會心

團體重視成長和團體成員的個人改變，回應團體此時此刻發生的事件，強調表達感覺和內在歷程。

團體工作最有影響力的著作之一，當屬《團體心理治療的理論與實務》（*The Theory and Practice of Group Psychotherapy*）一書的出版（Yalom, 1970）。Yalom 認為團體成員的人際特質是團體工作的重點與目的。人際團體取向的特色是團體成員彼此形成正向關係的能力，有助於改善團體外的人際關係。成員揭露他們在團體當下（here and now）互動的感覺。團體的任務與目標即團體歷程，而非直接解決問題。

上個世紀末，團體諮商已回應文化差異的呼籲。環境、家庭、社經地位、種族、性別等各式各樣人與人之所以互異的脈絡，都能透過團體工作得到有效的認可。

團體工作的類型

團體諮商與心理治療非僅為單一理論取向，而是可在不同情境下運用的多重理論取向。有些人認為團體諮商和團體治療之間的分野，和個別諮商與心理治療的區別相去無幾。名義上來看，**團體心理治療**（*group psychotherapy*）的進行時間較長，處理較嚴重的心理問題；而**團體諮商**（*group counseling*）則傾向用短期的方式解決發展階段碰到的問題。理想的作法是，大約 8 到 12 位成員，搭配一或兩位催化員，彼此密集地互動交流。時至今日，常見的團體類型有：心理教育（psychoeducational）、輔導（guidance）、工作或任務（work or task）、諮商（counseling）、心理治療（psychotherapeutic）及自助（self-help）、支持（support）等團體形式。心理教育與輔導團體的目標通常是提供資訊和技巧學習，參與人數眾多，但與領導者的直接互動較少，班級輔導及大學院校生涯活動即屬此例。工作或任務團體則是以改善績效和表現為目標，常見於職場環境，參與成員的生活功能正常。諮商團體協助一般功能正常的參與者，「為那些正面臨轉換困難、處在個人或人際發展危機，或想增加自我能力的個體處理個人和人際問題，改善個人和人際關係成長與發展」（Association for Specialists in Group Work [ASGW], 2002, p. 4）。心理治療團體「協助有嚴重及長期適應不良問題的成員處理生活中碰到的個人或人際問題，治療知覺與認知扭曲，或重複的失功能行為模式，促進個人及人際關係的成長及發展」（ASGW, 2002, p. 4）。自助團體和支持團體的特色就是沒有專業的領導者在場，團體成員通常是因為某一共同的議題而自動聚集在一起。匿名戒酒會（Alcoholics Anonymous）即是一例。

團體歷程 84

團體歷程（group process）包括「一個團體從開始到結束的所有基本要素」（Corey & Corey, 2006, p. 5）。在團體工作裡，各階段隨著團體共同運作而開展。這段歷程似乎普世皆然。剛開始是一群互不相識的陌生人，最後卻成為有凝聚力的組織。第一階段初始，成員們彼此小心翼翼，害怕被團體成員或領導者排拒；第二階段起，成員們嘗試提出問題，體驗成員和成員間、成員與領導者間的關係衝突；第三階段的特點是凝聚力，團體同心協力建構團體認同，準備邁向最後一個階段，即通力合作，達成目標。

諮商師作為催化員的角色

團體領導者，或稱為催化員（facilitator），在團體內具有獨特、既定的角色，要協助團體成員達成目標。催化員的首要之務是示範健康、合宜的溝通方式及行為表現，因此，團體領導者可說是團體成功與否的關鍵人物。除了具備個別諮商時應有的特質外，團體領導者還要有勇氣接受質疑，開放、真誠一致、不防衛地面對批評。團體領導者必須具備高度自我覺察的能力，且能自在地自我揭露對團體的想法和體驗。催化員的任務是開展團體歷程，協助團體成員真誠地互動與溝通。必備的技巧包括：積極傾聽、反映內容與情感、澄清、摘要、同理、問問題、闡釋、面質、連結與支持（Corey & Corey, 2006）。催化員必須評估團體動力，評量團體成員的行為

和症狀，必要時，催化員亦須保護團體成員，當成員表現出會造成不良後果或失功能的行為時出面阻止。

團體工作通常需要的不只有一位催化員。事實上，某些學者認為兩人配對、同心協力的團體工作方式更有效能。協同領導者可以預防耗竭，以不同的角色涉入團體，如催化員或觀察者，還可對團體成員的議題及團體歷程提出不同的觀點。

在學習的過程中，你得找機會當團體成員、領導者及協同領導者帶領團體，有些學生一開始會覺得這是一項艱鉅的任務，甚至令人望之卻步。或許，展現真實的自我及有勇氣自我揭露並不容易，然而，如果你想成為一個專業諮商師，這是一趟必經之路。大部分的學生最後會發現他們在團體的經驗，是訓練過程中最具意義的體驗。

評估與測驗
（CACREP 認可標準，IIG-7 款）

評估（appraisal）是「採用測量、評量、測驗或設備標準，評定個人、團體、系統或方案的功能。凡是能蒐集有關個人、團體、系統或方案資訊、決定諮商方向的方法，皆可稱為評估」（Guindon, 2003, p. 331）。它協助諮商師獲取資訊，瞭解並回應個案的需要。評估是不可或缺的技巧，涵蓋一系列活動，在諮商中占有舉足輕重的地位（Whiston, 2000）。

85 評估的類型

雖然**評估**這個詞讓人聯想到「測驗」（testing），事實上，評估包含數種活動在內。要瞭解這些活動，我們必須先弄清楚字義。使用**測量**（*measurement*）這個詞時，意謂著諮商師採用一套預定規則、數字或類別標準歸納人類的特徵（Aiken & Groth-Marnat, 2005）。然而，並非所有的評估都採用測量的方式。Gladding（2006）在《諮商辭典》（*The Counseling Dictionary*）一書中，將評估所含括的活動定義如下：

- **評估**（*assessment*）：實施測驗及評量工具，或運用行為觀察以獲取資訊，決定診斷、治療和諮商的可能結果（p. 14）。
- **診斷**（*diagnosis*）：從評估所獲得的資訊解釋個人的情況條件（例如：功能水準）（p. 44）。
- **評鑑**（*evaluation*）：蒐集、分析和評價資料的歷程，據以做出決定。在諮商中，這類的決定常與治療計畫有關（p. 53）。
- **問卷**（*inventory*）：個體對一系列的問題、陳述或詞句做出反應（例如：同意或不同意）。問卷的設計通常是為了測量人格、興趣、性向或其他的行為特質（p. 78）。
- **測驗**（*test*）：採用客觀或投射工具測量行為，或陳述行為及特徵（p. 141）。

評估和評鑑不一定會用到測驗或問卷。測驗是客觀的測量方法，問卷則帶有主觀性質。兩者均須說明其實用特質，即**效度**（*validity*）、**信度**（*reliability*）和**標準化**（*standardization*）。**效度**意指測驗能實際測量到所欲測量的特質程度。**信度**則是它的一致性及重複性。**標準化**與評量的實施和計分程序條件一致有關。標準化測驗與問卷須建立代表性樣本常模或制定成就水準。有了標準化測量，才能比較不同個體或同一個人在不同時間下做出的測驗結果。

諮商師運用評估，讓治療的策略更能符合個案的需求（Hood & Johnson, 2007; Ridley, Li, & Hill, 1998）。評估的五大功能如下：(1)確認諮商目標及達成程度；(2)協助個案做出有關個人、學業、生涯方面的決定，實現最佳發展；(3)安置與分組；(4)方案評估與究責（accountability）；(5)診斷行為、疾病與症狀。

諮商師兼用客觀與主觀的評估方法發展諮商計畫、設立目標、教導決策技巧，協助個案辨識問題、發現優勢，或找到有效的問題解決策略。多數人最熟悉的是協助他們做出學業及生涯決定方面的評量。學校諮商師可以提供多樣的興趣、技巧、能力、人格特質、價值觀等評量工具幫助學生更瞭解自己和可能的發展方向。評估方法有助於記錄基準線和生涯知識、成熟度或因應技巧等方面的進步情形。當然，學生最熟知的可能還是安置方面的評量，通常是根據他們的性向和成就水準加以分組。這項功能必須小心謹慎，否則極可能因未考慮種族、性別、語言、殘疾、文化等多元因素而招致批評。評估工具的編製者與出版商應發展較不具文化偏見的評量方式。

評估亦可提供必要資訊，提升學生的發展階段與成長，協助學生抉擇個人、學業及生涯決定。評估工具可以測量學生所有年級階段的發展層次，
86 包括生涯成熟度、因應策略、認知等，以記錄基準線和進步情形。

評估的另一項重要功能是方案評估。不管在哪一種場合工作的諮商師，都要能夠說明他們所提供的服務品質及效能（Astramovich & Coker, 2007; Steenbarger & Smith, 1996; Whiston, 2000）。大部分用來評估個人的評量工具亦適用於方案評估。評估結果可以為諮商師的服務給予回饋，對將來提供新的或額外的服務指引方向，改善實務作業方式。

評估的最後一個功能是診斷行為、症狀與疾病。正確且可靠的診斷有助於制定合宜的治療計畫。診斷會影響照護的品質、個案問題的結果、個案的諮商經驗，甚至健康照護的費用。

診斷評估

診斷最大的目的是辨識心理健康問題，認明導致問題發生和維持的因素，設定目標，進行治療，必要時得修正治療策略。診斷是專業溝通和治療計畫的重心，經由不同的衡鑑工具與評估方法，諮商師得以蒐集個案問題的資訊，瞭解問題的促發因子，識別阻礙成長發展的因素，以及個案的

優勢與劣勢。人際與學習技巧缺陷評估可用來辨明是否需要治療、改善訓練或發展技巧，亦能發現存在於個案的家庭、社區或社會文化的不利或失功能因素。

如第二章「個案評估」部分所述，美國境內最主要的心理病理正式診斷準則是《精神疾病診斷與統計手冊》（DSM）（American Psychiatric Association, 2000）。第七章「何時？關於歷程、階段與程序」將討論DSM診斷系統。

研究與方案評估（CACREP 認可標準，IIG-8 款）

雖然每個人都是獨特的，也有許多人帶著相似的議題前來尋求諮商和心理治療，這些議題大部分都得到充分的研究。不管你當諮商師是不是為了做出獨創性的研究，你仍須做個聰明、有見識的研究消費者。因此，你要學習閱讀及瞭解別人的研究發現，辨別好的研究和虛假的研究。你得瞭解研究方法、統計分析、需求評估和方案評估。你極有可能必須擔任方案評估的角色，或運用研究發現以改善實務效能。過去的行為科學和教育會受到嚴厲的批評，乃因其過分地依賴鬆散的臆測及經驗法則，而非奠基於詳實的研究結果。今日，專業組織與訓練課程積極地鼓勵助人專業者投入**實證本位實務**（*evidence-based practice*, EBP），證實特殊介入策略的有效性。EBP 是系統性的研究歷程，透過檢視個案報告、實務觀察及分析，以蒐集、分類、詮釋，整理出有效結果的證據（Melnyk & Fineout-Overholt, 2005）。

研究是科學，科學家根據研究探求知識。科學研究是問問題和回答問 87
題的歷程，以滿足人類對現象的好奇心，啟發實務經驗。探究答案時，研究者必須忍受模糊，有些問題並不容易回答，為了找尋答案，必須倚重研究方法。它是思維方式，也是探究的歷程。

研究方法

社會科學家運用多種研究方法，研究方法的選用受到研究問題、資源和時間多寡的影響。**量化研究**（*quantitative research*）側重數字，講求客觀和演繹邏輯。通常分為描述性研究與實驗法。

描述性方法（*descriptive methods*），如字面所見，試圖以調查的方式，如問卷和個案研究蒐集資料描述既有現象。**實驗法**（*experimental methods*）控制條件，藉由操控一個或多個變項來說明和分析資料，目的在發現因果關係。介於描述性研究和實驗法之間的是**比較研究法**（comparative study method）。所謂的**相關研究**（*correlational studies*），即試圖發現變項間的異同處，但不做因果方面的推論，僅是比較程度和方向（正相關或負相關）。

質性方法（*qualitative methods*）捨棄以數字的方式蒐集資料、解釋現象或資料來源，重視主觀經驗和歸納推理。質性研究嘗試以現象的本來面貌來瞭解現象，避免先入為主的觀念，強調獨特的現象世界或他人的觀點，適用於複雜的社會、心理或教育議題，因為光用數字可能會誤解事實或錯失重要的資訊。深度訪談和田野研究是兩種最常用的質性資料蒐集方法。

量化方法

不管選擇何種量化方法，研究者皆是採用科學探究的方式以求對研究問題做成結論。陳述現有的資訊、邏輯規則等亦是必須採取的步驟。量化研究的歷程通常包括一個主要的假設前提，或是研究問題的假定答案，而次要假設前提則從主要假設前提衍生而來，最後則是達成結論。量化研究設計眾多，大部分包含五個階段。第一是**構念形成階段**（*idea-generating phase*），他人的研究或理論、研究者個人的興趣等都可以是構念靈感的來源，在此階段，研究者會進行文獻回顧，看看別的學者對構念已有哪些發現。對研究問題獲得初步瞭解後，研究者接著步入第二個階段——**問題定義階段**（*problem definition*），將構念整理為可考驗的研究問題，並從專業文獻的研究結果找到相關內容。研究者的目標在於以系統化的研究方式證明構念的必然性或可取性。這個階段的特徵是思考並回答下列問題的答案：我的構念和現有的理論及研究有何異同？我的構念清楚嗎？合乎邏輯嗎？預期結果為何？

當上述這些問題都有令人滿意的答案後，研究者即可進入**程序設計**（*procedures-design*）階段，此階段的內容依研究執行類型而異。在量化研究裡，研究概念要轉化為可驗證的假設，研究者必須規劃研究設計的每一步驟，包括：描述參與者或受試者、定義變項、資料蒐集工具、資料分析方法等，也必須考慮研究倫理。所有的階段都需在研究計畫詳實說明。蒐集資料時，研究者通常不會把所有的母群體含括在內，他們運用統計或抽樣方法來研究代表性樣本，進而類推至所有的母群體。

觀察階段（*observation phase*）是蒐集資料的重點活動，這是研究中最 88
為人所熟知的階段，也就是所謂的「做研究」階段。此階段所蒐集的資料要用來回答稍早提出的研究問題，但直到結果被評估及詮釋前，答案並不容易解釋。在**資料分析階段**（*data-analysis phase*），研究者即採用研究設計階段已選定的統計方法。有很多統計方式可用，端視研究問題及資料的特徵而定。資料分析完後，研究者在**詮釋階段**（*interpretation phase*）說明研究結果。首先解釋統計結果，看看這些數據與研究問題間的關聯，以及是否還有其他解釋可說明資料內容。接下來，研究者討論結果。最後的研究報告必須包括研究所採取的每一步驟，以及研究結果類化至研究參與者以外群體的程度。研究限制、受試者、測驗、量表、問卷等通常附錄其中。

當研究者達成結論，在研究論文中詳述每一個步驟，即進入最後的**公開發表階段**（*public announcement phase*）。研究者將研究論文發表在學術期刊、著作和專業研討會上，並接受他人的評價、挑戰，或累積研究成果。

此處略述基本、傳統的科學研究歷程，然而，在行為科學領域裡，特

別是諮商，也採納其他的研究過程。人類行為研究追求不同的研究取向，方法學多元化的重要性自不待言（Heppner, Kivlighan, & Wampold, 1992）。

質性方法

質性研究不採用統計和數字的分析方式。質性研究者沒有設定好要考驗的假設，相反地，他們讓資料從現象裡浮現，接著將資料依照模式加以歸類，以說明現象的本質，據以形成假說或理論，也就是大家所熟知的**紮根理論**（*grounded theory*）。紮根理論不會無限類推資料，除非該情境與研究事件幾乎二致（Lincoln & Guba, 1985）。諮商的質性研究借鏡人類學及社會科學，讓研究者以非傳統量化科學的方式發現真實。質性研究者經由參與觀察、非參與觀察、民族誌、訪談、敘說等種種非數字的方式蒐集資料，從分析資料中找出模式並「厚實描述」（thick description）資料，例如直接引用受訪者的話及詳實記錄田野研究筆記。

方案評估

方案評估（program evaluation）是諮商師最愛用的研究方法，因為它肩負說明其工作結果的使命。實施方案評估的目的是為了確保諮商方案的有效性，評估的結果將用來進行方案決策。雖然方案評估和其他研究模式一樣，採用相同的基本程序和研究技巧，但彼此間還是有很大的不同。方案評估提出的問題端視誰或哪個團體提出賦予研究的任務。方案評估通常具有目的性或為了發現某些論據，對服務和實施結果進行評估與下定結論。方案評估必須考慮研究的脈絡與歷程，衡量現行的目標和研究的優先順序，看看它們是否符合服務的內容。評估者也必須接收不同的資訊消息，不管它們原先是否涵蓋在計畫之內。評估者必須執行需求評估，研究組織日常的運作或歷程，評量實施結果。研究者必須設想評估所帶來的影響力，或
89 者方案能帶來的改變程度。政策的制定即仰賴評估結果。研究者可能也會評量效率、將結果量化、評估時間成本和預算成本，因此研究者會執行成

本效益分析，比較理想目標和實際支出之間的落差。通常結果報告會呈現給委任研究的單位，而非發表在專業期刊、書籍或研討會。

行動研究（*action research*）是質性研究運用於學校情境的特例。行動研究「系統性的探究教學與學習環境……蒐集有關學校如何運作、教學如何進行，以及學生如何學習的資料。」它是「不斷的探究，不斷地尋求改進的歷程」（Dahir & Stone, 2009）。

摘要

本章繼續介紹諮商與相關教育課程認證評議委員會（CACREP）的學習領域。首先說明的是諮商倫理的重要性，討論關鍵的倫理和法律觀念。回顧理論在諮商中扮演的角色、數種理論的類別、相關的介入策略和技巧。接著討論團體工作和歷程、歷史淵源、類型、催化員的角色。簡介評估和測驗、研究與方案評估——兩者皆屬諮商師的重點工作。

我不懂為什麼要上生涯規劃課，
我真的看不出要成為一個諮商師為什麼要會做研究或做測驗。
好吧，我承認，我還滿喜歡上的，現在我懂了，
我知道我沒上這些課，就無法成為一個好諮商師。
——一個學生告訴選課教師的話

90 表 5.1　TFAC[a]——想法、感覺、行動與脈絡

自我	我的想法	我的感覺	我的行動	我的脈絡	其他？（具體言之）
現在哪種諮商理論對我最具吸引力？為什麼？					
哪種技術最吸引我？為什麼？					
我預期成為團體成員的情況會是如何？催化團體呢？					
我過去接受測驗與評估的經驗為何？					
我對研究和方案評估的立場是？					
我的擔心是？					
他人	他人可能的想法	他人可能的感覺	他人可觀察到的行動	他人外顯的脈絡	其他？（具體言之）
教授喜歡的理論和技術為何？					
在那些我有興趣的領域裡，諮商師所使用的理論和技術為何？					
同班同學和教授的團體經驗為何？					
教授和諮商師如何在其工作中運用評估？					
教授和諮商師如何運用研究和方案評估？					

[a]更多 TFAC 的資訊，請見第一章。

第 6 章

何地？關於場所與環境

我認爲我的生命隸屬於整個社會，

我很榮幸在有生之年盡我所能爲其付出。

——*George Bernard Shaw*

思考重點 91

不同類型的諮商師，其工作場合有何異同點？

具有特殊專長訓練的諮商師，其工作場所為何？工作內容為何？

什麼是私人執業？

諮商師如何在網路上提供服務？

有哪些新興的執業場所？

諮商室的布置為何？

我該如何選擇就業場所？

諮商進行的場所

本書第一部最後兩章要來討論諮商專業的核心領域，所有的專業諮商師都需接受這些領域的訓練。在某些場域裡，碩士層級的諮商訓練基礎業已足夠，除此之外，另有些專門領域要求諮商師必須再通過其他的課程訓練。2009 年諮商與相關教育課程認證評議委員會（CACREP）標準

（2009）核定碩士層級的六項專門領域為：戒癮諮商；生涯諮商；臨床心理健康諮商（兼具社區與心理健康諮商）；學生事務及大學生諮商（結合大學諮商與高等教育學生事務）；婚姻、伴侶及家庭諮商；學校諮商。博士層級的諮商與相關教育課程認證評議委員會（CACREP）則認證諮商師教育課程。

除了八大諮商專業的知識基礎核心學科外，特殊專門領域也會自訂學
92 習主科。上述六項碩士層級的專門領域揭示了：各特殊專門領域的基礎；諮商、預防及介入；多元化與倡議；衡鑑；研究與評估（Council for the Accreditation of Counseling and Related Educational Programs, 2009, pp. 17-50）。某些特殊專業更制定額外的標準，例如戒癮及臨床心理健康諮商必須具有診斷方面的知識與技巧（see pp. 21-22 & 33-34）；生涯諮商必須具備方案推廣、管理與實施、資訊資源等方面的知能（see pp. 27-28）；學校諮商師必須增加學習發展、整合、諮詢及領導力等方面的知識及訓練（see pp. 43-45）。各種專長的諮商師在不同的職場中展現多樣化的角色功能，而同一工作場所或許有不同專長的諮商師提供服務。諮商師常見的執業場所如下。

學校

20 世紀初學校輔導運動初試啼聲，對諮商師而言，今日在學校進行諮商服務已是常見的執業場所。學校諮商師的工作場所有小學、中學及高中職。學校裡也可見專長於兒童與其家庭的心理健康諮商師的身影。

諮商與輔導服務

學校是最常跟**諮商師**（*counselor*）畫上等號的地方，在中小學碰見學校諮商師已是司空見慣之事。學校諮商師通常是人們第一個遇見專業諮商師的地方，現在學校諮商師要做的工作非僅限於諮商專業草創時的職業輔導而已，今日已有 30 個州加上哥倫比亞特區強制要求公立中小學必須提供

輔導與諮商服務（American School Counselor Association, n.d.a）。當然，學校的使命就是教育，學生的成就是學校教育的重點，也是社區最關心的事情。學校諮商師要支援學校的任務，包括學習、生涯、滿足學生的個人需要等各項服務。發展性諮商與輔導、計畫管理、諮詢、領導能力、倡議及人事諮商等皆是諮商師典型的一日工作項目。「專業的學校諮商師要提供廣泛的學校諮商方案計畫，促進並增加學生的成就」（American School Counselor Association, n.d.b）。

每個學校層級都有學校諮商師，他們的工作是促進學生的學業、生涯、社交、情緒發展及心靈健康，也要擔任行政與方案管理的職務。學校諮商計畫方案要能符合學生的發展需要，協助他們在學習上獲得成就。大多數的州都已全面實施學校諮商方案，有效的方案要能融入學校整體的教育活動，又能成為校內獨具一格的單位，有條理地設計適齡、循序漸進的課程活動（Keys & Green, 2001）。根據美國學校諮商師學會（American School Counselor Association, ASCA, 2004），要成為有效能的學校諮商師，必須瞭解的資訊有：學業成就、責任歸屬、倡議、生涯諮商、多元化的學校諮商計畫、衝突解決與霸凌、團體諮商、健康、暴力防治、校園安全等等。

諮商師所提供的直接服務和間接服務包羅萬象。**直接服務**（*direct services*）包括個別諮商、團體諮商、班級輔導、心理教育活動。根據 ASCA（2004），學校諮商師有 80%的時間在提供學生直接服務，學習表現或個人議題是個別諮商和團體諮商中最常揭露的事情。學習技巧、生涯或升學計畫、同儕關係、家庭衝突、家庭問題如離婚或親人死亡、物質濫用、性問題、危機等亦是諮商中常見的議題。學校諮商通常是短期諮商，當諮商師遇到的問題較嚴重或棘手，不是幾次療程就可解決時，他們經常會轉介 93 給其他的助人專業者。班級輔導進行的主題有學習技巧、生涯規劃及多種適齡發展的議題，校園暴力、災害或校園死亡等相關議題也很有效果。

間接服務（*indirect services*）包括諮詢及協辦活動。**諮詢**（consultation）意指諮商師向教師、行政人員或家庭成員提供問題解決和溝通專業的能力，以提升學生的學業或身心健康，諮詢焦點著重於學生的學習進展或身心健康，包括學生成就團隊（student success team, SST）或504計畫（504 plan）（必須對身障者進行鑑定診斷），一般稱之為SST/504 修正條文或安置法。如果向學生提供諮商等直接服務的話，通常諮商師也會代表學生發言。諮詢亦能在社區脈絡下進行，例如，諮商師可以教導法律、自殺或暴力、災害與危機、良好的公共關係等議題。學校諮商師是少數能整合資源以改善學生處境的專家。合作式諮詢通常就是全面性的預防服務，學校諮商師會在各種校內團隊擔任推手的角色，為許多核心領域提供專業知識，例如人類發展、團體歷程、溝通技巧、衝突解決等。各層級的學校諮商師必須設計並推行學校輔導課程，這些「課程包含結構化的內容，協助學生習得應有的素養及發展階段應具備的知識與技能。輔導活動課常是學校整體課程的一部分，以系統性的方式由專業的學校諮商師授課，或協同專業教師融入 K 至 12 年級的課程或團體活動裡」（American School Counselor Association, 2004, para. 5）。

在小學階段，諮商師要協助兒童順利完成發展任務，因應學校和家裡的問題，促進正向自我概念和自信獨立。小學諮商是新興的校園政策，當社會大眾開始認識到童年問題對人的一生會產生深遠的影響後，初級預防逐漸受到重視。小學諮商師的及早介入，如處理同儕關係、種族議題、學習困擾、父母離婚和家庭虐待，都是為了預防問題嚴重惡化。他們也會加強有助於健全成長的生涯認同、自尊、社交技巧等議題。小學諮商師的服務對象有：學生、家庭、教師或社區居民。設計並安排學校課程是小學諮商師不可少的工作項目之一。

在中學階段，諮商師會加強注意兒童晚期和青少年早期的發展變化，協助學生獲得更多的自我覺察，瞭解自己的發展價值。在青春期這幾年，兒童會經歷劇烈的生理與情緒變化，因此中學諮商師面對的挑戰特別大。性取向、異性關係、親子關係、生涯規劃、學業表現、課堂行為都是需要關注的議題。諮商師可能也得負起施測和安置協調的責任、招生和行事曆規劃，團體諮商與班級輔導活動更是家常便飯。將嚴重的問題轉介也是諮商師的工作，連結社區資源網路更是必備知能。

在高中職階段，諮商師會將大部分的時間花在生涯和升學選擇上，包括：審查成績單、撰寫推薦函等。由於各校行政系統不一，高中職諮商師擔任課程教學的責任和時間分配也各異。諮商師的工作另有：協助學生處理人際關係、澄清職業認同，並鼓勵學生發展社會興趣，以及探討各式各樣的個別諮商與團體諮商議題，如性取向、懷孕、種族衝突、預防物質濫用、升學志願、生涯考量等等。他們會轉介患有嚴重精神疾病、成癮、飲食障礙、自殺意念的學生給其他助人專業工作者，這些問題在青少年晚期或成年早期變得越來越普遍，也令人越來越憂心。

近年來，獲得德威特・華萊士讀者文摘基金會（DeWitt Wallace-Reader's 94
Digest Fund）補助的教育信託（Education Trust, n.d.）已左右了學校諮商及學校諮商師教育訓練的焦點與走向。它所成立的全美學校諮商轉型中心（National Center for Transforming School Counseling, NCTSC）要「確保整個國家的學校諮商師都受過專業訓練，能夠協助所有（ALL）的學生獲得極高的學習標準」，以推動全美學校諮商轉型，宗旨是「**預備升學、工作擘劃、同步準備**」（*College Ready, Work Ready, Same Preparation*）（Education Trust, n.d.）。全美學校諮商轉型中心（NCTSC）堅持「在學校系統工作的每個人，**尤其是學校諮商師**，有必要協助學校滿足未受到足夠關心的學生的需求。資料顯示對學校諮商師的需求孔急，希望他們能有效地協助改善低收入戶及非白人學生的學習結果」（The Education Trust, 2003, para. 1）。學校諮商師要致力於促進教育平等、進路機會均等及學習成就：「服務所有學生時，學校諮商師要特別重視學習最弱勢的學生——貧生及非白人學生，負起責任策劃及介入，以縮短弱勢學生與優勢學生之間的學習成就差距」（The Education Trust, 2007, para. 3）。它認定學校諮商師的五大工作範圍是：領導能力、倡議、團隊合作、諮商與協商、評估與資料運用。

當代的社會現實狀況遠非傳統個別諮商模式所能獨攬。美國學校諮商學會（ASCA）的全美模式和全美標準以及教育信託推動的學校諮商轉型，已將學校諮商師的工作性質從傳統的功能轉移至全面性、發展性的學校諮商計畫，以促進系統改變。他們得克服都會地區K至12年級各層級學校制度對學生和家庭所造成的障礙（Chen-Hayes & Eschenauer, 2005）。雖然個別諮商和團體諮商曾是學校諮商師過去的工作重心，但如今的學校諮商師需加速學生的學習成功和機會均等。儘管個別諮商和團體諮商已無法完全滿足所有學生的需要，但仍在學校諮商工作中占有一席之地（Gysbers & Henderson, 2000; Newsome & Gladding, 2003）。

學校本位機構

近年來的趨勢走向是，社區機構直接將觸角深入中小學層級的校園。根據資源共享的原則，當地社區機構或心理衛生機構所雇用的社工師、心理學家、心理健康諮商師等，都可成為學校每日、每週生活可運用的人力資本。學校諮商師必須與機構夥伴密切合作，毋須擔心因時間不夠或特殊訓練不足而無法提供學生深度的心理諮商。問題較嚴重的學生可以轉介給上述機構，不用再花時間在機構間遊走，諮商時間亦可視學校課表安排。

某些學校也會提供預防及早期介入服務，例如在馬里蘭州的蒙哥馬利郡，連結學習（Linkages to Learning）即整合了郡內學校、健康和人類服務部門、當地的非營利社區機構等。連結學習提供醫療、心理衛生、社會福利和教育資源給需要高關懷的兒童及家人，目標是增進學校、家庭、社區適應及表現水準。

高等教育機構

在中小學教育後階段，專業諮商師的工作場合有：大學、四年制技術學院、社區大學、職業技術學校（vocational-technical schools）等。諮商師可分為兩種類別：提供人事及生涯諮商服務者，及提供學生人事服務者，每種各有其特殊訓練。

實務線上　你會怎麼做？ 95

朵娜在中西部鄉村小鎮實習，差一個學期就可畢業了。她的辦公室位在倉庫裡，擺放兩張椅子、幾個大儲物箱，連窗戶都沒有，牆上有面鑲嵌攝影機的雙面鏡。朵娜總跟個案說她的督導會聽錄音帶，但不會有人從雙面鏡後面觀察他們。直到現在，她都還認為她在工作上的表現無可挑剔。她已諮商 27 歲的吉姆六次了，他在鎮上的自來水公司擔任收發室職員。

吉姆非常害羞，說自己從小就這是這副模樣，等了一段時間，他終於開口跟我透露，他渴望有個說話的對象，夢想能交個女朋友。他在求學期間犯了口吃的毛病，有時候同學們會取笑他，直到現在仍歷歷在目。他難以與他人交流互動，不知道要做什麼或說什麼。他說他都是隨波逐流，誰想跟他在一起他就跟誰。我們做了幾次社交場合的角色扮演，但是到目前為止他都做不好，我們的進展像蝸牛的速度一樣慢，我擔心我對他是不是要求太多了。

課堂討論

1. 朵娜的諮商場所和訓練背景為何？
2. 朵娜的諮商空間要如何促進個案的自我揭露？
3. 受限於現實條件，朵娜還能如何布置她的辦公室？
4. 就你前幾章所學的知識，你認為朵娜與吉姆的諮商應如何進行下去？

諮商中心

大部分的高等教育機構都設有學生諮商中心，對學生和校友提供個人、學業、生涯諮商，也讓教職員及附近的社區居民有機會使用諮商中心。諮

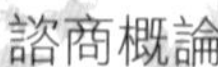

商中心提供的服務項目殊異，大型學校的服務範圍和項目較多，而小型機構則只能提供特定的服務項目。

諮商中心協助學生學習大學生活中應備的技巧、涵養及資源，追求卓越、圓滿的人生，因應個人及學業困境。服務項目完善的諮商中心能滿足學生對諮商及精神醫療的需求，提供個別諮商、團體諮商、危機管理、諮詢、心理教育、校園及社區的外展服務。諮商師是具有執照、專業知能的心理衛生實務工作者，與臨床或諮商心理學家、社工師並肩合作。他們的治療取向不一而足，但由於療程次數受中心政策限制，僅約 6 到 12 次，因此他們較常運用短期技巧。個別諮商的目標為穩定學生心情，恢復正常生活功能；團體諮商則具有預防性效果，對多數學生而言也是很好的治療選擇。在支持性的團體中，與有類似經驗的學生共聚交流，既能擴展視野又兼具治療性。大學中常見的團體方案有：壓力管理、學習技巧訓練、焦慮或憂鬱症支持團體、自我探索、飲食疾患、雙極性疾患支持團體、離婚家庭支持團體、同儕關係（例如被兄弟會或姊妹會排擠），其他還有各式各樣的多元或少數族群團體、運動員團體、國際學生團體、年長學生團體、或家族中第一位上大學的學生支持團體。

96 外展（outreach）將心理健康的相關資訊傳達給校園和社區，實現教育和預防的目標。可辦理的活動有：工作坊、對學生和居民進行心理教育宣導、會晤校區內的學生事務專家。外展的例子如：預防藥物及酒精濫用、自殺防治、危機介入、災害心理衛生服務等。諮商中心提供的服務另有：24 小時的緊急危機應變處理、臨櫃服務（不必事先預約）、測驗服務、學習障礙評估。

生涯與用才中心

高等教育著重的項目之一就是生涯服務，以協助學生和校友探索科系選擇及專業發展機會。社區大學通常有設備完善的生涯中心供學生及社區居民使用，而學院及大學則由諮商中心提供生涯服務，或者為獨立運作的單位，大學內的各學院也可能附設生涯中心。有些技術學院的生涯中心服務較多元，有些僅提供生涯諮商和求職訊息。生涯中心推動的活動有：生涯諮商；生涯興趣、技巧或價值澄清工作坊；測驗與評量；生涯資源圖書館，包括電腦課程與網際網路；面試與求職工作坊；履歷撰寫技巧；就業博覽會；校園徵才；專業經驗學習課程，如工讀或暑期實習。

學生事務處

在高等教育機構參與學生人事服務的專業諮商師，可與受過學生事務與高等教育行政訓練的人員共事，是一處獨特的就業場所，兩者都根源於 20 世紀早期的職業輔導運動。美國大學人事學會（American College Personnel Association, ACPA）是美國人事與輔導學會（APGA）（現更名為美國諮商學會）的四大創始組織之一。1992 年，ACPA 成為獨立學會，在美國諮商學會（ACA）的羽翼下發展為美國大學諮商學會（ACCA）。與生涯領域有關的專業學會尚有：全美學生事務人員學會（National Association of Student Personnel Administration, NASPA）及全美女性院長、行政人員及諮商師學會（National Association of Women Deans, Administrators, and Counselors, NAWDAC）。另外，有很多學會在高等教育機構亦發揮獨到的功能，例如：顧問、註冊與招生、社團活動等，滿足學生的多元化需求，以促進學生的健全發展。實務工作者需具備大學以上學歷，方能熟稔高等教育系統中學生事務的角色與責任。他們深諳個人、團體、組織與領導理論，以及學生事務、個人發展與學習理論。依其畢業的系所課程，他們可能受過諮商訓練，也可能沒有。他們可以擔任學生社團或組織的指導老師、實施及評估學生服務方案，亦或推動各式各樣的行政及學生事務，例如：住宿事宜、擴展校園和社區間的聯繫、志願服務、學生自治、招生與少數族群事務、校友關係、行政與學業諮詢、兄弟會及姊妹會顧問、校園休閒生活、學習資源、同儕顧問及助教、文化課程、多元和機會均等教育等等。

97 社區與心理衛生中心

根據 2009 年的諮商與相關教育課程認證評議委員會（CACREP）標準，社區和心理健康諮商師均源於同一專業學門——心理健康諮商。然而，社區和心理衛生中心又不盡然相同，因此，我們有必要先來回顧社區和心理健康的歷史淵源。

社區諮商（*community counseling*）這個詞原先意指並非在學校及高等教育機構等場所實施的諮商活動。1960 年代，在聯邦立法的推動下，諮商師開始擴展他們的服務範圍，1963 年通過的社區心理衛生中心法，在超過 2,000 個地方強制設置了心理衛生中心，為了提供訓練以滿足此需求，社區諮商於乎發軔。數年來，更多的聯邦法案越發造就社區心理衛生機構的蓬勃興盛，州內劃分出數個**受託區**（*catchment areas*），服務社區內約 20 萬位居民。每個受託區內的社區中心提供的服務項目有：住院照護、門診病人諮商、日間照護、危機介入、諮詢與教育。可惜的是，近年來補助經費的緊縮讓服務內容亦跟著削減，造成資源分布不均。

今日，社區諮商的應用範圍更廣，超乎原初的任務目標。社區諮商的定義為：「結合直接與間接服務等多元化取向，以協助社區居民過更好的生活，有效地預防常見的心理問題」（Lewis, Lewis, Daniels, & D'Andrea, 2002, p. 10）。在非學校單位服務的諮商師提供的協助有：個別諮商、團體諮商、家庭諮商；長期諮商、短期諮商或危機諮商；心理教育工作坊；諮詢；倡議等。在社區機構，諮商師的工作場所有：精神科醫院、私人心理衛生中心、職業復健中心、物質濫用戒除中心、監獄、聯邦政府、軍隊、獨立法人機構、非營利心理健康診所、員工協助方案等。社區諮商師亦能在公立的就業機構、州立及本地的生涯中心服務，或者獨立執業，為尋求學業、生涯、求職者效勞。這些場所的性質有的大同小異，有的大相逕庭，各州之間的社區和心理衛生機構組織也可能有天壤之別，如同一機構裡的個案有年齡、性別、疾病嚴重程度之分，或者依心理健康問題區別為專治物質濫用或成癮問題的機構。

心理衛生中心

心理健康諮商師（*mental health counselors*）意指認同自己為隸屬於特定專業諮商領域者。起初，專業諮商師並非心理健康專業領域的一員。1986年時，美國國家精神衛生研究院（NIMH）在精神科醫師、心理學家、社工師、精神醫療護理師之外，新增心理健康諮商師。**心理健康諮商**（*mental health counseling*）這個詞被用來指稱提供心理健康服務的相關助人專業。

雖然諮商專業傳統的服務對象是位在「正常」（normal）範圍內的個案，但隨著訓練素質提高，並在美國心理健康諮商師學會（AMHCA）的奔走努力下，如今在心理健康界所扮演的角色已與過去稍有不同（Brown & Srebalus, 2003）。心理健康諮商師需具備能因應、滿足廣泛個案需求的技巧，接受心理病理學、診斷與治療計畫、戒癮等訓練，以便為精神疾病患者提供有效的協助。他們也提供**初級**（*primary*）、**次級**（*secondary*）和**三級**（*tertiary*）預防照護。「初級預防意指增加健康的行為，在疾病和問題到達心理損害的關鍵點前即防患未然；次級預防則在疾病早期階段即能加以辨識、緩解及治療；三級預防則為疾病提供完善的治療，讓症狀能獲得 98
有效的控制」（Guindon, 2006, p. 298）。

雖然心理健康諮商師的工作場合不知凡幾，有人在精神醫療院所，也有很多人在社區的門診中心或私人執業機構。負責服務的個案，其需求從生活轉換或適應的發展議題，到長期的心理健康問題都有。依據機構的營業方針不同，服務對象可能是兒童、青少年、成人或臨終病人。諮商師需熟稔衡鑑、評估、晤談等多元化技巧，擅於建立和諧關係。身為治療團隊的一員，心理健康諮商師也要能迅速做出決定，尤其是精神混亂的個案可能會對他人或自己造成傷害。個案有時必須強制住院，特別是需要接受急性治療時，其他時間則僅需門診照顧即可，至於持續惡化的慢性症狀，日間留院或許是最好的治療方式。實施治療的場所會因診斷和療程有所差別，除了照護的程度不同外，照護的形式——個別、團體或家庭，也需視工作場合而定。

婚姻與家族治療師（*marriage and family counselors*）與心理健康諮商師所處理的議題類似，但他們較強調整體的觀點。家庭就是個案，而不是家庭內的某個人。他們的治療焦點是「伴侶與家人關係的問題、需求和變遷模式」（American Association for Marriage and Family Therapy, n.d.）。國際婚姻與家族諮商師學會（International Association of Marriage and Family Counselors, IMFTC）、美國婚姻與家族治療學會（American Association for Marriage and Family Therapy, AAMFT）及婚姻與家族治療認證委員會（Commission on Accreditation for Marriage and Family Therapy, CAMFT）支援婚姻與家族治療師的訓練與認證。

物質濫用戒除中心

物質濫用戒除諮商師（*substance abuse counselors*）的工作場合相當多元，以戒除成癮為治療目標。雖然戒癮諮商（addiction counseling）自成一家專門領域，但物質濫用的情形實在太常見，因此任何工作場合遇到的個案都可能有物質濫用的議題。人們會濫用的不僅有藥物和酒精而已，還有很多物質，包括食物都可能被濫用，諮商師必須受訓學會辨識物質濫用，並瞭解何時及何處可轉介。酒精及其他藥物（alcohol and other drugs, AOD）會嚴重地威脅生理及心理健康，幾乎在每種諮商場合裡均可見成癮問題，如復健中心、精神醫療院所、門診單位、私人執業機構等。有AOD問題的個案會在成癮的任何階段求助，在預防—介入的光譜上需要不同的服務策略。當「個案使用酒精或轉換心情的藥物，對自己或他人的生活產生不良的後果時」，就是有物質濫用的問題了；而成癮是指出現「生理的戒斷症狀或物質的耐受力」（Lewis, Dana, & Blevins, 2002, p. 4）。物質濫用治療中心（Center for Substance Abuse Treatment, 2000）建議「一旦個案接受治療服務，就要設計及評估個別化治療計畫」（引自 Lewis et al., 2002, p. 4）。

物質濫用戒除諮商師也會治療因個案成癮行為而受影響的周遭人士，如兒童或酗酒者的成年子女（adult children of alcoholics, ACOAs）。物質濫用戒除諮商師同時也服務酒駕罪刑者（driving under the influence, DUI）或因酒精及藥物相關問題而入獄服刑者。國際成癮與違法者諮商師學會（IAAOC）及全美酒精與藥物濫用戒除諮商師學會（National Association of Alcohol and Drug Abuse Counselors, NAADAC）監督管理物質濫用戒除諮商師的專業活動。

復健中心

復健諮商師（*rehabilitation counselors*）的專長為協助身心障礙者克服技能與社交缺陷，儘可能地恢復及發揮功能。美國復健諮商學會
（ARCA）、復健教育委員會（CORE）及復健諮商師認證委員會（Com- 99
mission on Rehabilitation Counselor Certification, CRCC）監管復健諮商師的專業工作。身心障礙者如視障、腦傷、出院的精神病患者、更生人、剛離開康復機構的物質濫用者、發展障礙、非自願失業者等，皆有可能是復健諮商師的服務對象，每個領域都有其專長特色。復健諮商師在各州、聯邦政府及私人執業機構均有工作機會，例如在榮民醫院服務的諮商師要協助退伍軍人及家屬處理身心障礙、哀傷和家人關係等議題。

美國身心障礙者法案（Americans with Disabilities Act, ADA）致力於消弭社會及就業歧視，如此一來就可讓身障者過著更充實、更有建設性的生活。在ADA的法令規範下，不得對身障者的就業設限。所謂合格的身心障礙者（qualified disability），即具有合理的技術、經驗、教育程度或應徵職位所需的條件，也能在適當的調整下表現該職位的「基本功能」（essential functions）。ADA 禁止所有的就業歧視，包括：工作應徵程序、雇用、解雇、晉升、福利及訓練等。因此，生涯與就業諮商師也可能會在復健中心服務。

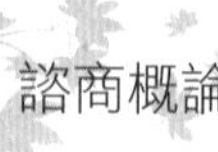

工商界與政府單位

隨著諮商專業日臻成熟，工商界及政府單位對諮商的需求日殷，工作機會也越來越多。美國的企業界現在已體認到，任何一個公司最重要的資本就是人力資源，因此都很希望能招募到有價值的員工。它們投資了相當可觀的時間和金錢在生活品質或工作—生活方案，且訓練方案的涵蓋範圍廣泛，媲美高等學府的教育機會。專業諮商師的諮商與諮詢服務可以激發員工的職場潛力。諮商師的技巧法寶有：人際溝通、建立關係、領導效能訓練、催化人類發展、過渡管理、生涯發展、瞭解多元文化、壓力、耗竭與暴力，以及其他心理健康議題等。企業諮商專業的興起可視為（企業）人力資源發展或勞工關係的一環。諮商師可就職於大企業的生涯發展中心或中小企業的教育訓練部門，也有些諮商師擔任組織發展（organizational development, OD）專家，與著名大學商學院畢業的 OD 專家並駕其驅。

員工協助方案（employee assistance programs, EAPs）的諮商師，多以駐地或顧問的形式提供直接服務。一般而言，企業界會以約聘 EAP 諮商師的方式，協助員工同仁處理個人或情緒問題，以免妨礙工作表現與生產力。起初，EAP 的目標是為了遏止職場中的藥物濫用問題，進而擴展至更多其他的心理健康議題，例如：家庭創傷、憂鬱、壓力反應及金錢管理。

近年來，EAP 諮商師著手進行疾病的預防與介入。地方、州、聯邦層級的政府單位都已雇用諮商師擔任輔助性的角色，特別是聯邦政府的人力資源部門、公家機構的社區心理師。甚者，工商界及下游工廠亦開始增聘諮商師，帶動政府單位的需求。根據美國勞工部 2008 至 2009 年版的《職業展望手冊》（OOH），各州將會更需要心理健康諮商師來協助改善患有
100 嚴重情緒困擾的兒童、青少年及其家人，例如：2007 年初國會投票通過退伍軍人行政管理局應將有照專業諮商師（LPC）納入，提供心理健康服務給符合資格的申請者。

私人執業場所

對某些諮商師來說，私人執業或許是個不錯的工作舞台。處理心理健康議題的實務工作者必須具有執照才能執業，本書下一章將會討論取得執照的必備條件。私人執業的諮商師在前述不同的專門領域裡各擅其場，而且熟稔一般常見的議題，如憂鬱、焦慮、哀傷與失落等等。他們可能是一或多種特殊疾病的專家，或專攻某種治療取向。有些人僅以兒童或家庭為服務對象，或者只收伴侶或女性、成人、年長者為案主。

保險補助是私人執業諮商師的主要收入來源。保險補助或許在其他執業場所微不足道，但對私人執業的實務工作者而言，卻是立即地反映在每天的營收上。絕大多數的個案不是用自掏腰包的方式支付治療費用，也希望至少能獲得部分的補助。雖然有部分的心理健康諮商師不需要依靠保險給付，其餘多數仍須與管理照護業者合作，遵循它們的營業方針。**管理照護**（*managed care*）公司為了支付醫療照顧方案，往往會費盡心思減少不必要的成本支出。治療受到管理照護公司人員的支配，而非取決於諮商師的專業知能和個案的需求。管理照護公司的員工有權利決定給付多少療程次數或哪種疾病類別，通常它們核准的次數不會超過三到五次，造成實務工作者難以進行長期治療計畫。在此氛圍下，短期治療取向因而較受青睞。

大部分的管理照護公司會要求簽約的助人專業者提供紀錄和病史，以便核准治療，結果卻導致心理健康諮商師無法保證個案告知他們的內容能得到保密，治療目標和治療關係未受重視。多數私人執業的諮商師都很擔心無法掌控他們所提供的服務和諮商品質，例如：其他人會看到個案紀錄、儲存在電腦資料庫的個案紀錄會被如何運用，以及會不會被傳輸到網路上。如果諮商師不服從管理照護公司的規則，極可能會損失收入或被從轉介系統中除名。

心理健康諮商師並非唯一能私人執業的專業諮商師，學業諮商師及生涯諮商師也可以私人執業，他們所提供的服務與學校及社區機構雷同，但

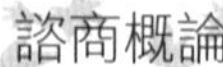

多數個案可能不會申請保險補助。私人執業的學業諮商師可協助學生發掘適合就讀的大學、學會較好的學習技巧、處理關係議題。私人執業的生涯諮商師所服務的內容雖然與教育機構類似，但其顧客群通常並非在高等教育機構就讀，他們的議題經常涉及生活轉換及生涯規劃。擔任組織內諮詢者角色的諮商師則提供員工行政或生涯指導。一般而言，精通增強職業及個人效率的諮商師所提供的服務有：績效提升諮商或經營指導，由公司或個人主動尋求協助均可。

某些私人執業的諮商師不但擅長處理學業或生涯問題，心理健康議題更是不在話下。表 6.1 勾勒個案在心理健康機構或私人執業場所中常見的求助問題，包含生涯及生活規劃議題。

101 網際網路

現今，新的服務傳遞方式有電話、視訊會議、電子郵件、同步聊天室、網路會議等。對於不容易取得心理健康服務的人，如鄉下地方的人民或居家人士，網路實在是項福音。然而，運用高科技進行諮商並非什麼新鮮事，電腦輔助輔導方案早在十多年前就已發展出電腦評量及生涯資訊系統。近來，網路快速躍升為家庭必需品，改變了諮商師提供服務和執業的方式。這些**網路諮商師**（*cybercounselors*）通常會建置自己的網頁，說明服務資訊、營業範圍等，及其他必要資訊。諮商可同時透過電子郵件、聊天室、即時通、電話等方式進行。在 2009 年末搜尋**網路治療**（*Internet therapy*）這個詞，會出現超過 3,500 萬筆網頁資料及 3,100 萬筆線上治療（online therapy）的網址！次高的關鍵詞是**網路諮商**（*cybercounseling*），幾乎有 1,100 萬筆網頁；網路生涯諮商（Internet career counseling）的網址超過 200 萬筆；另外，**電子諮商**（*e-counseling*）也有 1,000 萬筆，一年之內增加了 200 萬筆。

隨著近年來資訊系統的爆炸，相關倫理準則的需求日益升高。例如美國諮商學會（ACA）、美國心理學會（APA）、全美生涯發展學會

表 6.1 個案在心理健康機構或私人執業場所中常見的求助問題，包含生涯及生活規劃議題

求助問題	生涯介入層級		
	初級	次級	三級
嚴重心理疾患（SMD*）		×	×
人格疾患		×	×
憂鬱疾患	×	×	×
焦慮疾患	×	×	×
物質關聯疾患		×	×
失業問題	×	×	
工作壓力反應	×	×	

註：初級：生涯與生活型態計畫，預防威脅心理健康的因素。
次級：生涯與生活型態計畫，經由早期辨識及治療生活—工作議題，緩解現有的心理疾病效應，降低疾病的嚴重性。
三級：生涯與生活型態計畫技巧，針對嚴重的心理疾病擬定心理健康諮商計畫。
*SMD ＝ sever mental disorders 嚴重心理疾患。

資料來源：轉載自 Guindon, M. H., (2006). Career and lifestyle planning with clients in mental health and practice settings. In D. Capuzzi & M. Stauffer (Eds.), *Career Counseling: Foundations, Perspectives, and Applications* (p. 299). ©2006 Pearson Education, Inc.

（NCDA）及美國心理健康諮商師協會（AMHCA）等專業組織，現在都訂定了網路諮商倫理準則與標準。網路上充斥著許多資格不符及無視專業倫理，卻宣稱自己可以做 e-治療、e-諮商或 e-教練的人。迄今，並沒有所謂的網路諮商認證、執照，或標準化訓練要求，因此，專業諮商師必須負起責任維持專業能力，保護個案免受傷害。特殊的議題包括：保密管理、網路諮商適切性之篩選、能力限制、法律層面的考量，如跨州界的執照是否適用，以及轉介資源等。有興趣運用網路的專業諮商師必須確保他們的服務品質和領域。

102

未來趨勢

諮商的未來精彩可期。《職業展望手冊》（OOH）（U.S. Department of Labor, 2008）指出，直至 2016 年，所有諮商場所的工作機會均將有大幅成長，不過學校諮商除外。教育、職業及學校諮商的職缺和往常一樣，但預算緊縮可能會限制員額。另一方面，隨著社會變遷，學校諮商師的職責亦隨之加重，除了本分的工作之外，還有危機介入、預防諮商、物質濫用、自殺等。都會、鄉村地區和內城（通常為貧民區）對諮商師的需求日增。高等教育場所的需求應該也會增加，特別是當學生的註冊率和成人回流教育提升後。此外，復健諮商師、物質濫用戒除諮商師、心理健康諮商師、婚姻與家族治療師、職業或生涯諮商師的後勢亦水漲船高。越來越多的企業提供員工協助方案，以管理與生涯教練為專長的諮商需求也隨之提升。然而，我們也必須留意國內的經濟情勢會影響補助資金能否順利取得。

新的執業場所持續擴充。除了本章提到的各種工作場合外，某些諮商師另兼具創造性藝術，如音樂、舞蹈或藝術治療等專長。運用遊戲治療的方式可有效地降低兒童與青少年時期的社交、情緒、行為與學習困擾。在生命旅程的另一端，由於人口逐漸趨向高齡化，諮商師也得學會處理老化、死亡、瀕死、悲傷等議題，並在安養機構、自給自足或長期照護機構占得一席之地。

近年來，由於體認到個人不僅有思考、感覺、行動和系統而已，靈性議題在各諮商場所間也蓬勃發展。不管有沒有宗教信仰，大部分的人都希冀生活有目標、意義與超越存在。多數的諮商師會跟某些個案討論這些與存在有關的事。教牧諮商（pastoral counseling），如同基督教諮商（Christian counseling）一樣，會特別在諮商中揭示宗教議題，是社區／心理衛生中心諮商的次學門之一。重視全人、對諮商中的靈性與宗教議題感興趣，想進一步瞭解如何培養專業知能，可參考靈性、倫理與宗教價值觀諮商學會（ASERVIC），詳見網址：www.aservic.org。

911 發生後，人們比以往更需要諮商服務。成人與兒童不再感到安全，更多人親身遭受創傷，或眼看所愛的人受苦，引發替代性創傷，體驗到戰爭、恐怖主義和天災的殘酷。許多的心理社會因素深深影響人們長期的心理健康與生活適應。在建構 2009 年的標準時，諮商與相關教育課程認證評議委員會（CACREP, n.d.）將緊急應變準備語言（emergency preparedness language）融入八大核心領域課程的必修課程裡。「這些新的必修課程是諮商專業為了嚮應廣大民眾的需求，當此時面臨自然災害與國家危難時刻挺身而出；也是 CACREP 接受聯邦政府的補助後，希望諮商專業的認證標準能涵蓋這些訓練內容」（p. 4）。

所有場所的諮商均應協助個體及家庭成員學習如何處理情緒，因應創傷經驗。預防並介入霸凌事件已逐漸獲得重視。法庭諮商（forensic counseling）是一項前景看好的專門領域。大規模發生的危機或災害、戰爭及恐怖主義，在在考驗諮商師的反應能力，擴大危機介入服務的範圍並落實以因應這些挑戰實屬必要。在學校、大學與企業界裡組織重要事件壓力管理反應團隊（critical incident stress management response teams），諮商師可以提供訓練及諮詢服務，在事件發生時給予立即性的協助，並於災後組成支持團體和會報（debriefings），以預防或緩解病理性的災後創傷反應。

受戰爭影響的人越來越多，更需要特殊的照護。無論是政府機關、私
人執業及非營利事業機構的心理健康諮商師，都可能晤談許多解甲歸田的
戰士及家屬。諮商師應具備協助創傷倖存者及家人的知能，軍方也開始晉 103
用各種領域學門的諮商師。學校諮商師必須關注那些父母親出征，或父母
親從戰場上歸來的兒童，特別留意他們的情緒變動，尤其是父母身亡、失
蹤或重傷的兒童。移民子女也是需關懷的對象，從各個不同國家前來的人
民造成學生族群組成的變化，對心理社會服務的需求也日增。好多人的處
境堪憐、被貼上種族歧視的標籤，因此，除了一般的心理創傷反應外，由

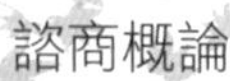

於社會支持網絡不足、經常搬家，他們嚴重缺乏安全感，有的甚至產生依附、分離、失落及創傷壓力疾患等問題。

多元文化已成為所有助人專業界的關鍵能力。經過多年的努力，美國諮商學會（ACA）已建構了多元文化諮商能力、標準，及跨文化的能力與目標。ACA 網頁 www.counseling.org 內的「Resources」（資源）這一欄內可以找到許多相關訊息。以 2009 年的標準來說，諮商與相關教育課程認證評議委員會（CACREP, n.d.）進一步強調多元文化覺察，並且在核心課程中揭櫫多元文化議題的重要性，以確保「諮商師在各課程領域均做好準備，如覺察多元文化的衝擊，及諮商歷程的多元文化議題」（p. 4）。每一種諮商專門領域如今都在多元文化和倡議這些部分加強訓練。

隨著世界各角落的連結越來越深，國際化的浪潮直撲而來，諮商的全球化意指諮商師在世界各地均能找到發揮的舞台。相較起來，其他國家或地區的助人模式不再被邊緣化或受到漠視忽略。「全球諮商專業的成長是一道力不可擋、令人振奮的趨勢⋯⋯，絕大多數都贊成發展自己的理論／技術及課程，以符合文化的獨特需求，或至少要將現今美式的實務作法加以調整，以適合自己的文化」（Hohenshil, 2010）。因此，諮商專業不只有很多需付出的地方，當然還有許多該向其他世人學習之處。

高科技持續不斷地提供新的機會，虛擬實境讓實務工作者能多方面協助個案處理議題，網路諮商也是當紅領域。畏懼症、創傷後壓力疾患（post-traumatic stress disorder, PTSD）及疼痛管理等等，都可運用當代最先進的科技。網路沉迷、成癮和網路成癮掠食者（Internet addiction predators）亦被視為重要的新興議題（see Rollins, 2008）。雖然 ACA、全美認證諮商師委員會（NBCC）及其他助人專業都已制定網路諮商規範，「仍然只有極少數實務工作者在進行線上服務時，遵從這些指導原則」（Haberstroh, Parr, Bradley, Morgan-Fleming, & Gee, 2008, p. 461）。這些學者建議諮商師要針對特殊議題以評估如何運用網路諮商，同時提供更多的專門訓練。

物理環境

諮商環境對諮商師和個案皆有舉足輕重的影響。不論是哪種諮商形式，諮商情境通常有幾個共同點。無論是外出服務、參訪教室或家庭訪問，諮商師必須有單獨會見個案的空間，該處空間必須舒適、親切、安靜及安全。等候室或接待室應相互隔離，如此個案才不會不期而遇撞個正著。有些諮商師會設計兩道門，一道門讓個案進來，另一道門讓個案離開。如何布置諮商室，依個人喜好而定，但若越中性自然，個案就越不容易分心。愉悅和溫暖的布置能協助個案穩定心情和思緒，切忌讓諮商室看起來顯得陰暗、呆板和雜亂。有些諮商師會善用**治療性的道具**（*therapeutic props*），這些物品可在諮商療程時使用，不用時可增添室內氣氛，如：絨毛玩偶、韻律 104
球、魔杖、坐墊、抱枕、彈珠等，能為諮商室注入生命，感覺如像在家一般舒適。一盒面紙是必備物品。諮商室內不該有令人分心的擺設，不要將個人的紀念品，如家庭照陳列於諮商室，否則易讓人產生距離感。諮商室應隔音良好，錄音錄影設備落於視線之外，電話設為靜音或轉成語音信箱。療程進行期間勿讓其他人敲門或打擾。

諮商室的布置也很重要，光線柔和但不昏暗、窗景怡人，否則也得在窗台或窗簾花點心思。布置諮商室的方法很多，家具的安排更是關鍵，布置得宜會讓個案有親切感，失當的話則讓人不快。多數的諮商師認為諮商師和個案之間不應有隔閡存在，雖然這是一般常見的情況，不過文化及個人空間議題也需加以考量。隔著桌子談話顯得太正式又生疏，令人望而生畏，儘管看得出諮商師是個專家，卻不是個能讓人自在吐露心事的人，因此大部分的諮商師會將桌子靠在牆邊，以避免產生這種聯想。更有助於關係建立的是擺設兩張舒適的椅子，或相鄰的一張椅子和一套雙人小沙發。有時可以讓個案坐在桌子的側邊，諮商師坐在桌子一角，尤以要進行某些

文書作業如習題、填表和評量時，特別在諮商早期階段，對某些個案來說，比起坐在諮商師對面，這樣比較不會有脅迫感。一處用心布置的辦公空間傳達出諮商師想建立正向關係的非語言訊息。

實務現場

隨著課堂學習的時程結束，你將在接受督導及接受管理的情況下開始晤談真正的個案。「這些經驗將提供學生諮商個案的機會，讓學生們得以接觸社區中多元文化種族與人口特性的個案」（Council of the Accreditation of Counseling and Related Educational Programs, 2009, p. 14）。你所選擇的實習機構將是你踏入諮商專業的第一步，學校諮商師所選擇的場所會以他們感興趣的學生年齡為考量；高等教育學府的諮商師則有數種單位可挑選；社區及心理健康諮商師的選擇機構更是不勝枚舉。

課程實習

多數的研究所會規定學生完成結構化的課程，有些系所有附屬的訓練專業教室，有些則要求學生到職場汲取實務經驗。不管如何，學生們都必須在教師的密集督導下熟習基本的諮商技巧，包括 100 個小時的訓練，至少有 10 週和 40 個小時的直接個案服務，如個別諮商和團體工作。在校園內的訓練專業教室裡，學生的個案來源通常為社區居民，毋需付錢或僅需付少許的費用。學生們的實習項目有初始晤談、個別諮商（至少有一位進行數次諮商的個案）、帶領團體。實習單位必須有附設單面鏡的諮商室，方便督導和同儕觀察，在個案的知後同意及設備允許的情況下，學生們可
105 以將諮商過程錄音或錄影。某些實習專業教室亦配置先進的電腦器材，可從教室或督導的辦公室進行遠距觀察。未具有訓練教室的系所仍須設置辦公空間，經個案同意後錄音錄影。錄音錄影的目的是為了讓學生重複聽取

諮商過程，謄寫逐字稿讓督導檢視。諮商技巧要從做中學，不能只是光讀書而已。

全職實習

「全職實習要能反映出一位專業諮商師全面性的工作經驗，並與就讀的課程內容相稱」（Council for the Accreditation of Counseling and Related Educational Programs, 2009, p. 15）。全職實習的機構包羅萬象，無論是諮商形式、訓練程度和品質、接觸個案的機會，及督導的專業能力等皆是需要考慮的重點。在你選擇實習機構或答應實習機構的邀約前，你應該儘可能地瞭解實習機構的宗旨、諮商取向和服務對象（DeSole, 2006）。至少要走訪實習地點一遭、瀏覽網頁、和過去的實習生聊聊、向教授或實習協調員諮詢等。駐地督導是你和諮商現場之間最佳的橋樑，良好的督導會談談實習機構對你的期許，以及成為一個有效的諮商師應有的特質和不成文的規矩。

全職實習必須投注相當多的時間，完成整整 600 個小時的實習時數，內含 240 個小時的直接個案服務。此外，應該「讓學生有機會熟悉直接服務之外，還要從事各式各樣的專業活動與資源（例如：個案記錄、衡鑑工具、督導、資訊與轉介、在職訓練及員工會議）」（Council for the Accreditation of Counseling and Related Educational Programs, 2009, p. 16）。經過數年付出的時間、努力與金錢，透過第一手的真實經驗，確認實務現場中諮商師的角色，為你將來的專業諮商生涯做最好的準備。藉由實習，加上曾有的書籍閱讀、教授的教導、課堂活動，你將會越來越瞭解諮商專業真正的意涵。

摘要

本章首先討論進行諮商的場所，分為學校、高等教育、社區和網際網路，也說明不同專門領域的諮商師應具備的關鍵知識與技巧。接下來闡述諮商的未來和趨勢，並特別關注遊戲治療、高齡諮商、靈性議題，及大規模的創傷與災害諮商。其後探討物理環境、諮商中心和諮商室的布置，以及隱私和保密的問題。章末則解說課程實習與全職實習。

現在是要怎樣？

——一位完成所有課程，只差實習的學生對教授說的話

表 6.2　TFAC[a]——想法、感覺、行動與脈絡　106

自我	我的想法	我的感覺	我的行動	我的脈絡	其他？（具體言之）
哪種諮商特殊專業訓練最適合我？					
哪些場所很吸引我？					
我對私人執業的看法是？					
我對網路諮商的看法是？					
我想在哪裡接受實習訓練（課程實習／全職實習）？					
與其他諮商特殊專業訓練和助人專業者共事的感覺是？					
我的擔心是？					
他人（選擇兩種不同特殊專長訓練的諮商師為訪談對象）	他人可能的想法	他人可能的感覺	他人可觀察到的行動	他人外顯的脈絡	其他？（具體言之）
他們提供哪些服務？					
哪些進行得還不錯？					
他們對工作環境的說明為何？					
他們對網路諮商的看法為何？					
他們對於未來新興的執業場所有何看法？					
他們對工作場所的物理環境有何看法？					
他們還說了什麼？					

[a]更多 TFAC 的資訊，請見第一章。

第 7 章

何時？關於歷程、階段與程序

好好保存雞蛋，最後它們會靠自己的雙腳走路

——衣索比亞諺語

思考重點 107

諮商階段有哪些？

諮商師如何結構化接下來的療程？

何時才能獲得證照？

何時該接受督導？

何時該尋求諮詢？

何時該接受繼續教育？

如何得知我有專業耗竭？如何求助？

諮商歷程

發展取向

在第二章裡，你已學到用發展取向來考量個案的生命階段和發展層級，以促進個案的成長發展（Ivey & Ivey, 2007）。個人的發展層級或階段，相

較起來頗為類似或具有可預測性。為了在各個階段能好好地成長與發揮功能，個人必須完成各階段特有的發展任務。如同個人的生命歷程發展階段具有可預測性，諮商師與個案同樣也會在諮商階段間移動，共同達成諮商歷程中的重要任務。

有許多助人模式描述諮商的發展歷程，各分成數個不同的階段。兩個較著名的模式為：Egan（2009）於 1975 年首度提出的三階段模式，以及 Carkhuff（2009）原先在 1969 年提出的七階段模式。這兩個模式構成其他
108 後起模式的基礎，多年來也嘗試修正變化，尤其是從以歷程為焦點轉變為較以個案為焦點。

諮商至少涵蓋起始（或初始晤談）、中間（或工作階段）及結束階段，每個階段內又分為數個次階段或時期。這些階段為諮商師和個案提供治療架構，缺乏這些概念架構，諮商可能會流於空泛有趣的聊天，而非可預見的結果。諮商是為了賦能個案，不管其年紀為何，都希望他們能因應生活問題、做出有效能的決定，投入有益於成長的活動。改變必須發生，這有賴於結構。透過結構，至少諮商師會以一種隱微的方式教育個案因應困境，也直接地協助他們找到方法處理問題，並開拓個人的資源和機會。

諮商階段

諮商不是率性而為的行動，也不是摸得到或感覺得到的產品，它有特定的節奏和流程。若你希望諮商能有效進行，你和個案必須步調一致。換句話說，流程是一段建設性的、互動性的歷程，是諮商師和個案間獨一無二、特殊的關係。諮商歷程意指諮商師所運用的程序以及諮商師想達成的目標，以便協助個案改變，獲致理想的結果。歷程可說是諮商師的行動，或這些行動對個案經驗的影響。本書的第二部將說明特殊的歷程技巧。現在，我們先來看看構成歷程的階段。

以 Egan（2009）的三階段模式為例，階段一為目前的情況，階段二是理想的情況，階段三則為行動、策略和計畫。每個階段都有特定的諮商和

個案發展任務。階段一的關鍵議題是發現改變的需要，個案敘說他的故事，諮商師要辨識並澄清問題，還有可帶來改變的機會。階段二，諮商師協助個案設立目標，發現問題的解決方法。個案想要有更美好的未來，諮商師要鼓勵他們立定改變的目標，並允諾實行。階段三，諮商師和個案列出達成目標的過程中需要做到的事，Egan 稱此為「問題管理成績單」（problem managing accomplishments）。當個案和諮商師從各種可能的行動方案中選出最佳的行動策略後，他們就會一起規劃，期待能獲得令人滿意的結果。

Carkhuff（2009）的七階段助人模式則包括三種學習歷程：探索、瞭解與行動。這趟旅程強調的是助人者的技巧和求助者的目標。諮商師(1)參與並(2)回應個案的世界觀，且傳達出對個案瞭解。如此一來(3)經由個案的探索以及(4)諮商師的「個人化」（personalizing），或諮商師提供的觀點，(5)個案獲得洞察。接著，(6)諮商師提出可達成目標的計畫，(7)個案也據此採取行動，圓滿結束。

也有其他學者對諮商歷程的見解略同。例如Corey和Corey（2007）的五階段取向包括：(1)建立工作關係；(2)辨識個案的問題；(3)協助個案設立目標；(4)鼓勵個案探索並付諸行動；(5)結案。Patterson 和 Welfel（1994）的三階段歷程同時說明個案與諮商師的工作。工作（*work*）意指「致力於探索以求瞭解的體驗，釐清模糊事項、發現新的洞察，並發展行動計畫」（p. 34）。他們的三階段分別是：初步表露、深度探索及行動承諾。

沒有一種模式是直線式的。考慮到個案的情況與諮商師所做的調整，各階段間可能會循環重複。在歷程初期，諮商師的任務是創造安全感，個案才會願意探索未曾說出、甚至未曾覺察的議題。諮商師要對個案發揮足夠的影響力，讓個案信任他，想要有所改變。

也許對新手諮商師來說，兩個最常見、也最困難的概念就是瞭解到結構是必要的，歷程也非一蹴而幾，要慢慢來。過去的你花了很多時間以隨意、無系統的方式建立關係。在日常生活和社交活動中，我們不會設想太 109

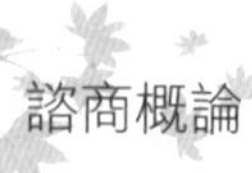

多的結構，也通常不會花時間弄懂模糊不清的訊息。我們習慣接受人們告訴我們的表面價值，根據淺相的瞭解提供建言。結構式的互動溝通感覺好像不太自然，要求對方澄清似乎顯得很粗魯。在現今的社會裡，太多人提供速食解答和急於表現，諮商工作可不是這麼簡單的事。諮商會有效，是因為它按部就班的依階段進行，從一開始的初次晤談，到最後的目標達成或不再需要諮商。Egan（2007，as cited in Corey & Corey, 2007, pp. 156-157）用個案的四個問題來綜括諮商歷程：

1. 發生了什麼事？
2. 我想要什麼？
3. 我該做什麼以得到我想要的？
4. 我如何獲得結果？

諮商程序

第一次療程

諮商歷程始於第一次的接觸。第一次的晤談通常要達成兩個基本目標：蒐集必要的資訊和建立關係（Corey & Corey, 2007; Cormier & Hackney, 2008; Gladding, 2009; Ivey, Packard, & Ivey, 2007）。有很多任務要做（Hutchinson, 2007; Ivey, Packard, & Ivey, 2007）。晤談一開始，諮商師並不知道個案來求助的理由。諮商師必須將每位個案視為獨特的個體，瞭解他們真實的本來面貌。他們帶來的議題為何？什麼動力趨使他們前來？他有家人和朋友的支持嗎？他能夠和你一起解決問題嗎？他是否患有心理疾病？諮商師必須仔細傾聽，努力去瞭解個案的觀點。

雖然第一次療程沒有一套既定的公式，大多數的諮商師都同意他們不會把第一句話拿來問問題。相反地，他們會先做簡單的自我介紹，停車位、天氣或方向指示是否明確恰當等都是很好的開場白，讓個案放輕鬆。諮商師接著詢問個案他們可以提供什麼樣的協助，或什麼原因讓個案想來見諮商師。

可以肯定的是，個案或多或少都會緊張，前來接受諮商是一腳踏入未知的領域。同樣的，諮商師也會緊張，他們不知道個案是什麼樣的人、有何議題，或接下來的進展如何，還有其他令人憂心的不確定因素。第一次的會面非常重要，經由此次會面，個案將決定你是否能夠勝任，以及他下次會不會再來。要儘快地瞭解個案來見你的理由和接受諮商的目的，讓個案明白應對諮商師抱持哪些期望。除非在初始晤談時個案是跟另一位助人專業者談，否則你仍須按照一定的程序，例如評估以蒐集資訊。資訊是雙向的過程。個案會告訴你為什麼他要來見你。個案現下困擾的問題就是促使他前來諮商的原因。**現下的困擾**（*presenting concern*）可能是、也可能不是關鍵議題。諮商師必須教育個案何謂諮商、你的資格能力、如何進行等等。你也要解釋保密的限制、預警責任、療程長度、費用等等。你要清楚地向個案說明諮商的定義、歷程的概念、初始架構、基本原則、期待，並請個案簽署知後同意書。由於要提供的訊息太多，有些諮商師會給個案一 110
份內容概要說明書，讓個案帶回家去閱讀，這麼做也有助於他們緩解焦慮，不再感覺那麼無助。

最初幾次的諮商晤談通常會討論個案的期望。諮商師可以問：「什麼原因讓你今天來到這裡？」或「你希望能完成哪些事？」以此評估他們來談的目的。諮商師必須釐清個案過去的諮商經驗，以及個案如何看待這些經驗。問題有解決嗎？諮商關係是正向而有益的嗎？類似這樣的提問不只可以蒐集到重要的資訊，還可以作為早期關係建立的基礎。

一般說來，幾乎都是個案先與諮商師接觸，不過有時候，是由諮商師主動與個案聯繫。以學校諮商師為例，他們會在學期初時想多認識學生，

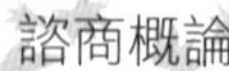

或經由導師的轉介請學生來辦公室，在這種情況下，諮商師會在一開始時即說明晤談的目的，而不僅是聊聊天而已。法院強制接受治療的個案非得與諮商師晤談不可，諮商師必須瞭解他們晤談的理由。同樣的，諮商師要向他們說明晤談的目的。

初始晤談

正式性的資訊蒐集稱為**初始晤談**（*intake session*）。在某些機構裡，進行諮商晤談的諮商師和執行初始晤談的人員不一定是同一個人；其他的情況則是，諮商師將初始晤談視為第一次療程的一部分。在進入你的辦公室前或初始晤談一開始，個案會填寫好一份表格，這是蒐集基本資料的方法之一。你要蒐集的資訊有：個案當前的困擾、情緒狀態或心理功能水準、導火線事件等等。當諮商師進行評估時，他們也在向個案示範如何建立正向的人際連結，雖然諮商師要儘量地蒐集資訊，但他們也知道所面對的是獨特的個體。人性優先，建立關係是第一要務。諮商師必須創造一個值得信任的環境，讓個案有足夠的安全感去揭露與探索，傾聽並給予支持，隨著療程的進展蒐集資訊，但可別用表格上的問題轟炸你的個案。

個案概念化

評估，不管是用觀察、結構化問卷或測驗都可以，諮商師必須蒐集足夠特定的、具體的資料，做出正確的評估並發展治療計畫，協助個案更能發揮功能。諮商師詳實地描述個案的問題，如此一來才能設定目標，治療方能有效地解決個案的主述問題。評估可於初始晤談時進行，也可在最初幾次的諮商中實施。

諮商師可用多種方式概念化個案的問題。無論理論取向為何，諮商師個案概念化的內容應包括下列因素：基本資料、主述問題、行為觀察、感覺與情緒、認知模式、自我概念、對他人的看法、生命事件、人際與關係模式、因應方式、家庭議題，以及任何影響主述問題的環境因素。在整個初始晤談及諮商進行的過程中，諮商師必須持續地評估個案以協助他們辨識問題、優勢與資源，或發現有效的問題解決策略。

個案評估與診斷 111

評估是一套特殊的技巧。助人專業者首要之務在辨認心理健康問題。雖然不是所有的個案都罹患可被診斷出的疾病，但諮商師仍然必須記錄個案當前的議題，選擇適切的治療目標及有效的策略。諮商師設立的目標，稱之為**治療計畫**（*treatment planning*）或**行動計畫**（*action planning*）。

人類不是一成不變的個體，解決了一個議題，諮商師可能又得討論另一個議題，因此，應持續評估個案的進展與當前狀態，必要時需修正治療策略。

有些諮商師，例如心理健康諮商師或戒癮諮商師，關注的重點在於個案的心理疾病。其他如學校諮商師，關切的是適應問題及情緒健康，嚴重的問題則予以轉介。不管如何，諮商師都必須認識心理疾病。面對心理疾病發作的可能性，諮商師要學會使用《精神疾病診斷與統計手冊》（DSM-IV-TR）（American Psychiatric Association, 2000），即使他們的責任不包含正式診斷亦然。DSM-IV-TR 將心理疾病概念化為「臨床上發生於個人的重大行為、心理症候群或模式，且與個人目前的痛苦（例如：惱人的症狀）或失能（一種或多種功能領域損害）有關，或顯著地增加個人蒙受死亡、痛苦、失能或失去重大自由的危險性等」（p. xxxi）。諮商師必須會指認疾病，瞭解問題發生和持續的原因。如果能力不足以治療該疾病，也必須懂得何時該轉介給其他心理健康專業人員。

在美國，DSM-IV-TR 是最常用的診斷系統，羅列許多心理疾病，包括稱為**軸**（*axes*）的五大類別。諮商師可據此全面廣泛地考量個案的狀況。

- **第一軸**（*Axis I*）：臨床疾患，可能為臨床關注焦點的其他狀況。多數心理疾病屬於這個類別，包括許多常見的疾疾，如憂鬱症、焦慮症、物質關聯疾患、適應性疾患等。也包括嚴重的心理疾病，如精神分裂症、解離性疾患。許多第一軸疾病的發作有時間限制，但有些會持續終生。

- **第二軸**（*Axis II*）：人格疾患與智能不足，僅包含這兩種類別，其餘均屬第一軸疾患。第二軸疾病的持續時間較長，難以改變，包括人格異常、發展性心理疾病，及智能缺損。
- **第三軸**（*Axis III*）：一般性醫學狀況。包括經醫療證實直接相關的生理狀況及身體症狀，可能會影響情緒與心理功能。
- **第四軸**（*Axis IV*）：心理社會及環境的問題。所有會影響個體功能的因素或生活壓力源皆屬此軸。範圍極廣，包括：失業、離婚、慢性疾病、虐待、家人死亡等，持續影響個體當前心理狀態的早期未解決壓力源亦屬此類，例如：強暴、車禍、天災或戰爭。
- **第五軸**（*Axis V*）：功能的整體評估（Global Assessment of Functioning, GAF）。以 1 至 100 分評估個案當前的功能水準，數字越低，代表功能水準越差。臨床工作者運用專業判斷及量表說明來決定疾病的嚴重程度。功能水準有助於發展治療計畫，評量進步情形。

DSM 並非毫無爭議。很多人認為第一軸或第二軸診斷標籤會殘害個體、削弱人性價值。表 7.1 呈現贊成與反對使用 DSM 多軸診斷系統的論點。諮商師必須在諮商專業的哲學觀與評估診斷的需求間尋求平衡，調和衝突與不一致。

112 個案的自我探索與覺察

評估不單是診斷。隨著療程進行，諮商師越來越能瞭解個案的整體自我，但這不只涵蓋個案的思考、情緒、行動和系統，還有個案的生命角色，如工作者、配偶、父母、孩子等等，其他還有精神、生理和社會自我，以及個案獨特的生命故事和經驗。諮商師要檢視生理症狀、行為變化、睡眠

表 7.1　贊成與反對使用《精神疾病診斷與統計手冊》（DSM）的論點[a]

贊成	反對
有共同的語言來討論診斷事宜	諮商師不習慣對個案進行診斷
注意行為表現	強迫推銷心理疾病的機械觀
促進評估與衡鑑的知識學習	製造錯誤的印象，讓人誤以為對心理疾病的瞭解優於實際上對個案的認識
提供個案診斷以申請保險給付	過於強調心理疾病的徵兆和症狀，導致無法深入瞭解個案的問題
有助於告知個案其症狀是否可申請保險給付	醫療模式漠視預防的重要性
易於解釋、寫記錄和擬定治療計畫	忽略社會因素對個案問題的影響
辨識個案的問題是否超出諮商師的能力範圍	傷害女性和不同文化背景的族群
提供有助於研究的訊息，或可發現不同軸向因素間的關聯	將人們貼上標籤，摒除於社會之外
將共病症狀歸類，有利於進一步的研究與教育	保險公司主宰如何使用 *DSM*
分類系統、準則、及症狀描述可作為指導方針，不必然是鐵則	他人可檢視個案的紀錄，危害保密義務
在神經科學及臨床研究發展下，新知識可取代舊知識	並非在任何臨床情境下都能清楚區分心理疾患與正常之間的差異
	心理疾患這個詞隱約傳達出心身二元論的觀點
	過於艱澀難懂，充斥過時老舊的詞彙

[a]轉載自：Peterson, J. V., & Nisenholz, B. (1998). *Orientation to Counseling, Fourth Edition* (p. 367). © 1998 Pearson Education, Inc.

狀況、幽默與否、當前的情緒狀態、語言能力、抽象思考能力、功能水準等等。

瞭解個案不是諮商師單方面的責任，相反地，完整的評估歷程應包含個案的深度自我探索，使其自我瞭解。透過尊重與真誠接納，諮商師協助個案探討「我是誰？」、「我想要什麼？」。在諮商早期階段，敘說故事

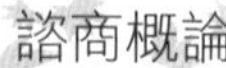

所帶來的情緒痛苦與釋放對個案而言通常就足夠了。澄清讓個案卡住、挫折或抗拒改變的事情為何，個案開始思考未來有哪些可能性。有了這層洞察，恐懼逐漸消失、抗拒改變的心情鬆動。個案想要往前走，想做些什麼以解決問題，改變思考與行為模式。當此時，諮商從資訊蒐集和建立共融關係階段轉移至下一個行動計畫階段。諮商師和個案準備要形成治療同盟。

113 諮商時程

階段轉換時機

諮商師要怎麼知道「何時為從診斷及深度探索階段，轉換到目標設立並採取行動階段的最佳時機？」（Patterson & Welfel, 1994, p. 116）。最簡單的答案是：當諮商師不再於評估及早期探索階段蒐集到新資訊時或對個案產生新的想法時。如果療程似乎不斷地重複舊訊息，即是進入下一階段的時刻。諮商師可從個案的陳述中提取線索，他們訴說著一成不變的生活及想要改變的心情。將問題一吐為快的解脫感轉變成想要行動的渴望，即使情緒或心理痛苦仍然存在。個案已願意冒險，因此諮商師要引導他們邁向設立目標、規劃行動及承諾改變階段。

轉換可能在第 1 次、第 2 次、第 10 次或第 20 次療程發生，沒有一套既定的時間表。有時候，行動計畫依總療程次數分配；有時候是諮商師設定好療程結構，資訊蒐集階段緊接著行動階段；還有些時候治療結構較不固定，轉換階段沒有預設的時程。隨著你的技巧增進，逐漸成為一位有效能的諮商師後，你將會更有經驗辨識從資訊蒐集到設立目標的轉換時機。

療程長度

諮商療程的長度依諮商場所、諮商目的、個案的需求及諮商師預設的架構而異，初始晤談可能持續一個半小時，甚至更久。學校諮商師或許只有 15 到 20 分鐘的時間進行個別諮商，而社區與心理健康諮商師晤談一位個案的時間通常為 45 到 50 分鐘。團體諮商療程變異較大，從 45 分鐘到一小時到一整天都有，最常見的為一至一個半小時或兩個小時。如果碰到危機或自殺危機事件，必要時諮商師的處理時間會延長。

治療同盟

當諮商師蒐集足夠的資訊，澄清現在的議題、提出暫時性的評估或診斷，諮商師會概念化個案及問題，讓個案瞭解有哪些需要改變的地方，治療同盟就開始了，設立目標亦隨之進行。在諮商師的協助下，個案設定目標，在各種選項間抉擇，或決定加以改變，或兩者兼而有之。過程大致如下：

做決定（*making decisions*）：做決定不是件簡單的事，它取決於價值觀順序。決定與生活型態息息相關。

- 我想在哪裡工作或居住？
- 我想做什麼？
- 我的興趣有多重要？
- 有空時，我想跟誰在一起？或我想跟誰在一起生活？

做改變（*making change*）：改變很難，需要投入精力與承諾。改變涉及培養新習慣。

- 我如何與權威人士相處？
- 我如何改變工作型態？
- 我應該繼續跟配偶在一起嗎？
- 我要怎麼做才會感覺比較好？例如，不要那麼愛生氣。亦或我想跟誰好好相處？

降低不確定性（*lessening uncertainty*）：在選項間做選擇及做改變都 114
充滿不確定性。諮商師要協助個案降低不確定性，包括檢視對求助議題的情緒感受。降低不確性涵蓋問題內容及評估需求。

- 我該如何在兩難之間做出選擇？

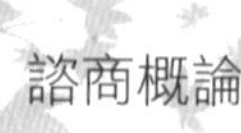

實務線上　你會怎麼做？

里昂在一家門診機構帶領團體。退役後，他完成碩士學位，並接受院內精神科醫師的督導。他覺得他的個案量太多，而且比較喜歡團體工作。他認為團體可以幫助的人較多，也較有效率。他的個案，賈姬，41 歲，育有二子，是陸軍儲備中士，之前被徵召輪調至伊拉克服役 12 個月，後因「醫療原由」中途退伍。

回家之前，賈姬在復健中心待了幾個月。在團體治療期間，她很陰沉、動不動就掉眼淚，眼光不斷地逡巡團體諮商室的門窗。鄰居和家人們都說賈姬總是好怒、疑神疑鬼，從伊拉克回來後就變成這副模樣。她常常跟校長抱怨其他孩子不喜歡她的小孩。她不願對團體敞開心房，她說大部分的人都不值得信任，她得時時提高警覺，才不會被占便宜。我檢核她說的話，紀錄顯示她並沒有 PTSD。我不認為團體對她有幫助，但這是她的治療計畫。我確定沒有時間為她進行個別諮商。她跟我之前看過的水兵差不多！

課堂討論

1. 里昂應該讓賈姬參加團體，還是進行個別諮商？亦或兩者同時進行？或是把她轉介給其他人呢？證實你的論點。
2. 他應該跟督導討論什麼？
3. 他的督導應該得知里昂哪些過去的訓練與專長？
4. 如果你是里昂的同事，你想跟他討論什麼？

- 為什麼我會覺得動彈不得？
- 我該如何做決定或改變？

有些議題似乎跟做決定或改變無關，例如：個案因為失戀前來諮商，有需要做決定或改變嗎？諮商師提供支持性的環境，協助個案度過悲傷歷程。有問題的是無法正常哀悼。悲傷是自我與失落分離的歷程，使個人得以生存並重新整合，個案學習接受失落，痛苦漸漸消失，不再緊捉住舊愛意謂著改變。改變就是做決定、成長。順利的悲傷帶來成長。

不是所有人都準備好要改變。**改變階段**（Stages of Change）模式（Prochaska & DiClemente, 1992）始於成癮領域，闡釋個體如何做出準備的各個階段。改變的階段為：

1. 無意圖期（precontemplation）：尚未意識到有行為問題需要改變。
2. 意圖期（contemplation）：意識到有問題，但未準備好要改變。
3. 準備期／決心期（preparation/determination）：準備改變。
4. 行動期／意志力期（action/willpower）：改變行為的歷程。
5. 維持期（maintenance）：維持改變。
6. 復發期（relapse）：放棄改變，恢復有問題的行為。

一旦個人穩定地處在第二階段，目標為何、如何實踐，乃根據諮商師的理論取向、問題的本質以及個案的個性。你必須瞭解諸多理論取向的技巧，以滿足個案的需求。沒有單一理論或取向適用於每個個案或每種問題。

設立目標時，很多諮商師會鼓勵個案簽訂**行動為本契約**（*action-based contracts*），它可為口頭或書面的同意書，激勵個案能即早採取行動，最好在下次療程開始前就能起而行，個案要願意在特定時間前劍及履及。契約要具體，並可評量完成的進度，契約讓個案對自己的行為具有掌控感。諮商師可指派家庭作業協助個案達成目標，作業依問題性質而有所不同，例如寫日記、練習小小的行為改變、駁斥非理性思考等等。

不管是否簽訂正式契約，諮商都是一套允諾執行的行動計畫。好的計畫不僅能直接點出問題，還會預先考慮完成目標時可能會發生的狀況。諮

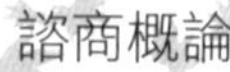

商師和個案處理療程中一次又一次浮現的議題，並調整行動因情境制宜。

治療同盟階段有賴於個案的表現及諮商師的支持與回饋，最有效能的治療同盟強調個案的優勢而非放大缺點，諮商師協助個案看見並運用自身擁有的資源和價值。行動計畫讓個案可以用較負責任的態度因應自己的問題，這就是賦能的要義。個案負責任的能力依年紀、功能水準和內外在資源而定。

治療同盟是互惠的夥伴關係。排定目標的優先順序，如此一來個案才能先從最有壓力的議題中解放，體會到成功的感覺。順利地達成每個小目標，會讓個案更有信心挑戰新目標。每一次療程有可能解決某個議題，或由新議題取代，而每次療程開始與新議題浮現，都意謂著諮商師要回到稍早前的關係建立階段，你得一再地建立信任關係、經由評估揭露問題、設立目標和行動計畫。每個諮商階段和次階段都需付出極可觀的專業知能及技巧。

結案與追蹤

你如何得知諮商該結束了？理想上，是圓滿地解決個案的問題，原先設立的目標也達成了，當此時，個案與諮商師就進入結案階段。任何一方都可提出結案，有時候，個案會過早、甚至突然提出要結束，亦或資源用罄，再也無法負擔治療，雖然問題沒有完全解決，但他們還是決定不再回來接受治療。顯然，這不是個理想的結束時機，諮商師可以試著邀請個案再回來，或安排個案另從它處得到支援，或轉介給其他專業助人工作者。

一般說來，最好是諮商師和個案雙方共同擬定結束的時機，不過諮商師應該在諮商開始時就計畫結案的可能結果，這是治療架構的一環，諮商師和個案都需要時間預備結束關係。結案並非單次、在最後一次療程才決
116 定，它需要一段時間的醞釀，基本原則為結案應儘量於總療程進行三分之一時提出，因此，假設個案的療程為九次，在第三次時就應提醒結案事宜了。有些學者建議六分之一是最恰當的時候，即在第一次或第二次療程時

即加以提醒。Cormier 和 Hackney（2008）認為超過三個月的諮商療程約需要三到四週來預備結案，不論花多少次療程結案，諮商師都需協助個案瞭解結案的結果。他們可以談談諮商經驗賦予彼此的意義、如何應用新學得的行為與洞察，還有諮商關係對雙方的重要性。會有失落感與難過的情緒是很正常的，兩人可以討論諮商結束後還有哪些支持系統。諮商師和個案回顧諮商經驗的點點滴滴，檢視問題如何減少或改變的歷程，以及未來面臨相似議題或緊急關頭時，個案可能的因應方式。

有些個案會抗拒結案，即使沒有什麼重大的問題待解決。諮商關係太強大了，有些人不希望它走到終點，還會要求增加次數或重啟新的議題，此時，諮商師必須決定這個新議題是否合理，還是個案在抗拒結束。在某些情況下，反而是諮商師不想結案，這段關係對諮商師太過於重要，以至於諮商師也很難說再見。督導或諮詢同儕可以協助諮商師修通抗拒結束的需求。當無益於成長的諮商晤談出現時，諮商師必須接受結束的時刻到了。

有很多的例子顯示諮商師會安排追蹤晤談的療程，就像與醫生排定回診日期或車輛回廠保養。邀請個案回顧他所談過的議題，顯示諮商師非常重視個案，關心他們的進展。追蹤晤談可排在近期內，如三到六個月內，或較晚一些，例如半年之後（Cormier & Hackney, 2008）。偶爾，個案會在追蹤療程時談到近來的問題，在這種情況下，諮商師會把它當作初始晤談（intake），決定這是否為治療的恰當時機，就像評估一位新個案一樣。

證照

想要成為專業諮商師，不只得接受學術訓練而已，要走到執業階段，你必須通過認證，而認證依學門、各州及國家級的要求而異。當你開始踏上這段旅程，想將專業諮商師當作終生志業，可能還不知道證照在你的未來扮演如此重大的角色。稍早前你已學到每種專業都有知識體系及全國性組織決定其發展內容，全國性的組織通常也監管證照制度，此外，各州法律和條例規範在特定州別執業的能力。雖然很多州的要求跟全國性的專業學會標準類似，但還是有些不同之處。再者，州證照並非全國通用，能在某州執業不表示你有在其他州執業的權利。

州證照

很多學生剛開始不太瞭解執照和證照之間的區別，**執照**（*licensure*）通常指的是州證照，並經由立法程序認可批准；**證照**（*certification*）指的是州（state）或國家（national）證照，兩者的歷程相似。想獲得證照的人必須修畢學分及現場實習。證照承認個人的能力達到該州所訂定的標準，同意實務工作者可使用「諮商師」（counselor）這個頭銜。最廣為人知的州級證照是學校諮商師，雖然只有少數州認可證照就是執照。按照規定，獲
117 得學校諮商碩士學位的學生，在獲得學位的該州不需要再接受額外的訓練，絕大多數的州（但並非全部）都認可他們不必通過考試就能成為學校諮商師。然而，想擔任社區或心理健康諮商師，就必須加修課程、接受專業督導，通常還得通過考試。2009 年，全美 50 州加上哥倫比亞特區、關島和波多黎各都有關於諮商師執業的證照法條。多數州將此法稱為有照專業諮商師（Licensed Professional Counselor, LPC），有些州稱為臨床專業諮商師執照（Licensed Clinical Professional Counselor, LCPC）、心理健康諮商師執照（Licensed Mental Health Counselor, LMHC），少數州稱為合格專業諮商師（Certified Professional Counselor, CPC）。各州之間的要求不一，證書或執照的必要條件包括：諮商或相關領域碩士學位、研究所 30 至 60 個學分、1,000 到 3,000 個小時的碩士學位後受督導的經驗並通過考試。美國諮商學會提供各州的專業執照委員會資訊，連結的網址為 http://www.counseling.org/Counselors/LicensureAndCert.aspx。

國家證照

雖然各州的證照不一，全國性的標準確保諮商師的專業認同一致，符合相同的準則。美國諮商學會（ACA）不斷地鼓吹全國性標準和提倡州證照，ACA 的努力終於促使全美認證諮商師委員會（National Board of Certified Counselors, NBCC）成立，監督國家級標準。諮商師必須通過它所執行的全美諮商師考試（National Counselor Examination, NCE）方能成為全美合格諮商師（National Certified Counselors, NCCs）。要參加此項考試，諮商師必須擁有諮商或相關領域的碩士學位，修畢第四章和第五章所述的八大核心領域課程，並在督導下從事至少兩年的諮商工作。大部分的州都採用 NCE 作為州證照考試。想要瞭解特定州別的要求，可上網瀏覽 NBCC 的網頁 http://nbcc.org/stateexamination。

NBCC 同時也監管全美合格學校諮商師（National Certified School Counselor, NCSC）、合格臨床心理健康諮商師（Certified Clinical Mental Health Counselor, CCMHC），以及精通成癮戒除諮商師（Master Addictions Counselor, MAC）等特殊專門領域的認證。另一個與 NBCC 有關的認證組織為證照與教育中心（Center for Credentialing and Education, CCE），監督合格臨床督導（Approved Clinical Supervisor, ACS）、全球生涯發展引導師（Global Career Development Facilitator, GCDF）及遠距諮商認證（Distance Credentialed Counseling, DCC），為採用高科技輔助系統如電話、網路進行諮商的諮商師，以及遠距認證引導師（Distance Credentialed Facilitator, DCF）設立標準。2008 年新增的是人類服務——合格實務者委員會（Human Services—Board Certified Practitioner）。詳細規定請參見 http://www.nbcc.org。

認證

高等教育機構首先必須符合六個區域委員會如：中部各州高教學會

（Middle States Association of Colleges and Schools）所設立的認證標準，或全國性組織如：全美師範教育認證委員會（National Council for Accreditation of Teacher Education）的認證標準。專門領域認證適用於機構內的特定預備課程。諮商與相關教育課程認證評議委員會（CACREP）訂定的是專業諮商師訓練的最低標準。CACREP 的認證屬義務性質，敘明高等教育機構必須符合的標準。認證過程包括兩項必備要素，首先，課程單位必須撰寫自學計畫書（self-study），詳述課程內容、師資陣容、實務經驗、督導資格及方案評估歷程；接下來是實地訪查，評鑑委員們會參觀校園，確定自學計畫書中的資訊是否屬實。

118

督導

經過這段時間的課堂學習，終於來到你要接受督導的時候了。要接受督導的科目有很多種，從每一堂經驗性課程所得到的回饋，將讓你有機會實際瞭解諮商如何進行。剛開始，你可以跟同班同學一起練習，接下來則在實習課時晤談真正的個案。在現場工作的資深諮商師以及課程教授會透過單面鏡或錄影帶觀看你的諮商表現，提供你嚴謹的受督導經驗。根據所屬機構能提供的資源，你也可以用錄音錄影的方式尋求回饋。如果你想成為合格的諮商師，還得擔任全職專業工作，並接受合格專業諮商師的督導兩年。不管如何，一旦你能獨立接案，大多數的州並不要求你再接受督導。然而，在你整個專業生涯中，或許還是會想要尋求督導的協助。

該如何得知你必須尋求督導了呢？答案就在督導的目的為何。雖然督導模式眾多，最常見的目標有三種。督導可以：(1)對諮商和心理治療技巧給予回饋；(2)就實務情境中碰到的問題和療法提供訓練；(3)討論因個案的問題而觸動的個人議題。當出現三個目標其中之一時，你即應該從資深、有執照的同儕中尋求督導。

因此，如果個案擔心你的專業訓練不夠，你要不轉介給其他人，要不就加強進階訓練。如果你選擇後者，你必須接受該領域專家的督導，直到督導認同你可以獨立處理此類問題。例如，假設你是學校諮商師，有位學生患了飲食異常疾病，倘若你對處理該問題的經驗不足，此時，你可以轉介給專家治療，不過，你仍然得處理該位學生的其他議題，因此，你必須就飲食異常疾病部分尋求督導。即便你受過相當訓練，也可能對某種心理疾病或療法所知有限，當他們成為你的個案時，你必須尋求督導。例如你在課堂上學過焦慮疾患，但假使個案在初始晤談時被診斷罹患焦慮症、創傷後壓力疾患（PTSD），你就必須接受督導或將個案轉介。

如果你發現自己對個案的某個問題坐立不安，或許你過去曾經驗到相似的議題，反移情可以解釋此種現象。**反移情**（*countertransference*）是指諮商師潛意識地將過去的情緒歸因（或轉移）到個案身上。你必須尋求個別督導以處理你的未竟事務，否則可能無法有效地處理個案的問題。雖說你不是故意的，但你可能會將治療轉向解決你自己個人的議題，而非個案的問題。有時候，你可能沒意識到個案正在重演你的議題，因此，有些諮商師會參加同儕督導團體，定期討論彼此的問題，當個案引發你的議題時，這是達成督導目標之三的一個好方法。

諮詢

有時候，諮商師會成為其他專業工作者的諮詢對象。**諮詢者**（*consultant*）是指諮商師提供專家知識給有問題待解決的群眾。諮商諮詢者（counseling consultant）「協助界定和解決問題或潛在問題……諮詢關係猶如三方
對談（triadic）（即個案、諮詢者、問題），兼具內容、目標導向和歷程取 119
向」（Gladding, 2006, p. 35）。諮詢是學校諮商師的主要功能之一，因為他們必須對教師、行政人員、家長和社區居民提供專業知識。多數的專業諮

商師都必須提供顧客諮詢服務，這是社區和心理衛生中心諮商師重要的工作項目之一。生涯、復健和成癮戒除諮商師亦會以諮詢者的身分在機構和公司貢獻專家知識。

諮商師何時夠格稱為諮詢者？這得依諮詢的需求和目的而定。諮商師可能在生涯早期即可成為某些重要議題，如溝通技巧或發展的諮詢者。隨著專業知能的成長，或可成為該特殊領域的專家。學校諮商師在剛進入職場時，即需將諮詢技巧應用在實務經驗中，其他的諮商師對諮詢可能在行、也可能沒那麼在行。當你的執業生涯逐漸開展，你得持續磨練和提升助人技巧，如果你沒有受過諮詢的專業訓練，可以找機會學習這門領域技巧，將諮詢納入你的服務範圍。

繼續教育

碩士學歷只是入門學位，往後你會有充分的機會磨練技巧，並成為某項特殊領域的專家。只要你持續堅守諮商專業，你就必須不斷地在專業和個人上努力成長學習。為了保有國家級或州級證照，你得接受繼續教育，你可以參加專業會議的工作坊，或參加線上課程及讀書會。不過，你必須確定認證組織〔如全美認證諮商師委員會（NBCC）〕認可你的繼續教育課程。訓練與教育機會是獲取知識的最佳方式，由此可進一步琢磨你的專業知能。你也可以選修其他的研究所學分或攻讀博士學位。開展在你未來的無限可能性，令人期待興奮。

壓力與耗竭

隨著時間流逝，每位諮商師都有可能體會到耗竭的感覺。諮商師也是人，和其他人一樣也會碰到困境和問題。諮商師要處理自己有關死亡、失落、疾病、工作壓力及零零總總的生活瑣事。由於諮商師時常傾聽他人的生命故事，太多荼毒人類心靈的悲慘事件，他們必須特別小心留神自己的壓力程度，注意耗竭來臨的徵兆，並採取行動確保仍可以在工作中保持效能。在第二章裡，你學到有效能的諮商師活力充沛，有能力照顧自己的生理和情緒需求。均衡的營養、運動、興趣嗜好、休閒活動及令人滿意的人際關係，都有助於維持個人的活力，壓力與耗竭則會折損精力。

壓力（*stress*）是一種緊張狀態，會誘發自動化反應，損害最佳功能。壓力源是那些有可能引發壓力的事件，當外在的要求和個人的能力無法適當的平衡反應時，壓力就產生了。壓力雖然可能源自於外在環境客觀的要求，對壓力源的主觀感受因個人的知覺而異。個人或許無法動員必要的內在資源以有效地對抗壓力，導致某些症狀如頭痛、睡眠障礙、焦慮和憂鬱、過度緊張、物質濫用、家庭失和及家庭暴力等。如果諮商師的壓力指數太 120
高，就無法有效地協助個案，甚者，沒有好好處理的壓力會導致耗竭。

耗竭（*burnout*）則是能量耗損到某個程度，個體再也不能健康地參與活動或與人相處。他人過分的要求導致這種情緒上的精疲力竭感。以諮商師來說，是在處理他人的問題中所形成的長期性緊張反應。耗竭是一種獨特的壓力，源於諮商關係裡的社會互動，加上過多的壓力源超出負荷。它會對諮商師的動機、行為和態度產生負面的影響，原本很負責任的諮商師會變得在身心上怠忽專業職守。憤怒、怨恨、罪惡感、冷漠、疲憊、嘲諷、失敗感、負面思考都是常見的情緒反應；傷風與流感、藥物與酒精濫用、婚姻衝突、蹺班、心不在焉、沉浸在自己的思緒裡、社交退縮等現象也時有所聞。很明顯的，壓力和耗竭會對個案造成負面的影響。

自我照顧

你正在訓練的初期，有很多的課業、體驗和個人的要求會加諸在你身

上，現在是當心你的壓力指數的時候了。自我照顧不是項奢侈品，也不是自我耽溺，它是一種專業義務。學習如何削弱你的壓力反應，辨識耗竭的症狀並因應。

傾聽你的身體智慧，壓力會浮現在你的思考、感覺和行動中，反應在身體上、情緒上或心理上。留意在壓力情境下你會如何反應。並非所有的紓壓活動都能在每個人身上發揮同等減輕壓力與耗竭的作用。注意你的引爆點和解決之道。整個課程學習的過程中，自我覺察的功課能幫助你多接觸自己的需要，並尋得屬於自己的答案。

10 種建議如下：

- 不要當獨行俠，避免孤立。與家人、學生和朋友發展出滋養性的關係。支持系統是管理壓力的不二法門。
- 好好保重身體。吃得營養、適量，睡眠充足，定期做健康檢查，不要忽視身體發出的徵兆和警訊。
- 降低要求和急迫感，切忌拖延。多留點時間來完成工作事項，而非讓自己被時間追著跑。
- 以中庸之道生活，學習放慢生活步調。列出並平衡生命角色與活動的優先順序，對某項活動過猶不及都會造成壓力與緊張。
- 學會對不必要的要求說「不」。諮商師是天生的助人者，常會忍不住過度的回應他人的要求。根據你的時間、資源和情緒，拒絕額外的要求。掌控你所能掌控的。
- 學會授權。讓其他人學習協助自己。不要公私不分。
- 重新評估你的價值觀。隨著你的成長與改變，你的價值順序也會改變。要學會分清楚何為重要，何為不重要，如此一來你才會更有活力、時間，才會越來越真誠與專注。
- 當你重新評估的時候，試著花點時間照顧自己真正的需要，培養興趣嗜好，而非擔心無法改變的事情。

- 有時間玩樂，休閒時不要有罪惡感。享受生命，保持幽默感。 121
- 去見諮商師吧！如果你想成為一個諮商師，深信每個人都有權利過均衡、充實的生活，同理也可應用在你身上。

摘要

本章一開始先說明學習諮商技巧的發展性觀點和諮商的發展性取向，闡釋數種助人模式和諮商歷程階段。學生們會學到結構化的必要性，以及第一次療程、評估與診斷、個案概念化、治療計畫與設立目標、治療同盟與行動計畫、結案與追蹤等諮商歷程。接下來則闡述個案自我探索和自我瞭解的需求，各療程的時間安排規劃。證照部分則分成國家級標準和州級標準，還有證照和執照的規定。學生會學到督導的目標和需要、諮詢的概念，及繼續教育的重要性。本章末則討論壓力與耗竭，並提供些許建議以紓解壓力。

這堂課教我要儘可能的從各種角度看事情。

……我覺得我有抓到一點訣竅了。

——從科學轉讀諮商的中年學生

122 表 7.2 TFAC[a]——想法、感覺、行動與脈絡

自我	我的想法	我的感覺	我的行動	我的脈絡	其他？（具體言之）
我對結構的看法是？					
我對診斷的立場是？					
我如何處理結束與失落？					
我對證照的態度是？					
我對矯正性的回饋有何想法？					
完成學業後五年，我會在哪裡落腳？我如何到達那裡？					
我對壓力的看法是？該如何預防耗竭？					
我的擔心是？					
他人	**他人可能的想法**	**他人可能的感覺**	**他人可觀察到的行動**	**他人外顯的脈絡**	**其他？（具體言之）**
教授對諮商階段的看法是？					
他們如何結構化初始晤談或第一次療程？					
他們對諮商程序有何看法？					
教授和專業實務工作者如何評估個案？					

表 7.2 TFAC[a]——想法、感覺、行動與脈絡（續）

他人	他人可能的想法	他人可能的感覺	他人可觀察到的行動	他人外顯的脈絡	其他？（具體言之）
他們獲取證照的經驗歷程為何？					
身為受督者和督導，他們的經驗為何？					
他們如何因應壓力與耗竭？					
你還從他們身上學到哪些有關諮商時程的觀念？					

[a]更多 TFAC 的資訊，請見第一章。

第 8 章

為什麼？關於照護與社會正義

施恩慎勿念，受恩慎勿忘。

——中國諺語

思考重點 123

為什麼諮商師要選擇從事這項專業？

為什麼諮商師要投入社會正義運動？

何謂倡議？諮商師如何為個案發聲？

諮商的精神

為什麼我們要這麼做？在第一章裡，你見到了某些新生，知道他們為什麼要註冊諮商課程。第一次上課的時候，其他學生的理由是：

塔米加說每天都有人來找她傾訴心事，她有社會學學位，也是合格的按摩師，32 歲的她認為諮商證照會對她這幾年的事業提供合法性。她的鄰居，珍，一位離婚的老太太，從未離家工作，來到這個班上，因為她說她的諮商師改變了她的一生，她不確定可以成為一位諮商師，但是她想試試看。45 歲的卡洛斯服役 25 年後，以士官長的身分自美國陸軍光榮退伍，他

深切地體會到戰爭奪走多少士兵的性命，讓遺族付出慘痛代價，他想將餘生奉獻給退伍軍人，協助他們順利轉職，就像他現在的人生一樣。

無庸置疑的，這些學生都很關心人，同情心是助人動機的要素，**同情心**（*compassion*）的定義是：「深刻體會他人的受苦，很想拯救他們」（Houghton Mifflin, 2002, p. 292）。**富有同情心的**（*compassionate*）定義則是：「感覺或流露同情心；有慈悲心的（sympathetic）。」然而，專業諮
124 商師在進入諮商室門前，得先控制一下同情心。在第二章中，你已知悉客觀的重要性，同理心（empathy）和同情心（sympathy）之間的差別。有同理心的人覺知痛苦與受苦，想有所作為以造成改變；同情心則是對痛苦感同身受，想讓痛苦消失。有同理心的人不會將別人的煩憂和自己的困擾混為一談。諮商可視為**同情醫護**（*compassionate caring*）（醫療專業常用的一個名詞），訓練的目的在緩解問題。你得穩住你滿溢的同情心，轉而運用同理的氣氛促成治療與改變。

在第一章裡，你已知曉進入諮商專業的某些動機。入行的動機不同，受訓的理由也各異，每一項都很合情合理。但是動機本身無法回答工作的現實狀況。

當內在酬賞多於外在酬賞，是什麼讓諮商師依然秉持「雖千萬人吾往矣」的精神？付出的時間何其多，終生訓練的代價何其高，聽聞受苦的生命故事談何容易。感謝你的個案寥寥無幾，你可能從不覺得自己能有何作為。

還記得 Freud 的精神分析理論中提到的**移情**嗎？個案會無意識地將壓抑和未解決的情緒、看法和信念轉移至諮商師身上，諮商師就像過去的重要他人，特別是父母。即使你對個案懷有好感，彼此之間似乎有特殊的連結，你須時時警惕自己是否反移情作祟。如果你討厭個案，甚至希望他離你越遠越好，你還是要提防反移情。沒有絕對適當的反應。即使學完本書最後一章，你仍必須花時間、精力、金錢接受督導，嚴防個人的議題成為治療工作的絆腳石。諮商師的生活吃力不討好，但大多數的專業諮商師都

覺得這份工作意義非凡。是什麼讓他們歡喜做、甘願受呢？每個諮商師的理由不同，但也都相同。

我認為身為諮商師實為生命中罕見的福氣。受到陌生人信任，深深地關心他人，在某段時刻對別人的生命發揮影響力，這項工作真的很神聖。進入別人的世界，親眼見到他們的勇氣，無畏地面對逆境，下定決心改變，足以凌駕金錢方面的報酬。我從個案那裡學到的多過我所教導的；施比受更有福。

助人專業的倫理準則鮮少鼓勵交換服務、接受禮物，但我認為個案贈予我好多禮物。當然，它們並非實質的禮品，卻無價地豐富了我的生命。即使是我在幫助他們解決個人議題，我依然從個案身上學到生命的功課。這就是我「為什麼」要繼續留在這個專業。以下以兩個例子說明。我希望它們能感動你們，就像它們也深深的感動我。

個案研究

勇氣的禮物

艾茉琳經先生的朋友介紹而來。這個朋友——原先是我的個案——轉述她先生的話：「我已經拿她沒辦法了，她完全失控了。」當我們第一次會面時，她主述的症狀和恐慌發作伴隨懼曠症一致，使她不敢走出家門一步與他人互動。極度懼曠症的人「大門不出二門不邁」。

44 歲的艾茉琳性格嚴謹，是傳統的義裔美國人。在權威不容置疑的父親教養下長大成人，恪遵三從四德。她個子嬌小、身材勻稱、長相甜美，衣著有品味，討人喜歡。她已嫁做人婦約 20 年了，先生是位保守、成功的 125
義裔美商，是家中的獨子，難以相處、性情冷酷，不過卻很孝順。艾茉琳說她的功課很棒，自認很有藝術天分。她的母親在她 14 歲時罹患癌症，高中和大學時期艾茉琳都隨侍在側，直到母親過世，那時她才 19 歲。她說她

實務線上　　你會怎麼做？

凱斯在主要以非裔和拉丁裔族群為主的鄉下地方擔任中學諮商師，這個地區充斥著暴力與貧窮，不過凱斯已在這裡兩年了。校內有45%的職員為非裔、25%為拉丁民族、20%是白人，剩下的10%為亞裔。學校裡另有其他三位諮商師。凱斯是位白人，負責七年級學生的學業輔導、生涯諮商與班級輔導。他注意到某些混血兒學生因為「太白了」而受人欺凌，所以他想在課後為這些學生成立肯定訓練團體。他向其他教職員宣傳，但到目前為止還沒有人報名，只好把邀請函寄給七年級的學生家長。

我真是個白痴，到現在還未接到任何家長的回應，我也引不起其他教師和學生的興趣。有幾位非裔教師好心地告訴我，關心這些孩子是自找麻煩。我還能為這些孩子做什麼？雖然已在班上辦過幾場反霸凌的活動，但似乎成效不彰。我不能眼睜睜地看著他們被欺負，這樣沒有天理！

課堂討論

1. 為什麼老師們認為辦這個團體是自討沒趣？
2. 凱斯該如何為這些混血兒學生伸張社會正義？其他學生呢？
3. 哪些外在因素會影響家長和學生？
4. 站在美國諮商學會（ACA）的立場上，你會如何建議凱斯促成社會改變？

是透過護士知道這個壞消息的，當時沒有其他人在場。雖然參加了葬禮，可是家裡再沒有人提起這起失落事件。她從大學輟學，找到一份打工性質的秘書工作，並為父親整理家務。四年後結婚她才離開這個家。先生創業時，艾茉琳也兼做公司秘書，直到 30 歲第一個兒子誕生才成為全職家庭主婦。39 歲時，她的女兒因腦部積水，出生不久即夭折，她說這件失落也從沒被提起，喪女之慟仍耿耿於懷。

她的家人現有一位嚴苛、講話不留情面的丈夫，本性善良卻叛逆的青春期兒子，以及一位住在老家，愛生氣、愛罵人、嚴格的老爸。在婚姻生活裡，她不但要像賢妻良母般負責所有的家事，還要擔負起傳統男性的角色，除草、修繕樣樣不少。她的丈夫傾全力拚事業，對家務或教養孩子不聞不問。他的要求是乾淨、井然有序的房子，準時開飯、兒子聽話、妻子熱情。艾茉琳只有一個住在隔壁的主婦媽媽朋友，跟表姊及 10 歲的外甥女還算親，不過沒什麼時間見面相處。她積極的參與社區教會的事務，在兒子的學校擔任愛心媽媽。

幾個月前她來看我，因為她的父親中風了需要看護，可是拒絕搬離老家。艾茉琳身兼數職，要照顧老爸，又要操持家務。面對難纏的丈夫、桀驁不馴的兒子，還得服侍教會和兒子的學校，她簡直分身乏術，蠟燭多頭燒，但卻孤立無援。她說她第一次感到焦慮不安、恐慌不已。

當我們繼續談下去後，艾茉琳瞭解到她沒有掌控她的生活。自從母親 126
病倒後，她就沒有自己的時間，將個人的需求擱置一旁，只顧著滿足家人的需求。她不相信生命能有何選擇，她真的很不快樂，但是無力掙脫。此外，照顧老父也讓她瞭解到，她從來沒有好好地哀悼早逝的母親和女兒。她傷心、絕望、空虛、渴望女性的陪伴。由於生命中所遇到的男性只會對她冷嘲熱諷，她很怕改變。每次想喘口氣休息一下或做家務以外的事情，她就覺得動彈不得、愧疚難當。

艾茉琳設定自我照顧的目標，準備對抗焦慮的攻擊。在別人眼中看似容易不過的事，對她來說卻是難如登天。家人的負面反應讓她覺得無依無靠。她早年喪母，於情於理，她都不想再冒著失去家人的風險，因為她仍深深愛著他們。她展現出無比的勇氣，學習設立界線，將自己的時間和家人的時間加以區隔。無畏於排山倒海而來的語言暴力，艾茉琳告訴家人她要有自己的空閒時間。她堅持由護士照看父親，每兩個月請清潔婦打掃家裡。她的兒子要開始分擔家務。這些改變萬分艱鉅，每一步改變都遭逢家人的反對與不滿。她的家人拒絕接受諮商，奚落她，等著看她何時放棄，但是她從未錯過任何一次療程。她試著對家人提出合理的要求，即使她仍覺得自己很自私、沒有權利這麼做。日復一日，週復一週，雖然焦慮害怕，她仍慢慢地改變。她逐漸找回控制感，瞭解到她有生而為人的天賦權利，在滿足個人需要的同時，也盡力滿足家人的需要。

艾茉琳出門拜訪她的表姊和外甥女，訂下聚會的「女孩日」，令她精神奕奕、容光煥發。她和鄰居培養感情，成為無話不談的好友。剛開始踏出的每一步都令她戰戰兢兢，但是她迎向恐懼，改變生活。終於，她的先生同意前來和我的另一個同事做婚姻諮商。他們共同學習分工合作，坦誠溝通。她的兒子也加入諮商，為成就健全的家庭而努力。

看著她不顧焦慮，依然堅持做出改變，我常想我是否能像她一樣，面對這麼多的批評、數落與社會文化的箝制，還能這麼勇敢堅強。在我們數年來最後一次談話那天，她送給我一張感謝卡，上面寫著：「**經過一層又一層的蛻變，我的心靈終於甦醒。**」

我永遠忘不了艾茉琳。她教我勇氣的意義，人性的光輝。

希望的禮物

第一次見到賴瑞，是在南部一間社區心理衛生中心所舉辦的半天治療方案，他是我第一年全職實習時協同帶領的社交技巧團體成員之一。這個團體的成員從附近的中途戒癮之家募集而來，全是些慢性心理疾病患者。由於才剛戒酒，賴瑞雖然只有 38 歲，看起來卻像五十多歲的中年人。他的皺紋很深、牙齒脫落，看起來很乾淨，卻穿著破破爛爛的衣服，走路彎腰駝背。數年的成癮歲月摧毀了他的生活，變成無家可歸的流浪漢，成年後他就不斷地進出心理衛生機構。在為病人安排社交活動時，我發覺賴瑞精力充沛，待人很好，可是很少跟團體互動。

第二個學期，我被分配到機構的另一個酒癮單位。當我等著跟督導討論我的個案量時，不小心聽到主管的談話。他說：「把賴瑞指派給她，他應該沒希望了，不過讓她跟他談談也不會有什麼壞處。」我很震驚，他竟然在背後說三道四，還說我幫不上忙，簡直豈有此理。我接過他的檔案，督導也沒給什麼建議。看著這份足足有四吋厚的文件，我覺得很苦惱，逐字閱讀這些個案紀錄，我突然覺得主管說不定是對的。憑我區區一個實習生，能做什麼來幫助他呢？連經驗老到的治療師都辦不到！

第二天，我垂頭喪氣地依照時間去見賴瑞，不知所措。我先做了簡單的開場白，賴瑞看著我，大概跟他之前看過的助人者差不多。他很有禮貌， 127
但興味索然，眼神裡流露出：「我已經聽過了。」第一次療程結束後，我學督導說的，要協助賴瑞為下一次療程設立目標，不過當我們再度會面時，他沒做我們協議好的作業。在走投無路、無力感充塞心中的情況下，我重重地把他的檔案摔在桌上，我告訴他我的感覺，說我無計可施，別人都辦不到了，我怎麼可能做得到。他低下頭，客氣的點點頭，不發一語。我想改變這個人，但也知道這是難上加難。我強打精神，再試一次，說道：「就我看來，每個想幫助你的人都好像比你認真，每個人都為了你賣力起舞，可是你卻動也不動，只看著他們表演。」他倏地坐好，用困惑的表情看著我。慢慢地，他臉上的表情變了，挺直腰身，說：「在我成為酒鬼之前，一有機會我就會跳舞。」我不確定他是否聽懂我的比喻。我問他是不是很會跳舞，他說：「對。」我又問他還會什麼，他對我說了很多美好快樂的回憶。

接下來一整個學期我們持續晤談，現在的我不太記得當初我們達成什麼目標，或如何結束諮商。我只知道我不認為賴瑞有何改變，也不覺得我們晤談期間有什麼新發現。我逐漸明白慢性酒精中毒的可怕，為賴瑞感到難過，他一點進步也沒有，而我無能為力。雖然督導和教授跟我保證結果早已注定，他們說本來就不該對某些人期待太高。

隨後我和家人搬離這個地區。見過很多被視為沒什麼指望的個案，我竭盡所能的幫助他們，還得注意別讓自己壓力過大，即使能有短期成效，我暗自擔心長期下來能有什麼用，我只有得到一點點正向的回饋。

數年後，我的先生參加在我實習的鎮上舉辦的會議，回來後告訴我一件奇遇。他的西服翻領上別著名牌，正和幾位同事到鎮上的餐廳吃午飯時，一位穿著體面的陌生人走向他，說：「不好意思，先生，請問你是瑪麗的丈夫嗎？」當我先生表明身分後，這位男士說道：「請您告訴她，她改變了我的一生。六年來我滴酒不沾，取得高中同等學歷，回到學校上課，現在我是個中學教師。請代我告訴她，我很喜歡她教我跳的舞！」

我們很少得到改變他人一生的回饋，我從賴瑞身上得到的禮物將會伴我一世。我告訴學生：「就算你們沒有收到這項禮物，請記住，你還是對這社會有所貢獻。」不管一個孩子再怎麼乖戾不馴、一個青少年再怎麼冥頑不靈，或者一個成人再怎麼無可救藥，做你能做的，別管統計數字說什麼。你不會知道統計之外的誤差是哪一位，因此要**悉數去做**，不要留下遺珠之憾。

提倡社會正義

專業諮商師的服務對象遍及社會各行各業、各種階層，追本溯源，諮商專業人員的位階可目睹許多被剝削、被邊緣化的個案。不管諮商師有再多的能力、經驗、知識、好意與關心，如果無法協助個案用自己的力量改變，一切都是空談。人不能獨善其身，諮商師也不能關在自己的象牙塔裡工作。

也許最重要的不是個別、團體或家族治療師實際做了什麼，而是「為什麼」（Why）要這麼做。諮商師關心社會正義。**社會正義**（*social justice*）力促「學術及專業行動改變社會價值觀、結構、政策及常規，如此一來弱勢團體或邊緣族群才能取得……自我決定的工具」（Goodman, Liang,

Helms, Latta, Sparks, & Weintraub, 2004, p. 795），例如「充足的食物、睡眠、薪資、教育、安全、機會、支持機構、健康照護、兒童照顧、親密關係」（Smith, 2003, p. 167, as quoted in Goodman et al., 2004, p. 795）。意識 128
到自己的責任和使命，諮商師要將社會撥亂反正。他們「追求平等，要終止個案、學生、諮商師、家庭、社區、學校、職場、政府、種種社會和機構的壓迫與不平等……諮商師致力於挑戰權力與特權的壓迫系統」（Counselors for Social Justice, 2004）。「壓迫將己所不欲或有害的事物強加於個人或團體，剝奪個人或團體的需求、渴望和利益。為了達到壓迫的目的，必須威脅及損害個人的心理或身體健康，幸福或因應能力」（Hanna, Talley, & Guindon, 2000, p. 432）。因此，諮商師要面對的是壓迫可能與許多問題共謀、沆瀣一氣。

白人歐洲式的思維仍然主宰美國文化，但通常與美國境內的多元文化經驗扞格不入。非主流文化族群是諮商師最主要的顧客群，很多人還生活在被壓迫的環境裡。因此，壓迫對諮商和心理健康專業有深刻意涵（Lord & Dufort, 1996）。儘管是出於好意，許多美國白人仍然不懂就是因為身為白人，才得以享受那麼多好處。**白人特權**（*White privilege*）意指因膚色（color）坐收經濟、社會或政治利益。所謂的白人特權非專指種族歧視者或有偏見的人，而是指那些無視社經地位，享盡各種好處的既得利益者。

多元文化運動將諮商專業推向社會正義的前線，改變了諮商訓練的方式（D'Andrea & Heckman, 2008）。2003 年，美國諮商學會理事會在Lewis、Arnold、House及Toporek（2002）的領導下，力主所有的諮商師均應有倡議能力（advocacy competencies）。「當諮商師能覺察阻撓個人發展的外在因素，就可以透過倡議來呼籲。個人或弱勢團體缺乏服務資源管道時，個案／學生的倡議角色益形重要」（Lewis et al., 2002, p. 1）。倡議的方向不只採用系統改變策略，還要在諮商中實踐賦權。倡議導向的諮商師體認到社會、政治、經濟、文化等因素對人類發展的影響，協助個案和學生明瞭他們的生活脈絡。這是自我倡議的基石……諮商師可採行的直接介

入策略有：

1. 指出個案和學生的優勢和資源。
2. 指出社會、政治、經濟、文化因素對個案的影響。
3. 辨識個體的行為和問題是否反映出系統或內在的壓制。
4. 在適當的發展層級，協助個體指認影響其發展的外在阻力。
5. 訓練學生和個案自我倡議（self-advocacy）的技巧。
6. 協助學生和個案發展自我倡議的行動計畫（Lewis et al., 2002, p. 1）。

諮商師揭示社會的不公不義，為個案發聲。提倡社會正義「促進社會平等是諮商的基本原則，系統化的消弭因各種形式的壓迫和社會的不平等所導致的社會病態」（Smith, Reynolds, & Rovnak, 2009）。

美國諮商學會（ACA）倡議能力（Advocacy Competencies）任務團隊（Lewis et al., 2002）鼓勵諮商師在兩個領域多下功夫：學校／社區合作與系統倡議。因此，諮商師可從環境層面發起倡議活動，向社會大眾宣導諮商專業，以及剝奪個人經驗的路障為何。無時無刻，諮商師都要做改變的原動力，在公共政策上發揮影響力，投入社會／政治運動。果真如此，諮
129 商師不僅能影響個人與群體，亦能改善社會系統。Roysircar（2009）建議諮商師在倡議時必須瞭解社會政治現實，才能眾志成城，包括：「討論與重新定義特殊社會條件下的不平等或不道德，追究該負責的外在因素，以團結一致的行動呼應內在的使命感，解決問題」（p. 291）。

社會倡議運動的批評也不少。Smith、Reynolds 及 Rovnak（2009）曾說它：「過於躁進，推動的議題太多（例如個人、政治），假冒『社會運動』為名」（p. 483），可能會變成宣揚菁英主義，甚至篡改諮商的角色。雖然他們認可運動的美意，也提醒諮商專業應該「謹慎前行，以系統性的努力穩定地在諮商理論與實務中發揚這個趨勢，而且還要研究此運動的後

續效應」（p. 490）。

還有很多傳統的方式可以倡導社會正義。Gladding（2009）提議應讓社會大眾瞭解這個國家社會還有很多人無法自主發聲。透過演講、論壇、志願服務等，以多方影響政治動向。諮商師可以多加關心重要法案的通過情形。

專業諮商師也應擁護專業發展，時時留意專業的需求，遊說以通過重要法案。公共政策辦公室（Office of Public Policy）是美國諮商學會（ACA）的常設單位，網址：http://www.counseling.org/PublicPolicy/。在這裡你可以找到立法的最新狀況、當前議題的資訊、資源與出版品等等。

摘要

本章說明諮商師選擇該專業的理由。重新檢視同情的意義，同理心和同情心的相異處。從作者的經驗得出的兩個案例強調諮商師的內在酬賞價值。本章最後討論社會正義的重要性，以反抗社會上的不平等及專制壓迫，藉此說明倡導的意義。

你是天使嗎？

——艾茉琳

130

表 8.1　TFAC[a]——想法、感覺、行動與脈絡

自我	我的想法	我的感覺	我的行動	我的脈絡	其他？（具體言之）
我如何表現出我的同情心？					
別人的同情心對我有何影響？					
我對自己的同理心有何認識？別人對我的同理心呢？					
主流文化對我的生命有哪些影響？					
我對白人特權的理解是？					
我對非故意壓迫（unintentional）的看法是？					
見到不對的事，我會怎麼做？					
為了能替他人發聲，我願意去做的事是？					
我的擔心是？					
他人	他人可能的想法	他人可能的感覺	他人可觀察到的行動	他人外顯的脈絡	其他？（具體言之）
別人如何表達他們的同情心？					
當你表達同情心時，別人的反應是？					

表 8.1 TFAC[a]——想法、感覺、行動與脈絡（續）

他人	他人可能的想法	他人可能的感覺	他人可觀察到的行動	他人外顯的脈絡	其他？（具體言之）
別人如何舉例說明同理的瞭解？					
別人成為專業助人者的理由是？					
別人對社會不平等的看法是？					
他們如何倡議？					
他們還教了我什麼？					

[a]更多 TFAC 的資訊，請見第一章。

第二部

怎麼做？基本技巧

第 9 章

基本專注技巧

我們對他人話語的第一個反應往往是立即的評價或批判。
如果我要真正瞭解另一個人，我須被這種瞭解所改變。

——*Carl Rogers*

思考重點 133

內容與歷程有何區別？
自我覺察有哪些類型？
好的觀察技巧有哪些重要性？
非語言行為如何區別？
良好的治療關係要素為何？
諮商師如何做到生理專注？
諮商師如何做到完全的心理專注？

在本章裡，你將開始學習特殊的諮商技巧與行為。在你開始學習如何開口說話、如何回應個案前，你必須先學會讓個案知道你正在跟隨和瞭解他們——你把注意力完全放在他們身上。我們稱此為**基本專注技巧**（*basic attending skills*）。我們首先來區分諮商的內容與歷程。

內容與歷程

重讀第一章的「老彎山」故事，還有本書中所描述的學生們，以及第八章的內容與歷程部分。這些學生對老彎山故事中的人物特性評價不一，他們對於在課堂上進行練習的想法和感受也互異。故事本身和學生們在課堂上對評價的發言只是冰山一角，除了人物討論外，還有很多值得探討的地方。讓我們往下看：

學生們不僅要對故事人物排序，還要為自己的選擇辯護。他們處理此項練習的態度迥然不同。由於這是第一堂課，他們心中所想的遠遠超過故事之外。第一次上研究所的課，看得出來他們興奮、躁動，也有提心吊膽、134 戰戰兢兢的心情。他們很快地意識到同學及教授的存在，不知道教授會怎麼評量課堂表現。這些情緒在整個練習過程中持續發酵。

擔任心理師助理的克雷倫斯力求表現，想以正確答案博得教授青睞，他總是率先發言，希望給班上同學「他很聰明」的印象。剛自大學畢業的潘妮年紀最輕，認為這是個隨堂測驗，總要再三確認自己的答案是否正確，不想犯任何小錯。她對於有關人格特質的評量忐忑不安，不讓別人知道她的測驗結果。具有社會學學位的按摩師塔米加並不看重這項作業，不過倒願意配合，以免被同學說她不合群，她擔心人家說她太有攻擊性，即使她覺得自己並沒有。酒保貝琪對於故事情節有點生氣，她想要捍衛她覺得最不受爭議的角色，確保每個同學都認同她，她不太喜歡塔米加，因為塔米加的選擇跟她恰恰相反。士官長退役的卡洛斯不喜歡克雷倫斯搶話，覺得他太自大，等待時機要給他一記回馬槍。離婚的老奶奶，珍，不喜歡同學們唇槍舌戰，希望大家冷靜一點，對於教授怎麼衡量她如坐針氈。

學生們談論的故事細節及評價順序——即它的內容。**內容**（*content*）是人與人之間交流的具體訊息，是顯而易見的想法和話題。在諮商中，個案和諮商師討論工作或學校、關係、個案的行為或自我知覺等議題，就稱為「內容」。

歷程（*process*）是個人處理接收到的訊息、想法和話題時的態度。在討論的過程中，學生們對在座各人的看法和感受稱為「歷程」，是對該討論的想法、感覺與反應，和意圖、態度、信念、說話方式、肢體語言、內容詮釋等等因素有關，也包括過去的經驗和個人的價值觀。歷程亦涉及與人際關係互動有關的個人內在對話。Johnson（1997）把這些因素統稱為**噪音**（*noise*）：「噪音是任何干擾溝通歷程的因素」，「溝通成功與否，取決於噪音能否受到壓制或控制」（p. 107）。

如果你想成為有效的諮商師，你要學習成為一個好的溝通者。首先，諮商師得學會覺察，以降低個人內在噪音的干擾。溝通跟說話不一樣，它是傾聽與傳達理解你所聽到、甚至有內隱意涵的話。要成為一位諮商師，你必須傾聽，不能以自己的偏見和期待對別人所說的話有任何預先設定好的假設。為了達到這個目標，首要之務在瞭解你自己的想法、感覺和行為，以及它們如何影響你的人際互動溝通。透過本書，你會學習記錄自己和他人的 TFAC。在此，我們先來看看諮商內容和歷程的重要性。

對自我內容與歷程的覺察

強調誠實與自我覺察一點也不為過。與他人互動時，你必須瞭解自我內在世界的狀態，對自己的認識要夠好，好到能協助個案瞭解自己。如果你能自我覺察，才有可能幫助別人自我覺察；如果你想助人，你必須先正視自我，拿掉所有遮蔽知覺與偏見的簾幕，澄清自己的渴望、需求與需要。瞭解你是誰，你有哪些壓力源和情緒地雷？何時處在最佳狀態，何時會引爆？為什麼你要跟某些人交往等等。你的自我知識讓你更有效能地建立合作的治療關係，而非讓隱藏的種種心機阻撓個案達到治療目標。例如，你 135

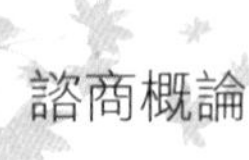

對專業知能與個人能力的看法都會影響你身為「諮商師」的行為，不適任感會導致害怕失敗或害怕成功的舉動。不論如何，你必須洞悉這些情緒，以免它們從中作梗。你要思考的事情包括：對親密關係的感覺、對接納的需求、對權力與控制的需要、對權威的感受、擔憂衝突、害怕給人「不禮貌」的感覺……，零零總總潛在的問題。若你能辨識這些議題，才能未雨綢繆、防微杜漸。

你瞭解自己嗎？你的反應、動機，與他人相處的障礙為何？你的行為如何與想法和感覺相稱？你要做的不只是增進自我覺察，還得改變自我，以成為充分發揮功能的人和諮商師。

Johnson（2005）建議六個增加自我覺察的方法。透過**內省**（*introspection*）面向內在自我，看看自己對自己、自己對外在世界的感覺和想法；透過**自我知覺**（*self-perception*），你可成為優秀的自我觀察者。從事日常生活活動時，想想自己的感覺所為何來，事實上，跳脫自我是為了更覺察「我是誰？」。**口語表達**（*verbal articulation*）意指陳述你的反思與自我知覺，記錄個人手記時即可朝此方向撰寫。你也可以討論和闡釋你對別人的感覺、想法和行為。在課堂上或許有機會做此種練習，或者找你信賴的家人和朋友。透過**社會比較**（*social comparison*），對照自己和他人的情況，會使你更瞭解自己，如此一來你也會發現自己和諮商專業者有諸多共同點，但你也有你的獨特性。須謹記在心的是，沒有客觀的決定標準，例如你該多善良、多有洞察力、多聰明或多外向等（Johnson, 2005）。或許增進自我覺察最好的方法就是和各式各樣的人**交流交往**（*inter-relationship*），他們獨到的新觀點和經驗能幫助你與自我保持接觸，想想你對世界有何用處。最後，透過他人給予的**回饋**（*feedback*），你可瞭解別人眼中的你。問問那些熟識你的人，也詢問不太認識你的人。回饋的概念將在本書稍後提到，也會談到如何給個案回饋。運用同樣的原則請教別人對你的看法或反應。

觀察他人的內容與歷程

在你學會同理心之前，得先竭盡所能瞭解及體會他人的經驗。每個人在這世上都是獨一無二的個體，沒有人以相同精確的眼光看世界，也沒有人真的能夠準確地瞭解他人世界的意義。縱使如此，我們仍要去瞭解別人，觀察他們的行為。Ivey 和 Ivey（2007）主張與個案建立融洽關係最重要的技巧就是觀察技巧。你必須磨練這項技巧，才能領悟內容與歷程。觀察讓諮商師得以理解言外之意、弦外之音，兩種表達中衝突不一致的地方。

行為是個人想法和情緒的外在表現，仔細去看、去瞭解別人的行動，就算再怎麼隱微也一定有跡可循。良好的觀察技巧包括留意語言和非語言訊息，兩者搭配起來才是完整的溝通全貌。試著將你所觀察到的加以分類歸納，以便正確地接收他人傳達給你的訊息，接下來才能進一步瞭解他人的觀點。

我們對他人的知覺影響了與他人互動、建立關係的方式。當你閱讀以 136
下說明的非語言表達類型時，都要謹記非語言溝通的意義與本質受文化影響極深（McAuliffe, Grothaus, Pare, & Wininger, 2008; Neukrug, 2007; Sue & Sue, 2003）。文化造就特定的互動方式、規矩與期許。雖然非語言線索是潛在議題的指標，諮商師借重他的觀察能力對個案產生直覺，但尚未與個案核對之前，諮商師並不能百分之百的肯定。每個個案的經驗都是絕無僅有的存在，有待敘說及探究。諮商師必須從較寬闊的文化與歷史脈絡來理解個案的故事，脈絡因素如性別、社會或家庭規範就有助於諮商師形成暫時性的詮釋與假設。在本章裡，我們要來看看諮商的要素——非語言表達。無疑地，探究常見的非語言線索能協助我們準確地瞭解他人、表達同理心，最後才能設立治療目標，達到治療功效。

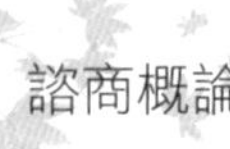

非語言表達的類型

非語言所表達的情緒可謂「無聲勝有聲」，而且往往無法以意識控制（Corey & Corey, 2007; Johnson, 2005; Neukrug, 2007）。非語言訊息比語言訊息更難以覺察。注意非語言線索與語言間的不一致，有助於洞悉情緒和想法。個案的非語言行為亦暗示諮商師該察覺語言下隱含的意義與幽微訊息。留意並解讀非語言訊息可以揭露內在的騷動不安及未意識到的衝突。在溝通的過程中，非語言訊息傳達出超過65%的社交意涵（Ambady & Rosenthal, 1992; Knapp & Vangelisti, 1995）。非語言訊息是你與個案溝通的基石，協助你判別何者該詳加探究，指引諮商的方向。六個基本的非語言表達類型分別為外觀、肢體語言、個人空間、臉部表情、聲音及行為變化。

外觀

外觀象徵社會適應、評判或自我照顧的程度。審視他人的外觀，特別是他們的穿著打扮，可以看出這個人的情緒處於萎靡不振還是神采奕奕的狀態。觀察一個人的穿著是否得體或符合其社經地位，並試著說明有何不妥。留意不修邊幅的人，也要注意他們的體態，外觀不尋常之處或療程之間的變化，這些都可以成為探討的素材。例如：傷疤或許有受虐或自殘傾向，也可能僅是幾天前跟朋友打橄欖球碰撞留下的傷痕。

肢體語言

動覺（*kinesthetics*）屬於身體的非語言溝通，你必須敏銳觀察肢體活動及程度範圍。雖然不是每個人都用同樣的動作表達相同的非語言訊息，潛藏於其下的情緒仍相當豐富，你得快速掌握個案的肢體語言正在發送的訊息。他的雙肩下垂或緊縮呢？身體僵硬、拳頭緊握？一派輕鬆的模樣，還是手忙腳亂？點點頭通常是「對」的意思，說「不要」、「不對」的同時搖搖頭通常是不表贊同，但如果嘴上說「不」卻又點頭讚許，顯示對方的不一致或困惑。觀察對方的能量水準，個案越接近問題的核心，即便現在看來暮氣沉沉，能量指數亦會提高。

個人空間 137

諮商師必須觀察個案的個人空間狀態。大部分的人會與他人保持適當、舒服的距離。文化差異會影響個人如何調整彼此間的互動空間。有些人喜歡較大的空間，有些人不介意空間狹小。然而，坐得越遠或綣縮在角落的個案，與坐得很近、大剌剌地伸長四肢、毫無掩飾地散開個人物品的個案，兩者間傳達出的訊息判若雲泥。

另一個與個人空間有關的議題是碰觸。對某些人而言，人與人之間的碰觸帶來撫慰的效果，但對其他人來說卻渾身不自在，甚至具有威脅性。因此，碰觸可發揮療效，亦可能引發糾紛，千萬別以為大家都欣然接受身體上的接觸。

臉部表情

臉部表情洩露了隱身於言語的情緒。繃緊的臉部肌肉、咬唇、眨眼或嘴角下垂，在在暗示著潛藏的情緒。談到悲傷的事情時，微笑或笑著流淚都是不一致的表現。以美國主流文化而言，迴避眼神接觸暗指當下對諮商師、話題或情緒感到不自在。在其他文化裡，目光低垂（即缺少眼神接觸）是順從和尊敬權威之意。

聲音

副語言學（*paralinguistics*）意指運用聲音進行非語言溝通。語調的抑揚頓挫是解讀語言的基礎。說話的速度、韻律均是判讀情緒的標準。說話速度加快可能暗示對某話題侷促不安或焦慮恐懼；說話速度明顯變慢可能象徵難過、沮喪的情緒，或正在思考某事。提高聲量時或許在生氣，也可能是歡喜或興奮；語調上揚在加重說話內容，也可能是談話主題引發痛苦；

音調下沉暗指憤憤不平或語帶保留。轉折、沉默、停頓、慢條斯理等均為心理狀態的表徵，是重要的治療素材。

行為變化

你不只要留意外觀與肢體語言，還必須覺察隨時間而產生的變化，無論此種變化發生於此次諮商療程內或療程之間，這些變化可能是壓力或抗拒的表現。以單次療程而言，個案可能面紅耳赤，或面色蒼白，你得評估這些不經意的神情是否意有所指。其他可觀察的變化，還有瞳孔放大、眉毛上揚、睜眼或閉目、呼吸急促、胸口急劇起伏或逐漸平復等。聽其言，察其行，思考任何的可能性。

療程之間的轉變亦不能忽視。外表每下愈況？慣常的服裝儀容莫名其妙轉變？對某話題的興趣大增或大減？體重控制異常？儘可能地觀察、留意這些變化，加以探查。

你的觀察技巧

正如你持續不懈的記錄所思所感，為傾聽及適當的回應他人做準備，
138 你也要持之以恆地記錄別人的行為、用字遣詞、非語言訊息對你所產生的影響。觀察他人可從想法、感覺、行動與脈絡（TFAC）表練習著手。目前為止你從觀察別人中學到什麼？表 9.1 列出一些觀察他人時可思考的TFAC問題，儘可能的回答並記在你的手記裡，即使答案是「不清楚」也沒關係。你可選擇陌生人、朋友或家人作為觀察對象，如果有機會亦可在課堂上練習觀察你的同班同學和老師。

千萬別在未經確認的情況下做出假設。儘管如此，你對語言和非語言行為的觀察能力說明你對他人的看法。當你的觀察技巧越臻成熟，你會越來越覺察個案的現象世界，更瞭解他們的參考架構。運用直覺來引領你跟

實務線上　你會怎麼做？

曼蒂，19 歲，聽說史黛西擅長女性議題，常在婦女中心演說各種虐待形式，隔天就要求預約。她說史黛西的演講令她驚覺可能正受到虐待，由於不能排除這種可能性，史黛西勉強擠出 30 分鐘的時間見她。曼蒂穿著高領套裝和高跟涼鞋，說起話來神采奕奕。史黛西希望曼蒂下禮拜再來一次，這樣她才能撥出更多時間，但又擔心她不會出現。從個人和專業經驗來看，她覺得曼蒂應該接受諮商。

曼蒂的情緒困擾由來已久，她說從 14 歲起，她有四個「大悲大落」時期。她認識湯姆不到兩個月就嫁給他，婚姻至今不到一年。自從 16 歲輟學後，曼蒂靠當清潔工養家。因為她「太野了」，她的爸媽早就將她掃地出門，自此不再聯絡。她說她的工作還好，反正她也沒有一技之長。閒暇之餘她喜歡做手工藝品，談到這裡她眼睛一亮，還說她曾經用自己的作品裝飾雇主的家，讓它們「煥然一新」。現在湯姆覺得家裡這些東西「都是廢物」，他罵她笨，說：「自己的家像豬窩，卻跑去打掃別人家。」曼蒂說他沒有威脅要揍她，也不相信他會。她想知道怎樣才能改善自己的行為，湯姆才不會對她發脾氣。我認為她應該離開他。這個混蛋！

課堂討論

1. 史黛西有多瞭解曼蒂的故事？史黛西應如何與曼蒂核對？
2. 你認為史黛西在歷程和內容上有多瞭解自己？有多瞭解個案？說明一下。
3. 在 30 分鐘的療程時間內，你認為有哪些治療關係的要素？可能錯失哪些要素？
4. 史黛西有反移情嗎？為什麼？

個案深入地探討他們的問題何在，這些問題如何影響他們。你要用觀察所得正確地描述個案的行為，寫在個案紀錄裡，並拿給督導看。「任何從觀察中得出的推論必須視為需被驗證的假說，甚至隨時可被淘汰否認」（Peterson & Nisenholz, 1999, p. 94）。

139

治療關係

諮商是兩人之間（有時是多人之間，如家族或團體諮商）積極主動溝通的過程，這是一趟相互合作的旅程，每個人有既定的角色、職責與行動。諮商師的角色是建構個案願意改變的氣氛，並具有發揮社會影響力的身分位階。諮商師有責任和個案建立關係，沒有關係，就沒有影響力。諮商師的任務就是要跟個案產生連結，如此一來諮商師和個案才會同心協力解決問題，這就是之前提過的治療同盟。諮商師的助人關係知識較豐富，因而被賦予這項責任，無論刻意與否，諮商師都是個案的角色模範——樹立良好人際關係的典範。沒有良好的諮商關係，就起不了榜樣作用。如同Doyle（1998）所強調的：「這是你該一肩挑起的擔子，運用適當的語言……和非語言溝通技巧，決定前進的方向、時程，終使諮商歷程卓有成效」（p. 147）。

諮商師和個案的關係催化個案改變行為、想法或感覺，甚至三者一起改變。雖然諮商師的理論學派相異，巧妙各有不同，也不是所有的取向都重視關係，但對多數專業諮商師來說，良好的治療關係能協助個人探索想法、情緒和行動，鼓勵自我揭露，終能激發問題解決能力，設定並達成目標的行為改變。

治療關係的要素

一個有效的關係能鼓勵個人開放、誠實、自我揭露。你建立關係的能力將決定個案是否會再回來。良好的關係所構築的安全避風港讓個案願意探索並檢視個人的議題，持續不懈地做出必要的改變。由 Rogers（1951）率先提出的個人中心取向，強調有效的諮商取決於治療關係的品質和建立關係的核心條件。這些條件就是同理心、尊重與真誠一致。

在第一部中，你已明白同理心的重要性。但在專業諮商的脈絡裡，它的意義究竟為何？同理心是指有能力跟隨個案當下的情緒，釋放出「我聽見了你」的訊息；它是指諮商師有能力進入並體驗個案的內在世界，同時保持客觀的距離（Rogers, 1961）。沒有同理心，瞭解個案的歷程就會受限，但同理心是此時此刻的技巧，不是時機過了才表現出來，你傳達出的層次也應有所變化。同理心需要足夠的洞察力，是很複雜的溝通技巧。

建立治療關係不是一次就結束的過程，必須要經營與培養，稍不留意就可能迷失方向。同理心是人格特質，也是精緻的技巧，一個人或許具備同理心的人格特質，可是卻缺乏適當的能力表達出來。沒有人可以教你同理心，你要不有同理心，要不就沒有。不過，諮商訓練課程會教你一套行為技巧來「近似」同理心。沒有能力對他人展現同理心，再多的技巧也是空談。最後，缺乏同理心還會阻礙你與個案建立有意義、有效能的關係，想成為一個有效的諮商師，你得兼具同理心的特質與技巧。

尊重，或無條件的積極關懷（Rogers, 1951）是治療關係的核心，相信
個案有潛能因應生活狀況做必要的改變。重點是相信個人內在具有自我實 140
現的渴望。諮商師締造不批判、成長氛圍的情境，協助個案探索內在的想法、情緒和行為、外在的社會環境，鼓勵他們自我揭露，催化改變的動機，解決問題。諮商師要讓個案明白諮商空間是心靈的避風港，他所說的一切將會保密。接納不是贊同非法或危險的行為，它是指諮商師全然接受個案這個人，敬重他有思考和感覺的權利。諮商師表達對個案的關心，但並不強加自己的價值觀。個案也必須尊重諮商師，但個案不會白白尊敬你，得藉由時間來證明你有資格獲得尊重。

想要贏得尊重，諮商師在關係中必須真誠、真實，絕不虛偽或虛情假

意。諮商師的反應適宜且真摯，真誠不是嘴上說說或做做樣子，它要身體力行。諮商師開放地表達情感和態度，在關係中與個案同在，始終如一，學習該怎麼跟個案相處。諮商師不僅表裡一致、言為心聲，還會以自己為楷模鼓勵個案真誠一致，因此真誠不是說一套做一套，而是實實在在的人格表現。要做到真誠，諮商師要瞭解自己和自己的價值觀，也認可個案有權利做他自己，並在生活中實踐他的價值觀。

移情與反移情的角色

如前所述，諮商不是尋常的社會交往，移情是諮商的特性之一。**移情**的定義是：過去被摒除在意識之外的經驗和人際互動，轉移到當前的人際關係上。Gladding（2006）補充道：「移情發生於個人現在無意識地重演已被遺忘的兒時（*childhood*）記憶與壓抑的潛意識幻想」（pp. 144-145）。移情與個人過去的成長史、經驗和當前的需求狀態有關。個案把在諮商中被引發的過去強烈情感投射在諮商師身上，認為諮商師的想法和行動就和過去的某人一樣，因而對諮商師的角色產生不切實際的想法，因此，個案可能會對諮商師有錯誤或不宜的反應。相反地，一位訓練有素的諮商師會善用治療性的移情，協助個案領悟過去的關係和經驗。

反移情則是諮商師經驗到「諮商師無意識地將正向或負向的願望、幻想、感覺指向或投射到個案身上，究其原因乃諮商師個人未解決的衝突」（Gladding, 2006, p. 38）。有時不知何故，你就是不喜歡某人，或者不明原因地受到某人強烈的吸引。如果諮商師缺乏覺察，不瞭解個人的信念、特質、態度和需要如何滲透至關係中，治療的工作和效果必定大打折扣。

Brems（2001）闡述四種反移情類型：(1)**特定議題型**（*issue-specific*）：對特定話題產生迴避、負向，或情緒高漲的反應；(2)**特定刺激型**（*stimulus-specific*）：對個案的外在或人格特質產生迴避、負向反應，或情緒升高；(3)**特定特質型**（*trait-specific*）：諮商師對人通常會有的習慣性反應，如：鼓勵依賴或尋求認可；(4)**特定個案型**（*client-specific*）：對個案特定的行為或關係模式有所反應。前三種反移情發生時，諮商師必須覺察反移情的出現對治療關係產生的衝擊，並採取預防措施。必要時，你得尋求督導或諮商，以瞭解有哪些衝突或議題的出現會影響擾亂治療工作。第四種——特定個案的反移情，卻可善用於療程中。諮商師對個案的反應，為個案在人際關係上的行為表現提供重要的資訊，可作為治療素材。「特定個案的反移情……增進諮商師對個案的洞察與同理心」（Brems, 2001, p. 141
34）。然而，諮商師必須深究他們的反應是真正的因個案所引起，也跟個案周遭人的反應類似，還是反移情作祟。

基本專注技巧

如第七章所述，人們會尋求諮商是因為：(1)想要在自我或生活上做出某些改變；(2)他們面臨選擇，不知道該怎麼辦；(3)個人（內在）和社會（外在）的價值觀衝突對立，深感困惑。他們想告訴你他們的工作、學校生活、人際關係、孤單、精神需求等等，不一而足。簡而言之，他們想要跟你敘說他們的故事。

你的工作就是聆聽個案的故事，全然無誤的理解。簡單、專注的傾聽，其影響力無遠弗屆。曾有某人全心全意地聽你說話，不帶任何的評論或批判嗎？諮商師就是要這麼全神貫注。專注本身就具有治療性。諮商師「專注而傾聽；傾聽而瞭解；瞭解激發同理；同理喚起反應」（Murphy & Dillon, 1998, p. 56）。專注在個案身上，使諮商師不會沉溺在自己的需求裡。它所傳達出的尊重，讓諮商師對個案產生社會影響力，帶來治療性的效果。

專注意謂著完完全全地交出你自己，心無旁騖地與此人同在。你必須建構既能傾聽故事內容，又能傾聽歷程的環境。當然，不容錯過言外之意、弦外之音。首先，讓我們從身體專注開始。

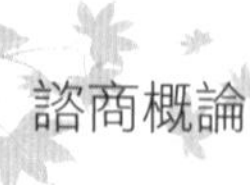

身體專注：非語言技巧

上面所討論的非語言表達觀察技巧當然可應用在諮商情境中。經驗老到的諮商師深諳非語言溝通之道。Young（1998）指出，「非語言溝通好比電影的配樂，對我們的影響深遠，卻很少人注意到」（p. 39）。

有幾種獨特的行動可增進治療關係，鼓勵個案分享。由於你的全副心力將放在個案身上，所以得時時檢視你的即時反應和念頭，減低個人經驗的干擾。你必須使用非語言技巧來讓個案知道你正在傾聽、關心、在乎個案的故事。身體專注乃通向心理專注之門，為同理心的基礎。

Egan（1975）建議諮商師可在諮商初期採用五種非語言行為，以開頭字母簡稱為 SOLER：

S：**正面**（**squarely**）面對個案。讓你看起來平易近人。

O：**開放的**（**open**）姿勢。免得讓個案覺得你高高在上，難以接近。

L：向個案**前傾**（**lean**）。強調你很專注，讓個案知道你與他們同在。

E：保持**眼神**（**eye**）接觸，但不要瞪著個案看，讓個案覺得你對他們感興趣。

R：與個案互動時，保持**放鬆**（**relaxed**）狀態，顯現出你的自信，同時也協助個案放鬆（pp. 16-17）。

142 Egan 的建議在助人專業界裡無人不知、無人不曉。練習這五種行為時，必須知它們是催化性的非語言行為，不是僵化的教條。正面面對個案（S）意指把你的身體轉向個案，此舉顯露出你的身心皆已準備好要開放的溝通（Gladding, 2009）。開放的（O）姿勢意指你的身體不該呈封閉狀態，手腳交叉緊握，看起來一副拒人於千里之外的模樣。反之，面向對方、姿勢開放，會讓人覺得你很重視、關心對方所說的話。例如，當我在 1970 年代晚期第一次學到Egan的方法時，真的是抓緊機會到處練習。有一次，我記得跟班上某位同學吃午飯，我放下刀叉，轉身面向他，單單這兩個行動，他就說我是個最佳傾聽者。

向某人屈身前傾（L）時，要注意別靠得太近。稍微湊近一些，顯示出你很有興趣聆聽，但是靠得太近就侵犯了個案的個人空間，讓人喘不過氣來。記得還在念博士班時，我督導一位碩士班的學弟，看得出來他對SOLER的用心程度，但是，他身高193公分，還曾經是橄欖球選手。從單面鏡裡望去，狹小的諮商室裡他的個案瑟縮成一團，就為了遠離他這個大塊頭！他的立意雖佳，可是沒注意到個案的非語言訊息。靠近個案時，要留意他們是否也和你同步相應。

有效的眼神接觸（E）應該是短暫、溫和不變的眼光。眼神銳利、雙目圓瞪一點都不溫暖！要特別注意的是，有些文化認為直視對方是不禮貌的舉動，因此，眼神接觸應考慮文化意涵。我記得班上有一位韓國同學，在韓國文化的薰陶下，對於眼神接觸極為不安，不是做得太過火，就是完全不敢看著個案，個案的內心狐疑，以為諮商師生了什麼病，甚至開口說等諮商師覺得好一點她再過來。所以你得知道你的個案適合什麼樣的情況，自己再多加練習。

剛開始學放鬆（R）加上 S-O-L-E 好像很難，我的學生常常忍不住笑場，好像這是不可能的任務。其實這不是不可能的，勤能補拙，你會發現越來越能自在舒適地表達身體專注。學會放鬆自己的身體很重要，你越顯得怡然自若，你的個案也會有如釋重負的感覺。

SOLER不是表現身體專注的唯一方法，你的臉部表情和聲調也是關鍵要角。當個案敘說故事時，你興味盎然、和藹可親的臉部表情，以及輕輕點頭表示認可，在在展現你的專注傾聽與瞭解——你此時此刻的同在。你的聲音應該平靜溫和，說話不要像機關槍一樣喋喋不休，或慢條斯理、氣若游絲。聲量和頻率也要適中。

身體專注提醒我們要降低任何外在的干擾，所以，你要監控你的行為。你的穿著看在個案眼裡也有一番意涵，服裝儀容要配合你所服務的對象族

群，最好把昂貴的珠寶首飾留在家裡。工作場合的穿著不能太正式或太隨便，例如，你是高級中學的諮商師，就不用穿西裝打領帶；就算你的服務對象是社區青少年，也儘量不要穿牛仔褲。

當你對個案身體專注時，小心不要做出讓人分心的姿勢。假設你說話時會手舞足蹈，那就要練習自我克制一下；假使你正襟危坐、泰山崩於前而面不改色，可能要讓自己活潑有朝氣一些，不要那麼暮氣沉沉。

心理專注：完全同在

為了完全與另一人同在，傾聽他的故事，不能只做到身體專注，還要心理專注。進入諮商室前，諮商師要把個人掛慮的問題擱置一旁，即使諮
143 商師個人的生活正一團糟，心情沮喪不已，還是要先把個案擺在第一順位，專注在個案的需求上。這真的需要很強的自制力。你會發現你可能要深呼吸，釋放體內積累的壓力，掃淨內心的殘渣，把自己預備好，一心一意與個案同在。

要學會心理專注，可以先從與你互動的人開始，真心誠意的待人處世。你要能尊重他人，意思就是只要生而為人，你就必須敬重他。你要學習從別人的參考架構來觀看這個世界，即使你們之間的參考架構有天壤之別。你必須讓另一個人明白你瞭解他的看法和世界觀，因此要不斷地增進多元文化的知識，於公（諮商關係）於私（個人生活）都要真誠一致。為了達到這個目標，發展修身養性的功夫刻不容緩，學習去卸下心防、渾然天成，一點也不矯揉造作。適當地自我揭露和分享。

如同進到教室的人不一定已準備妥當要坐下來好好學習，前來諮商的個案當然也不一定準備好要來處理問題。個案有權利試探你、測試你的能耐。你已準備好要誠實以對、尊重他人了嗎？回答表 9.2「溝通準備量表」上的問題，瞭解自己的優勢和需要改進之處。

你也要做好心理準備，加強你的記憶力，能夠記住並回憶個案告訴你的細節。細節會促進關係。良好的記憶力是個案記錄的必要條件，也是治

療關係的重點。主動積極的傾聽應包含記憶能力，再也沒有什麼比記不住個案所說的內容更令人困窘了。重要他人、地點的名字，關鍵事件的細節都是瞭解他人知覺世界的重要資訊，要注意傾聽個案故事中的「誰」、「什麼」、「哪裡」、「何時」、「為什麼」及「怎麼做」。

為了完全同在，諮商師寧可不在療程中做筆記，在個案說話時寫筆記看起來不但漫不經心，且相當無禮，除非你正在進行初始晤談，必須填寫表格資料，否則別在諮商時做筆記。如果你非要記下某些事情，要讓個案看到你所寫的內容，拿給他過目，在別人面前寫他們的事情而不讓他們知道你在寫什麼，根本無法讓人信任。寫記錄的時機最好是晤談後立刻進行。良好的記憶力有助於你記住個案所分享的內容重點。有時候，你可能想錄音，雖然此舉能幫助你回憶，但只能在個案完全知情同意的情況下方可為之。有些個案不想被錄音，因此，你的記憶力還是必要的。

重溫你的想法、感覺、行動與脈絡（TFAC）

和個案一起工作時，要持續不斷地記錄你的想法和感覺，處在預備傾聽的狀態，適切地回應他人的想法和感覺。你的自我覺察之旅就從 TFAC 表和個人手記開始吧！到目前為止，你對自己的認識有多少？從與他人的互動中學到什麼？本章的 TFAC 表有一些你可以思索的問題，盡你所能的誠實作答。這些類別並非互斥。我們是人，不是那麼簡單就能歸類區分。 144
儘管如此，還是好好地填寫每一格吧！

摘要

本章為第二部「如何進行諮商」的首部曲，說明溝通過程中內容與歷程的差異，希望能協助學生瞭解與人互動時的內在自我。透過分析自己和他人的想法、感覺與行動，學生得以瞭解這些內在歷程。本章另說明非語言表達的類型，以培養個人的觀察能力。接下來是諮商師與個案的關係，建立治療關係時，同理心、尊重與真誠所扮演的核心角色，並討論移情和反移情。最後，本章說明非語言的基本專注技巧，即生理專注與完全同在（心理專注）的重要性。

為什麼沒有人在孩提時代就教我們這些事？

——學生在上完第一堂傾聽技巧練習課後的評論

表 9.1　TFAC[a]——想法、感覺、行動與脈絡 145

自我	我的想法	我的感覺	我的行動	我的脈絡	其他？（具體言之）
我有哪些人際需求和渴望？用直接還是間接的方式表達？					
我如何與他人互動？有無自信？操控他人還是受人控制？					
我如何表達情緒？別人知道我的感覺嗎？我會隱藏情緒或把情緒發洩在他人身上嗎？					
我對親密關係的看法為何？哪種親密關係最吸引我？哪種令我想避開？					
我同意朋友、家人、熟人之間應該相互施與受嗎？					
我會找方法跟他人相處嗎？我生命中的人太多還是太少了？					
我需要多少時間獨處？需要多少時間跟他人相處？					
我對我的外觀、肢體語言、臉部表情、聲音和個人空間有何看法？					

表 9.1　TFAC[a]——想法、感覺、行動與脈絡（續）

他人	他人可能的想法	他人可能的感覺	他人可觀察到的行動	他人外顯的脈絡	其他？（具體言之）
別人如何與我互動？他們之間如何互動呢？					
別人如何表達想法？他們的想法說明了何種情緒？					
我對外觀的觀察是？有什麼含意？					
我觀察到別人有哪些特殊的肢體語言？有什麼含意？					
別人如何運用個人空間？有什麼含意？					
我觀察到別人有哪些特殊的臉部表情？有什麼含意？					
別人如何運用聲音？有什麼含意？					

[a]更多 TFAC 的資訊，請見第一章。

表 9.2 溝通準備量表 146

儘可能誠實的回答。用下列符號來代表你的答案：

N ＝需要改進

A ＝尚可

G ＝良好

DK ＝不知道

如果你不確定，去找你可以信任的好友、同儕或同事，請他們給你回饋。當你填完這份清單，再回過頭去看看你填答「需要改進」的題目，找機會再去發展新的溝通技巧。

溝通真誠度（Communicating Genuineness）	我的評分
當你與其他人溝通時：	
1. 你通常展現出平常自在的自我？	
2. 你常常感覺自己需要戴上某種角色面具（如：助人者、幹部、領導者、被動的接收者）？	
3. 你的行為在多數人眼中均一致？	
4. 你會自我揭露，開放且適宜地分享自我嗎？	
5. 你的說話方式自然不做作，還是高高在上、保持戒心的模樣？	
6. 你會誠實地表達想法和感覺嗎？	
7. 你心口如一嗎？	
8. 當別人給你不怎麼正面的回饋時，你會興起防衛心，還是虛心接受忠告呢？	

溝通尊重度（Communicating Respect）	我的評分
當你與其他人溝通時：	
1. 你溫暖合宜且平易近人嗎？	
2. 你會避免評價他人嗎？	
3. 你會想掌控或主導談話的方向嗎？	
4. 你會將別人視為獨一無二的個體嗎？	
5. 你會以關心的態度支持他人，無論其生活環境或處境為何嗎？	
6. 你相信別人知道什麼才是對自己最好的嗎？	
7. 你相信別人的善意嗎？	
8. 你經常有同理心，卻不致於同情心泛濫嗎？	

第 10 章

基本反映技巧

如果每個人都能瞭解別人的生命和他一樣，

充滿悲傷、喜悅、欲望、心痛與懊悔的話……

他會變得更加仁慈且溫柔。

——*William Allen White*

思考重點 147

何謂四個基本的反映技巧？

什麼時候諮商師最有可能回應內容？

什麼是基本正確的同理心？

何謂輕微鼓勵？目的為何？

在何種情況下，諮商師會使用重述或改述？如何使用？

何謂摘述？何時使用？

為什麼諮商師要避免打斷個案？何時可以打斷個案？

沉默在諮商中的重要性為何？

回應內容與歷程

在上一章裡，你已知曉溝通包括內容及歷程。蒐集必要資訊和傳達你對個案的瞭解時，你需回應內容，但是只有內容還不夠，歷程讓諮商師與個案更能準確互動。你要監控你的內在歷程，才能體會個案的經驗，也要刻意地掌握及治療性地運用非語言訊息，以傳達同理的瞭解。

本章重點在運用基本反映技巧處理個案的談話內容，稍後你會學習如何進一步處理歷程。在真實的諮商情境裡，技巧間交錯使用，沒有明確的分野。然而，為了訓練的需要，我們先從內容開始，等你精熟本章及下一章的技巧，再向前進行到歷程。

初層次同理心是有能力告訴個案：「我聽見你了」以及「我正跟著你」。基本反映技巧述說初層次的同理心瞭解。你的輕微鼓勵同意個案繼續敘說故事，隨著故事的開展，你以重述與改述回應個案正在訴說的內容，
148 以摘述加以統整。這些技巧顯示你與個案同在，不是自顧自的往前走，亦或評價個案的故事。因此基本反映技巧有助於建立融洽與信賴的關係，縱貫整個諮商階段。你傾聽和反映的方式決定關係的品質，築牆或搭橋往往在一念之間。人類有評價和論斷他人的天性（Johnson, 2005），無論評價是正面（「你是對的！」）或是負面的（「你不知道你在說什麼」），皆清楚地表明你自以為比個案更瞭解他的故事。雖然你一吐為快，提出自己的意見看法，但也喪失了真正傾聽的機會，築起一道阻礙瞭解的牆；當你毫無評價地傾聽時，你為彼此搭起一座橋樑。

你的工作就是傾聽個案的故事，意謂著你要克制想要用想法和意見評價故事的天性。你必須治療性的傾聽個案，允許其暢所欲言，即使他們停頓思考片刻也不用怕被打斷。有效的諮商師不只避免論斷——不評價意指把期待或偏見擱置一旁，諮商師聚精會神地聆聽個案的現實所反映出來的獨特觀點。諮商師不會因為個案的社經地位、種族、性別、年齡等刻板印象而選擇性的傾聽。

稍早你已學到如何以生理專注和心理專注促進彼此的溝通。你知道如何在諮商早期階段開啟對話。隨著基本專注技巧越來越精進，你準備進入溝通階段，現在你必須學習如何回應故事。以我跟學生相處的經驗，我發現問問題（不管問得恰不恰當）很容易，有效的回應則得花較多的時間和

精力。從現在開始，你要改變你慣有的溝通方式。讓我們先從「聽而不問」開始。

輕微的鼓勵

當你開始邀請個案談話時，該如何繼續？如你在第七章所學，你要鼓勵他說話，鼓勵不是咄咄逼人、不是搶話打斷，而是給予個案空間和時間敘說。輕微的鼓勵（minimal encouragers）是語言及非語言的行動，支持、贊成個案繼續談話，是諮商師最簡單的介入策略。諮商師傳達出他很有興趣聆聽個案的故事，也想知道更多。被傾聽之後，個案感受到身處安全環境中的被肯定與被瞭解。輕微鼓勵賦予個案時間和條件持續探索生命故事，願意深入探究某項主題，讓諮商師更加明瞭個案的觀點。鼓勵不是加油添醋、無中生有，不會引導個案到特定的談話方向去，它本身就具有治療效益。

有三種類型的輕微鼓勵，分別是非語言、準語言和要求更多訊息的短句。**非語言的鼓勵**（*nonverbal encouragers*）包括開放的身體姿勢（詳見上一章）、輕輕頷首、興味盎然的臉部表情。**準語言的鼓勵**（*semiverbal encouragers*）包括象徵瞭解的聲調或字詞，如：「嗯哼」、「啊…嗯」、「我懂」，輔以非語言訊息。還有簡單地重複個案所說的重要詞彙或句子，並在句尾輔以輕微的疑問語調。

範例

個案：我根本不在乎他們怎麼想！ 149

諮商師：你一點都不在乎……？（聲調變了）

第三種輕微鼓勵稱為**短句**（*short phrase*），簡單地重複個案的某些話，配合聲調的抑揚頓挫，顯示諮商師的疑惑即是一例。其他常用的句子有：「多告訴我一些……」、「然後呢？」或「多說一些」。

範例

比爾是一位27歲的遊輪服務生。

個案：我希望我媽可以放過我！我真的已經長大成人了！
諮商師：多說一些。
個案：她總是對我的工作不停地發表意見。
諮商師：嗯哼。
個案：她從沒想過對我來說這份工作已經夠好了。這是我的人生，又不是她的。
諮商師：（點點頭。）
個案：不能因為我不想像我老爸一樣當牙醫，就說我不懂我現在在做什麼。
諮商師：我瞭解……
個案：我要過不同的人生。
諮商師：不同的人生……？（聲調變了）
個案：對！會讓我比他還快樂的人生。

當個案願意說故事，諮商師也能給他時間敘說時，即可使用輕微鼓勵，與其他技巧相輔相成，讓對話的節奏順利進行。如果諮商師不希望個案繼續某個話題，或個案意念渙散、漫談、在同一話題上打轉時，就不要使用輕微鼓勵。

注意：如果諮商師未受過良好訓練或紀律，可能會誤用輕微鼓勵。例如：過度使用或機械式的模仿。若無法真誠地跟隨個案，諮商師就是聽而不聞。輕微鼓勵的特點就是投入同理瞭解的過程，並將這種同理的瞭解傳達給個案。上例的諮商師已傳達出此種瞭解，這得歸功於下面的一系列技巧。

重述與改述

回應內容是與個案協商意義、傳達同理心的基本技巧。你必須以你的理解重述個案告訴你的話。重述（restatement）與改述（paraphrasing）是表達內容的方式，精確地反映個案的說話內容。它們的目的相似，結構稍異，目的是為了向個案傳達出理解；顯示諮商師亦步亦趨地跟隨個案，正確地捕捉到個案的訊息；強調個案所說的某些話很重要，或需進一步澄清。

重述與改述都很直言易懂，不詮釋個案的談話內容或對故事多加解釋。 150
更確切的說，兩者都是為了讓個案從諮商師的口中聽到他自己的故事。事實上，就像諮商師拿起一面鏡子對著個案，如此一來他就能看清楚自己在生命中的角色。重述和改述是治療歷程中相當有用的工具，經常使用可增進溝通、鎖定重點、將注意力重新轉移至當前議題的重要部分、協助個案理解他的故事中之前未能瞭解的部分。

重述

重述選用個案的詞彙反映內容。就像簡短的輕微鼓勵一般，但在重複個案所說的內容時，不僅更長也更完整。然而，重述不是機械式的複誦個案說的話，這樣聽起來很假，這種「鸚鵡學舌」式的說法會阻斷溝通和故事的開展。

重述使用個案的語言和張力程度回饋其所說的重要層面，用同樣的詞彙不同的順序複述基本想法。重述通常以引言句為開端，如：「你說的是……」或「你是說……」，接著援用個案的重要字詞。

範例

個案：我不想像我老爸一樣當牙醫，我想要做能讓我比他更快

樂的工作。

諮商師：你是說你想要做的工作會讓你比你老爸更快樂。

你也可以簡單的重複個案的話，省掉詞幹部分。

範例

個案：我想要不一樣的人生。

諮商師：你想要的人生不同。

重述和輕微鼓勵可互換使用，由諮商師根據個案最近的反應來決定。也就是說，如果個案的措辭簡約，諮商師可選擇短句式的輕微鼓勵。如果個案說了較多的話，諮商師想要回顧並反映重要的談話內容，就使用重述。

運用重述時諮商師要注意，不要自作主張加入新的意見，或提出任何詮釋，這可能是學習如何回應內容時最困難的部分。新手諮商師常將內容詮釋與內容本身混為一談，這是你該學習的地方，不只在課堂上，還有日常生活的互動對話。十年磨一劍，你必須理清什麼是你該回應的，而非信口雌黃、畫蛇添足。

改述

改述跟重述很像，比輕微鼓勵更上一層樓，它們的目的相同，但改述
151 在增添對話內容之餘卻不加以詮釋。雖然重述可用來釐清溝通內容，但改述除了澄清這個目標之外，還有另一個目的——選用的字詞和個案不同。諮商師傳達他對個案故事的瞭解，反映所聽到的內容，重點放在關鍵層面或觀念。改述挑戰個案，聆聽諮商師用自己的話反映出他曾說過的談話內容。

實務線上 **你會怎麼做？**

格林漢是一位資深的家族治療師，目前正為喬絲和比利進行婚姻諮商。在四年級導師的強力要求下，他們詢問是否也能將 10 歲的獨子查德帶來。

> 喬絲說查德的精力充沛，快把她搞瘋了，他從沒辦法好好地坐著，比利說只有喬絲碎碎念的時候才會這樣，他自己小時候沒有這種行為問題。喬絲說比利根本就漠不關心，要不是查德真的有問題，老師才不會要他們來求助。當喬絲這麼說的時候，比利只是轉頭不語。第一次見到查德時，他的爸媽先在接待室等候。他真的讓人忙得團團轉！吱吱喳喳說個不停，想引起我的注意，他會打斷我，笑著跳到椅子上，不過當我叫他下來時，他馬上就照辦，其實他是個很可愛的孩子。當我請他爸媽進來時，他立刻安靜坐好，板著一張臉不看他們。我要幫他安排一些測驗，同時有些事要家人共同完成。我確信他的行為反應出他爸媽的問題，我不認為他們現在會樂意聽到這項評估。

課堂討論

1. 格林漢能做什麼以搭起喬絲、比利和查德之間的橋樑？
2. 你認為輕微鼓勵、重述與改述如何在喬絲、比利和查德身上發揮作用？
3. 格林漢如何更瞭解這個家庭的故事？
4. 格林漢如何更瞭解查德，以及他在學校的行為？

諮商師用自己的話模擬個案所說的內容，諮商師並非一字不漏的複製個案的話，而是用其他的語彙來替代，也要弄清楚他是否真的瞭解個案。

使用澄清句（clarifying phrase）為引言或置於句末，可讓個案瞭解諮商師聽到的內容。常見的引言句有：

「聽起來你是說……」
「就我聽來，你是說……」
「我可以感覺到你說的是……」
「我聽到的是……」
「讓我印象深刻的是你說……」
「我覺得你說的是……」
「我聽到你說……」
「換句話說……」
「所以……你是說……」

152 有時候，諮商師會在改述後附加一句澄清式問題。也就是說，諮商師表達完他對個案的瞭解後，另加上以下句子：

「是這樣嗎？」
「我聽得沒錯嗎？」
「我所聽到的意思跟你說的一樣嗎？」
「這樣對嗎？」
「我的理解對嗎？」
「我說的沒錯嗎？」

雖然上面的例子文法不太不通順，但是它們的目的是澄清諮商師的理解正確與否，而非以問題蒐集資訊。問問題的原則將在下一章討論。

改述雖然只有反映內容，但其治療效力說不定超過輕微鼓勵和重述，它們不像鸚鵡學語，而是由諮商師選擇想進一步討論的重點。諮商師清楚地傳達聽進個案所言，即使個案的表達並不流暢或清晰亦無妨。藉由「換句話說」，諮商師讓個案明瞭他的話受到重視，並加以澄清，讓意義更顯著。

範例一

個案：我不想像我老爸一樣當牙醫。我想要做能讓我比他更快樂的工作。

諮商師：所以……你是說你爸在工作時並不快樂，你想要過更令自己滿意的生活。

範例二

瑪麗亞是位 11 歲的中學生，她被叫來諮商中心，因為她的成績從 A 直線下降到 C。

個案：我再也不喜歡來學校了，女同學們都在笑我。

諮商師：妳不想上學是因為女生們都在取笑妳。

個案：沒錯。她們在我背後指指點點，可是我聽得一清二楚。她們笑我胖，我又不是一直都這麼胖。爛透了！

諮商師：只因為妳現在比較胖，女生們就這樣嘲笑妳，實在很不公平。

個案：我不只是胖！我比班上其他同學還肥。我是個怪胎，我還要來學校做什麼？

諮商師：妳不想來上學是因為妳覺得自己比其他人還肥，是這樣的意思嗎？

個案：對。連我最好的朋友都不跟我玩了，她想跟其他女生在一起，當她們笑我的時候，她就只是站在那裡，然後就跟她們走了。

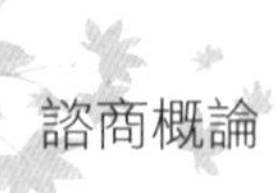

諮商師：就我聽來，妳是說妳的好朋友不理妳，跟那些女孩們聯合起來嘲笑妳（諮商師試著站在瑪麗亞的立場。她認為被同學排擠可能是關鍵問題）。

改述的時候，諮商師的用字遣詞反映出相同的情緒張力，配合個案的
153 語言風格。也就是說，若諮商師認為個案的視覺取向優於聽覺取向，可能會用「看」方面的字詞而非「聽」方面的字彙。諮商師選用的詞語能協助個案反思自己說過的話，改述句後附加的澄清式問題，就像諮商師舉起一面高大的放大鏡，給予個案有機會修正錯覺或失真的事實。

使用引言句或句末的澄清句時，要小心別落入千篇一律使用某一兩個字詞的陷阱。再也沒有什麼比陳腔濫調或八股文更讓個案無言以對，使你的美意大打折扣。學習去豐富你的詞藻和應答，習慣成自然後，你也能很快的信手拈來，舉一反三。選用你覺得最順手、最自在的字詞。

改述也讓諮商師瞭解他是否真的聽懂個案的故事或觀點。如果改述正確，個案會說：「對！」「沒錯！」或「對極了！」等等。相反地，如果諮商師並沒有聽懂個案或傳達正確的瞭解，個案仍有機會進一步澄清他的意思。諮商師欣然接受「不是，事情不是這樣」的評論，如此一來，個案才會思考他真實的感覺或想法為何，為自己也為諮商師理清頭緒。這就是意義的協商。諮商師要改述到他真的「懂了」，連個案也因此而真正瞭解他自己。

摘述

摘述類似重述與改述，同樣是反映內容。稍後你會學到如何運用摘述來反映情緒，不過用摘述來反映內容還是最常見的。摘述與改述迥異的地方在於它連結多次互動中的重要對話，當諮商師想一次回應多種概念、想法或訊息時，就會使用摘述。同理可證，若個案同時呈現數個議題，諮商

師亦可就重點部分給予回饋摘述。摘述的運用頻率雖較重述與改述為低，但可定期使用。例如，回顧療程目前為止的進展；在療程快結束時總結本次談話；回溯談話重點；前情提要，作為每次療程的開場白；當個案進退兩難、不知道要說什麼、在同一個話題上不斷繞圈子，亦或諮商師不懂個案所言何物時，摘述亦能派上用場。

摘述不是冗長的改述。摘述確保個案得到真正的傾聽，也協助個案聽到自己所說過的話，更瞭解自己的故事。個案或許會對特殊的議題、問題或成就豁然開朗，從新的觀點看待經驗。

摘述也讓諮商師有澄清的機會。沒有人會讀心術，我們是用同理心穿別人的鞋，自己就是最佳的諮商工具，從過往經驗培養直覺，正中紅心。不過，我們當然也會犯錯、誤解，幸好摘述能讓個案矯正我們的錯誤。摘述是建立信任、穩住關係、表達關懷必要且有力的技巧。

摘述也是訓練有素的行動。諮商師必須對溝通內容面面俱到，同時擷取重要的意涵。想當然耳，諮商師還是有選擇性的。摘述意指選取想注意和回饋的部分給個案，暗示個案的某些陳述或想法更關鍵。在摘述中強調某點，意謂諮商師鼓勵個案注意此部分。

偶爾，諮商師可請個案摘述，以瞭解個案覺得至關重大的事情為何， 154
如此也可促使個案負起責任，協助個案判斷在療程中最重要的議題是什麼，切中議題，不要隔靴搔癢，也澄清個案目前所面臨的僵局。諮商師必須準備好協助個案，將摘述融會貫通，不過也不必當成考試一般的嚴肅（Egan, 2006）。

摘述可用先前所提到的引言句為開頭，當然，諮商師也可省略引言句。常用於摘述的引言句有：

「就我目前所聽到的是……」

「就我所知，你要告訴我的是……」

「讓我們來看看你目前告訴我的有哪些。」

「看看我是否瞭解你所說的。」

「我想確定我的瞭解正不正確。」

「我不確定我懂了。我想你的意思是說……」

「要開始之前，我想先回顧你上次跟我談的內容。」

「今日的療程已接近尾聲，看看我是否瞭解今天所談的內容。」

範例

吉兒是一位35歲的寡婦，有一對八歲的雙胞胎兒子。她想回學校上課，但又害怕沒辦法全職工作及照顧小孩。上夜校可能找不出時間讀書，也不知道會不會對小孩造成不良影響。這是第二次療程的談話。

諮商師：（**摘述第一次療程的談話**）今天開始前，我們先來回想一下目前所談過的內容。就我所知，妳想回學校進修，以便能夠給孩子們一個較好的生活，但是妳又怕剝奪與他們的相處時間可能有害成長。妳提過不知道付不付得起學費、保母費，也不知道是否真的撥得出時間讀書。妳不知道是否能及時滿足所有的要求，是不是這樣？

個案：對。我真的很希望孩子們沒事，如果我可以自己帶的話，我不會把他們丟給保母。孩子的爸在他們四歲時就過世了，他們不能再失去我。我也不想走……我還沒有拿到學位，可是我想要這個學位，你認為我有權利自私嗎？另一方面，我又覺得如果未來我可以賺更多的錢養家糊口，我就沒必要說自己自私。我的存款快見底了，但是看看現在，我真的不知道該怎麼辦。

諮商師：（**摘述**）如果我沒聽錯，妳是說妳想復學，這樣妳就可以讓孩子們過比較好的生活，可是妳又覺得很自私，不確定這樣做對不對。妳不想要離開他們，因為他們已經失去了父親，妳想要時時刻刻待在他們身邊，是這樣的意思嗎？

個案：當然，我的意思是說，糟糕的是我必須把他們留在安親班，直到六點才能去接他們。有幾個晚上我必須下班後直奔課堂，我得離開這麼長一段時間，錯過他們上床睡覺的時刻。沒能陪在他們身邊真的很討厭。

諮商師：（**改述**）妳是說妳不僅得把他們留在安親班，而且妳回到家時已經是他們上床睡覺的時間了。

在這個例子裡，諮商師摘述上次談話內容，當個案回應數個想法時，
也接著加以摘述。諮商師會改述個案談話內容的主旨，以簡潔洗練的方式
點出個案的議題。諮商師儘可能在數句回應中捕捉個案的觀點，而不會錯
失重點。摘述不是諮商師拿來發表趾高氣昂的宣教或長篇大論的演講，一 155
般而言，諮商師只會使用二至四個句子，接下來就讓個案回應。

打斷（談話）

新手諮商師常為了力求表現而說得太多，事實上，有些諮商師真的太聒噪了，個案根本沒有機會說話！當個案說話時，諮商師通常不會打斷他。記住，諮商師的角色是傾聽，不是給意見。如果你發現自己很愛搶話或插嘴，趕快停止，讓個案繼續往下說；如果個案正在說話時你就急著打岔，立刻住嘴讓個案把話說完。反之，如果個案打斷你的話，你也須即刻停頓，專心聽個案講話。

只有當個案天馬行空的閒談或說話漫無邊際時，諮商師才會介入打斷，以協助個案聚焦及放慢速度。當此時，諮商師的干預意圖明顯，但並非要

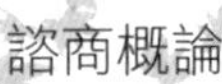

與個案爭論或分個高下。如果專業諮商師判定打斷比讓個案漫談下去還好，就要以明快、開放的態度加以打斷，可使用的句子如下：

「等一等，看看我是否瞭解你所說的。」
「慢一點，我跟不上你。」
「等一下，我不瞭解這其中的關聯。」
「讓我打岔一下，我不確定何者對你而言最重要。」

當諮商師打斷喋喋不休的個案後，接著可運用改述、摘述或問問題，這會在下一章中提到。再者，諮商師也可以等待，讓個案重新聚焦、放慢腳步，亦或自己注意到核心要點是什麼。

治療性的沉默

諮商中的沉默可成為有力的治療助手。新手諮商師面對沉默時常如坐針氈，在尷尬或痛苦中打破沉默。我們偶爾會在社交場合經歷此種令人棘手的時刻。然而，在諮商中無聲可以勝有聲——甚至更嘹亮，沉默讓個體靜下心來想想說過的話，以及接下來要說的話。諮商師靜靜地坐著，給個案時間咀嚼想法、整理情緒、考慮是否結束該話題。如果你太快打破沉默，可能就此打斷諮商的節奏，個案需要空間與時間，暫停一下再繼續。當你保持沉默而專注，個案會因你的同在而感受到支持與關心。如果你不知道要如何回應或保持沉默，那就選擇沉默。如果沉默的時間過長，你可以用下面的問題來詢問，例如：

「心頭掠過什麼想法？」
「你在想什麼？」
「你現在的感覺如何？」

統整 156

花時間瞭解整個故事，最好的方法就是運用基本反映技巧。從現在就跟同儕著手練習，不管是在家裡或一天當中任何時刻的對話，你會很驚訝的發現別人會想對你敞開胸懷訴說。你曾被別人稱讚是個很棒的傾聽者嗎？亦或，你很會給建議？記住，諮商師要在沒有偏見、論斷和評價的情況下傾聽，當別人說話時，諮商師要避免加入自己的意見，當然也不可驟下結論。

基本反映技巧必須與其他技巧相輔相成，它們是建立關係的眾多技巧之一，從初次晤談起，無論何時你的個案揭露新訊息，均必須使用基本反映技巧。本章所說明的技巧都是最簡單的，或許應該說看似稀鬆平常，實則須靠你不斷地練習與訓練。從開始到結案的諮商歷程中，將有機會一再反覆運用。運用本章末表 10.1 的 TFAC 表，它會引導你練習、觀察他人的反應。從現在起一直到課程結束，在手記裡記下你的進展。

下面這個例子會教你四項基本反映技巧如何在療程中統合運用。

50 歲的茱莉在一家財務規劃公司擔任中階主管。她前來尋求諮商，因為她懷疑屬下有人越級報告。她想辭職。這是第一次療程的中間階段。

個案：責任最後都由我來承擔。我為公司制定決策，但卻沒有人尊敬我的權威。

諮商師：（**改述**）妳的屬下似乎不尊重妳的決定，我這樣說對嗎？

個案：沒錯！我只不過是薪水少得可憐的職員而已，工作多得不像話！他們哪知道我付出了多少。如果不是我，他們就慘了。

諮商師：（**改述**）妳的意思是說妳的工作量那麼大，卻沒人理

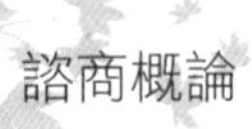

會。

個案：對。他們只會找老闆告狀，根本不瞭解事情的全貌。真是欺人太甚。

諮商師：（**重述**）他們在不瞭解事情的全貌下找老闆告狀，對妳是一大侮辱。

個案：你說的對極了！也不想想自己是誰？我是說，我是唯一晉升到這個位置的人。我認真工作，焚膏繼晷，一有機會就接受額外的訓練。他們完全不懂我為了做決策下了多少苦工。

諮商師：（**點點頭——輕微鼓勵**）我瞭解……

個案：為了他們，我差點忍無可忍遞出辭呈。他們能做得多好？聽到那些豬腦袋想出來的爛招，老闆一定會把他們掃地出門！但是我絕不會這樣，我這麼專業，我不會被白白犧牲，我不會這樣算計老闆。可是我希望當他們扯我後腿時，我還能平安無事。

諮商師：（**摘述**）就我所知，妳是說妳的屬下不瞭解妳如何做決定，或妳所擁有的專業知識。當他們越級上報，妳想要辭職。不過妳是專業人士，不想留下爛攤子給老闆。

個案：就是這樣，我覺得動彈不得。（**眼眶含淚，垂頭喪氣。**）

諮商師：（**治療性的沉默。**）

個案：（**深呼吸，繼續說**）事實的情況是，我喜歡我的工作。我的一些屬下也不會這樣對我……

諮商師：（**輕微鼓勵**）多告訴我一些……

157 本例顯示當諮商師能好好專注且回應個案談話的內容，治療進展即會發生。不用問問題，你就能理解茱莉的憤怒、懊惱與受傷的心情。由於這是第一次療程初期，諮商師主要的任務在建立融洽和信任關係、辨認情緒，在還沒有聽完茱莉所有的故事前，不必急著為她解決問題。時機一到，諮商師自會恰當地問問題、反映情感、處理茱莉的想法和行動以促成改變。下一章將說明這些基本技巧。

摘要

本章說明四項基本反映技巧，包括輕微鼓勵、重述、改述與摘述。這些技巧讓我們得以從個案的經驗與知覺中學習，校正錯誤的觀念，盡力與個案的經驗同步。反映技巧協助我們免於任意做出假設，亦可協助個案瞭解其所困擾的問題。本章亦討論中斷個案談話，及在治療中運用沉默的重要性。

別再重複我說的每一句話了！

——個案對一位熱心但卻缺乏經驗的實習諮商師所說的話

158 表 10.1　TFAC[a]——想法、感覺、行動與脈絡

自我	我的想法	我的感覺	我的行動	我的脈絡	其他？（具體言之）
當我使用輕微鼓勵時，發生了何事？					
我的重述與改述做得如何？					
我的摘述做得如何？					
何時我最有可能打斷別人？					
當別人打斷我時，我的反應是？					
從過去的互動中，沉默給我的經驗是？					
我的擔心是？					
他人	**他人可能的想法**	**他人可能的感覺**	**他人可觀察到的行動**	**他人外顯的脈絡**	**其他？（具體言之）**
在不同的情況下，你觀察到哪些輕微鼓勵的行為？					
當同學、教授或其他人使用重述與改述時，你的觀察是？					
當同學、教授或其他人使用摘述時，你的觀察是？					
當被打斷時，別人的反應為何？					
在班上或社交場合，別人如何處理沉默？					
從別人的基本反映技巧，你學到了什麼？					

[a]更多 TFAC 的資訊，請見第一章。

第 11 章

詢問技巧與系統性的詢問

「是時候了，」海象說，「把許多事情都說出來吧。」

——*Lewis Carroll*

思考重點 159

問問題的目的是什麼？

什麼是「封閉式問句」？何時使用較適當？

什麼是「開放式問句」？何時使用？

「為什麼」的問題為何不恰當？

在何種情況下適合問「為什麼」的問題？

有哪些「有問題的問題」？為什麼？

如何讓「假設性問題」發揮最佳效果？

什麼是「系統性的詢問」？何時使用？

諮商師如何回應個案的問題？

問問題

上一章裡你已學到就算不問問題，一樣可以發展治療歷程。儘管如此，問問題還是諮商中不可或缺的一環。問問題協助諮商師探索個案關切的議題，讓個案得以較自在又深刻的方式表述，激盪深度反應。問問題——又稱探查（*probes*）——是指在諮商過程中以系統性的方式結構化初始晤談，取得資訊與事實。問問題引領個案思考曾被忽略、但被卻諮商師注意到的議題層面，經由指出個案故事的重要部分，問問題也主宰治療方向、澄清令人困惑的內容、舉例具體說明梗概之處、引介或回顧談話重點（Johnson, 2005），對個案的成長與發展至關重要。

要成為一個好的諮商師，你必須安於「不知道」（not-knowing）的角色位置，好處是：提醒我們不要隨便做出假設、承認我們並非無所不知無
160 所不曉、在這個房間裡個案才是專家等等。說「我不懂」或用詢問方式，比起說「我知道」更能蒐集資訊，贏得信任。

適當的詢問是諮商技巧與專業訓練行動之一。諮商師只有在獲取必要的訊息或推動治療歷程時才明智而審慎的詢問。在問問題之前，你必須先問自己：「我問這個問題是為了誰？」如果你只是好奇心作祟，這個問題的獲益者就是你，不是個案，此時簡單的回應還比問問題好。如果問題會讓個案偏離主題，就不要問，除非你的理由是另闢新的討論話題。

問問題的原則就是視當下情況提出最適當的問題，你的問題要有附加價值。詢問只是蒐集資訊的手段之一，不是治療的唯一目標（Egan, 2006）。問問題可用來蒐集新資訊、澄清諮商師不清楚的訊息、鼓勵個案自我揭露、帶領個案洞察、得出結論。問題可分成封閉式問題或開放式問題。為了一窺開放式問句的全貌，我們先來討論封閉式問題。

封閉式問題

任何以「對」（yes）或「不是」（no）來回答的都是封閉式問題（closed questions），無論個案是否有進一步說明。封閉的是問句的形式，而非個案的反應。為了激發更多的對話，諮商師有責任提出問題。封閉式問題限制了對話空間，無法鼓勵個案多多分享感覺、想法或行動。

範例

個案：我請假照顧小孩。他實在是讓人手忙腳亂。

諮商師：你的寶寶很愛哭嗎？

可能的回答：

回答一：對。

回答二：不對。

回答三：又能怎樣！我們根本不能睡覺。我等不及他能一覺到天明。

回答一和回答二很明顯的無法獲取更多訊息或進一步對話。答案三雖然可以提供資訊，實際上卻無法持續對話。諮商師一問封閉式問題，就等於設定好回答的方向，而非個案想討論的主題。以答案三來看，個案可能想談談他的工作、與妻子的關係，或者其他話題。諮商師若只會問封閉式問題，僅能觸及個案表面關切的議題，偏離治療方向。

以數量或簡單事實回答的問題也是封閉式問題。

範例

- 你有幾個小孩？【三個。】

問及時間、日期或數目的通常是封閉式問題。誰（who）、何時（when）、哪裡（where）則視上下文決定其是否為封閉式問題，例如：

- 誰知道這件事？【沒人。】 161
- 你何時畢業的？【去年。】
- 你住哪裡？【這裡。】

蒐集重點資訊時，其他類似的數量性問題或可派上用場。系統性的詢問與危機處理情境均仰賴封閉式問題以蒐集必要資訊，我們會在稍後提到。除此之外，提出封閉式問題時應節制，小心謹慎。封閉式問題必須扣緊談話主題，勿將個案帶離談話主旨或模糊思考焦點。若與正在談論的內容無關，封閉式問題會讓個案覺得受到侵擾。以上述第一個範例為例，問問你自己：知道個案有幾個孩子與諮商有關嗎？還是出於諮商師的好奇心（也就是說，知道這件事對誰有好處）？如果子女人數對諮商進展是很重要的因素，個案或諮商師都可以在適當時機中提出來。其他封閉式問題亦同。

要特別留意字母「D」（Do、Did、Does、Don't、Doesn't、Didn't）為首的問題極易成為封閉式問題，答案不外乎「對」或「不是」。多數的「D」問題充滿諮商師的主觀性，讓個案以為他的答案需配合諮商師的期待。除非必要，應力求避免。例如：

- 你認為這樣有用嗎？【也許吧。】
- 你拿到成績單了嗎？【還沒。】
- 你有沒有想過……？【當然。】
- 你不想自己去嗎？【想啊。】
- 他都沒來過？【對。】

即使你問的是封閉式問題，個案也可能回以長篇大論，但這不是你使用它的藉口。因此，當你想要增進彼此間的對話、協助個案自己發現結論、解決問題、處理其他諮商會出現的種種議題時，應避免問封閉式問題。以上面最後一個問句為例：

- 他都沒來過？【對。】
- 你問過他嗎？【有。】
- 他遲到了？【我不知道。】

最好是一開始就問開放式問題！

開放式問題

有效的問題不僅能獲取資訊，亦能追尋個案的過往腳步，增進覺察及個人成長。開放式問題（open-ended questions）無法只以「對」（yes）或「不是」（no）來回答。多數的開放式問題均有助於催化更完整或複雜的回應，個案可以自主地討論他們擔憂的事情，開放式問題所得的訊息因而更詳實細緻，也較符合個案想談的方向，而非諮商師設定好的流程。針對思考歷程混亂的個案，開放式問題可以挑戰觀念、處理抗拒、教導個案如何做決定及設定目標的技巧。有效的問題可以促進個案的發展，協助其解決困擾。正確的提出問題亦能開啟前所未思的新領域，終止無益無聊的對話。更重要的是，適當的問題能促使個案在諮商中亦負起責任。開放式問
題是你該學會的重要技巧，適切的問題是真正的治療與無益的晤談之間的 162
分水嶺。

「如何」及「什麼」的問題

以**如何**（*How*）及**什麼**（*What*）為開頭的開放式問題最有效力。幾乎所有的封閉式問題都可以「如何」、「怎麼」及「什麼」加以改裝為開放式問題。以上述封閉式問題為例：

封閉式：你認為這樣有用？
開放式：要怎麼做才會發生作用？
　　　　你認為要做什麼才會發生作用？

封閉式：你拿到成績單了嗎？
開放式：你在班上的功課如何？
　　　　你的成績如何？

封閉式：你有沒有想過……？

開放式：你想到了什麼？

你覺得可以怎麼解決？

封閉式：你不想跟他們一起去嗎？

開放式：跟他們在一起的想法（感覺）如何？

你有多想跟他們一起去（這是一個假設性問題，稍後會再討論）？

封閉式：他都沒來過？

開放式：當你邀他過來時，會發生什麼事？

當你邀他過來時，他的反應如何？

封閉式：你問過他嗎？

開放式：你都怎麼問他？

你怎麼發現的？

封閉式：他遲到了？

開放式：發生了什麼事？

接下來如何呢？

從上述例子可看出，比起封閉式問題，開放式問題更可讓個案自由發揮。透過開放式問題，諮商師允許個案自主決定回答的內容、如何回答。若給予機會回答開放式問題，個案說不定會有出人意表的回答。以稍早的範例為例：

個案：我請假照顧小孩。他實在是讓人手忙腳亂。

諮商師：接下來的情況會如何發展？

回答一：好極了！我寧願待在家裡不要出去工作，我可能會成為家庭主夫。

回答二：不太好。我的老闆說如果我不趕快銷假上班，他就要開除我。

回答三：我們沒辦法睡覺。我快累垮了，我擔心我太太也差不 163
多了。我們都找不到機會單獨相處。

相同的開放式問題會引發不同的反應，依個案困擾的議題而定。當你想問封閉式問題時，花些時間試著將其轉化為開放式問題，你會發現如果讓個案握有主導權，你蒐集資訊的速度會更快。

以何時（*When*）為開頭的問句雖然是封閉式的，但也可以變化成開放式問題。

範例

個案：我決定要去學潛水。

諮商師：你想要何時開始呢？

雖然個案可能會以寥寥數語來回答，但這類問題將開啟探索的可能性，也可用來聚焦個案的行動。**誰**（*Who*）和**哪裡**（*Where*）的問題也可以同樣的方式來探問：

範例一

個案：我想認識滑雪俱樂部裡的人。

諮商師：你特別想認識誰？

範例二

個案：我很確定我不想在這裡退休。

諮商師：接下來你想去哪裡工作呢？

暗示性問題

另一種型態的開放式問題為「暗示性問題」，介於輕微鼓勵與問句之間。它可以採用陳述句的形式，目的是鼓勵個案多說話。一些句子如：「我很好奇接下來發生什麼事」，或「我想知道你對這件事情的反應」，或「我不太瞭解事情的來龍去脈」等等。

你可以……（*Could*）或你能……（*Can*）是典型的暗示性問題。表面上這是封閉式問題，事實上它們比較像輕微鼓勵，可以激發較深層的反應，請個案舉出更具體的事例，回答也較彈性。

範例一

個案：明天我的女兒就要上大學了，我不知道我準備好了沒。
諮商師：你可以多告訴我一些，你的意思是？

範例二

個案：我告訴莫里斯不要這麼做，他偏偏不聽，真的讓我很生氣。他看起來一副同意你的模樣，一轉身卻非如此！
諮商師：你能詳細說一下，究竟發生了什麼事嗎？

164 **範例三**

個案：大家就是不喜歡我。
諮商師：你可以舉個例子，告訴我發生了什麼事嗎？

你可以……或**你能……**的問題是澄清式問題，邀請個案提供更多訊息，同時也讓他們以前所未有的方式思考。**你可以……**或**你能……**的問題也可要求個案允諾投入行動改變。此時亦可使用**你願意……**（*Would*）及**你決心**

要……（*Will*）等詞，依你要求的強度而定。

範例一

個案：我準備好要去問她為什麼要離開我們。
諮商師：在我們下次會面前，你願意去問她嗎？

範例二

個案：我想要戒菸了，我已經受夠了！
諮商師：你決心要這麼做了？

問題的效能攸關治療歷程。多數的個案前來諮商時，只希冀諮商師能給他們一個便捷的答案與建言。諮商師要讓個案瞭解，答案就在他們心裡，他們必須靠自己找到答案。好的問題能拉他們一把。諮商師要協助個案學習問題解決的歷程、做決定及將選擇付諸行動。

有問題的問題

某些問題不僅無法催化治療歷程，還可能造成反效果。這些問題分別是：「為什麼」的問題、評價式問題、強迫選擇式問題以及連珠炮問題。

「為什麼」的問題

整體而言，新手諮商師應該避免問以**為什麼**（*Why*）為開頭的問句。你必須問自己：「當我問『**為什麼**』時，誰能得到好處？」真的有必要知道嗎？「為什麼」的問題聽起來好像在論斷人，要求個案為其想法、感覺或行動辯護。絕大多數的**為什麼**問題都會引發個案的防衛心和不舒服的感受，最令人厭煩的**為什麼**問題就是那些質疑個案行動的問題。

範例一

個案：我很認真，但還是抄襲朋友的報告。

諮商師：為什麼你要這麼做呢？

165 **範例二**

個案：我上班又遲到了。我睡過頭。

諮商師：你為什麼不設鬧鐘呢？

很明顯地，這類「為什麼」的問題一點效果都沒有，更糟的是還會導致個案捍衛他們的想法、感覺或信念。

範例一

個案：我希望我老爸不要那麼囉哩囉嗦的。

諮商師：你為什麼會這麼想？

範例二

個案：我一直忘不了她。

諮商師：為什麼？

這類為什麼的問題不但毫無建設，還會引發無謂的猜想。很多個案對其想法、感覺或行動都「不明所以」，諮商師也不是在進行長期的心理分析。如果動機問題攸關治療歷程，它自然會浮上檯面。身為諮商師，你的工作是深入探討議題，瞭解個案的眾多「為什麼」。

有些為什麼的問題是諮商師提供建議的方式，同樣也不恰當。

範例一

個案：我很認真，不過還是抄襲朋友的報告。
諮商師：今後何不（why don't）試著停止抄襲？

範例二

個案：我上班又遲到了，我睡過頭。
諮商師：下次何不設好鬧鐘呢？

範例三

個案：我一直忘不了她。
諮商師：為什麼不想想其他事情？

這樣的回應不僅白費力氣，而且隱含冒犯及評價之意，戕害彼此的關係與信任，暗示個案無能找到問題的答案。上述例子裡較好的回答是：(1)你認為這意謂著什麼？(2)接下來發生什麼事？(3)你們之間怎麼了？

偽裝的「為什麼」問題

有些問題看起來好像是開放式問題，其實是變相的**為什麼**。「是什麼讓你這麼做？」其實就是「你為什麼要這麼做？」，「是什麼讓你有這種感覺」類似「為什麼你會有這種感覺？」這些問題雖然不是直接問「為什 166
麼？」，但通常對擴展治療歷程或協助個案改變徒勞無益。如果諮商只有短短數次療程更應避免。

儘管如此，有些諮商師出於個人未解決的議題或想要操控他人，很喜歡給建議。為了提供建議而偽裝成**為什麼**的問題有：「何不試著……？」及「你曾試過……？」除非有很令人信服的理由，提出這種問題前請三思。

以回應（response）來代替比較好。

範例

個案：我一直忘不了她。

諮商師：嗯哼……（或）

諮商師：（沉默）（或）

諮商師：她在你的心目中占有很大的分量。

善用「為什麼」問題

不是所有的**為什麼**問題都有缺點。在訓練有素、已與個案建立信賴與同理瞭解的諮商師口中，它們亦能發揮治療效果。這些問題不是要個案為想法、感覺或行動辯解，也不是要引起個案的不快，它們是為了回應個案的需求或決定，提供支持。

範例一

個案：我想找個時間試試看。

諮商師：（在晤談結束時）何不在我們下次會面前試試看呢？

範例二

個案：我準備好要靠我自己。我想要找出一個不會惹惱任何人的可行方法。

諮商師：（在晤談開始時）我們何不現在就試試看？

如你所見，這些並非真正的**為什麼**問題。在第一個範例裡，諮商師讓個案瞭解她相信他有能力做到；在第二個範例裡，個案表明他想在治療中前進的方向，而諮商師也回應他的需要。在你的經驗增長之前，**為什麼**這個詞最好排除在你的諮商字典之外。

評價式問題

與為什麼問題相近的是隱含評價或論斷個案的問題。即使不同意個案的行為，諮商師仍應對個案展現無條件的積極關懷。因此，我們必須小心，不要用問問題的方式來評斷個案，即使那是開放式問題也一樣。

範例

個案：我需要錢，所以我從媽媽的錢包裡拿了一些，可是被她抓到了。她很生氣！

問題一：你到底在想什麼？ 167

問題二：這不就是偷嗎？

問題三：這樣對嗎？

這些問題隱含負面的評價與論斷，個案聽了不會想跟你坦誠溝通。較恰當的催化式問題是：

- 那時發生了什麼事？
- 你的反應如何？
- 你可以有哪些不同的作法？

評價式問題讓個案覺得尷尬，感覺被羞辱，不想再分享心情。沒有人喜歡被批評，對多數個案而言，諮商室是他們唯一能感受到被接納的地方。即便個案難以親近或抗拒，你的問題還是要傳達出你對他的支持與關心，而不是讓他離你越來越遠。你所詢問的每一個問題都應該包含同理的瞭解。

強迫回答及連珠炮問題

諮商師一次只能問一個問題。諮商不是審問個案，也不是集中火力以問題轟炸個案。**強迫回答式問題**（*shotgun questions*）通常是一系列封閉式問句，一題接著一題，個案只能以簡短語句回答。這些問題通常很膚淺，看似蒐集資訊，事實上卻不利於建立關係，也不太可能發現什麼重要訊息，對諮商歷程無多大助益，一聽就知道是缺乏經驗的諮商師問的。以下的例子是個案想要探討某次喝酒後記憶喪失的情形：

個案：到派對後的任何事情我都記不得了。

諮商師：派對在哪裡舉行？（**完全錯失重點**）

個案：在我表姊家。

諮商師：那是什麼場合？

個案：是她的生日。

諮商師：妳喝了多少？

個案：我不記得了。

諮商師：以前常發生這種事？

個案：沒有啦。

諮商師：妳開車去的嗎？

個案：不是，我男朋友帶我去的。

諮商師：妳都喝很多？

個案：只有上大學那次而已。

諮商師：妳的大學在哪裡？

個案：就在城裡。

諮商師：妳畢業了嗎？

個案：還沒。

諮商師：妳現在幾歲了？

個案：23。

諮商師完全偏離主題，獨斷獨行，攻擊炮火猛烈，不但沒有付出關心，給予個案同理的瞭解，還可能阻礙治療歷程。諮商師的問題要回應個案所說的話，首先仔細傾聽，接著才是問相關且必要的問題。在問問題之前，諮商師要先同理的回應內容、歷程或感覺（將在下一章討論）。

實務線上　你會怎麼做？ 168

柔緣在東北大城市一家醫院擔任門診諮商師，主要的工作對象是成癮者，以及從急診室轉介而來的病人。雖然擅長處理成癮及精神病患，她仍然很擔心標籤化問題，不知道患者的診斷是不是會跟著他們一輩子。此時 64 歲的尤妮絲在家中昏倒，被子女發現後送到急診室。因長期使用煩寧（Valium），出院後被轉介給柔緣。

> 兩年前開藥給她的醫生拒絕重新開藥，所以尤妮絲才會不停的換醫生，利用這個機會獲得煩寧。她的孩子說自從六年前丈夫過世後，尤妮絲整個人就變了，他們鼓勵她早點尋求協助，但都被她婉拒。她說她一點也不難過傷心，否認使用煩寧，討厭就醫。這點我心存疑慮。她的孩子告訴我她以前就撒過謊，她也絕口不提這件事，只說她很好，不需要諮商師，她所做的一切跟她的子女無關。

課堂討論

1. 柔緣要如何協助尤妮絲敞開心房呢？
2. 柔緣可問哪些封閉式問題？
3. 「評價式問題」適用於諮商中嗎？為什麼？
4. 要柔緣找出尤妮絲不肯跟孩子們談談的動機很重要嗎（即隱藏於行為背後的為什麼）？

諮商師要避免同時問太多問題。**連珠炮問題**（*balloting questions*）即是對同一個議題或完全不同的議題重複詢問，迫使個案只能選擇回答其中一個問題，或者全部回答，把個案搞得糊里糊塗，甚至懷疑諮商師是不是也不懂他在說什麼，沒有花心思去傾聽。讓我們以上述個案為例，看看連珠炮問題的威力：

個案：到派對後的任何事情我都記不得了。

諮商師：派對上的事妳還記得多少？妳整晚都待在那邊嗎？妳最後記得的事情是？

個案：有幾個小時。我記得到那邊後就把禮物拿給我表姊。**（儘管諮商師這麼問，她還是回答了。）**

諮商師：去那裡前妳喝了多少酒？或者妳是到那邊才喝的？妳知道妳喝醉了嗎？

個案：之前喝了一些啤酒。

諮商師：所以還沒到派對之前妳就喝了一些酒。妳需要這樣子嗎？妳從以前就是這樣？

這段諮商實在糟到不行。這類問題顯示諮商師缺乏紀律和訓練。

新手諮商師特別愛問連珠炮問題，可見他們不知道要問什麼，或者不相信個案瞭解他們的詢問。在個案回答問題之前重複又反覆的問問題，舉個例子來說：

169 諮商師：你喜歡你的新工作嗎？怎麼說？你最喜歡的部分是？得到這份工作你開心嗎？

如果你發現你會劈里啪啦地拋出連珠炮問題，要在你問第一個問題後就趕緊打住，即使你的問題辭不達意也一樣。如果你的個案不瞭解或你離題了，他們會讓你知道的。

引導式與假設性問題

影響個體的方式之一就是故意設計一些問題，讓他們用特定的方式思考。引導個人朝既定方向或誘發出預期性答案的問題就稱為**引導式問題**（*leading questions*）。這類的問題影射答案、左右個案的回答，或將個案的回答操縱至你想聽到的答案（desired answer）。引導式問題通常是封閉式問題，具有特定的答案傾向，即便沒有明示一個答案，也缺乏選擇性。引導式問題的用字遣詞不但支配意味強，連肢體語言和聲調都充滿壓迫性。引導式問題不是為了激發個案探索，因此沒有催化的效果。事實上，它們根本不能稱之為問題。舉些例子：

- 你該不會想這麼做吧？
- 你不是真的要這麼做吧？

這些是偽裝成問題的指令（「不要這麼想」及「不要這麼做」），個案要不就同意諮商師，不然就免不了一番爭論，或迫使個案說謊。諮商師應避免引導式問題，將其轉化為非引導式問題，如：「你準備如何因應？」及「你想怎麼處理這件事？」

假設性問題（assumptive questions）類似引導式問題，但卻是開放式的。它們對個案的議題做出假設，但沒有指向明確的答案（雖然還是有干預答案的傾向）。假設性問題跟引導式問題有同樣的缺點，但若運用得當，有可能推動治療進展，避免在個案未完全信任諮商師的情況下引發防衛性反應。例如在第三次談話時，40歲的個案不斷地敘說晚上睡不好、做惡夢，諮商師懷疑她小時候遭受性侵害。

個案：我討厭上床睡覺。我會在半夜裡醒過來，不停的發抖，
　　　感覺就跟小孩沒兩樣。

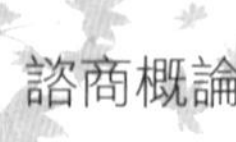

問題一：（**引導式問題**）當妳還小時，妳還記得夜裡有什麼恐怖的事情發生吧？

問題二：（**不當的假設性問題**）當妳還小時，有什麼壞事發生了，害妳驚醒過來？（**這問題假設個案小時候醒來時，有壞事發生了。**）

問題三：（**適當的假設性問題**）晚上醒過來這件事，會讓你回想起小時候什麼事情？（**這問題只假設個案還小時在夜裡醒過來。**）

第一個問題可能會引起個案不滿，阻礙進一步的自我揭露。第二個問題的下場相同，個案會覺得被強迫去回想起曾發生的壞事。相反地，第三個問題讓個案自由回答、自己下結論，同時又能安全地討論孩提時代醒過
170 來這件事，而不會倉促探討可能受到的虐待。正確的使用假設性問題需要透過不斷的練習，在你經驗熟練之前，應只在接受督導的情況下使用。

系統性的詢問

本章所說明的詢問原則應用在一般的諮商過程裡綽綽有餘。儘管如此，在某些情況下，開放式問題結合封閉式、假設性及引導式問題是很合理的。系統性的詢問（systematic inquiry）意指串聯問題與基本反映技巧，是蒐集資訊的制式化程序。雖然在諮商的任何時段都可進行，但最常應用的時機為初始晤談及危機時刻。

初始晤談

第一次療程開始時，諮商師必須蒐集足夠的資訊以竭盡所能地瞭解個案，建構處遇計畫。如你之前所學，諮商師必須進行個案評估以規劃有效的介入策略。諮商師運用系統性的資訊蒐集方法，探索個案當前的議題與

生活各個層面。諮商師以預先準備好的特定問題記錄個案的生命史。雖然初始晤談（intake interview）的問題形式很多，典型必須蒐集的資訊如表 11.1。

初始晤談時諮商師就要開始建立諮商關係，蒐集必要資訊（Cormier & Hackney, 2008），判斷個案適合哪種諮商型態，還是需要轉介至他處。要達到這些目標，諮商師必須動用至今所學的各種技巧，例如結構化治療過程、開放式問題、以輕微鼓勵回應內容、重述與改述、以封閉式問題蒐集背景資料等。諮商師要避免使用**為什麼**的問題、評價式問題、連珠炮問題及假設性問題。縱使時間有限，諮商師也不能拋出太多問題，讓個案難以招架。此外，諮商師也要在問下一個問題之前先說一些支持性的話、反映情感。這會在下一章中加以討論。

表 11.1　初始晤談會蒐集的資訊

- 基本資料，包括年齡、婚姻狀況、家庭圖、教育背景、職業與居住情形。
- 現在的問題，包括在此時尋求協助的理由、症狀、起因、持續時間、對個人生活的影響。
- 先前的心理與情緒困擾、處遇過程及結果。
- 現在的生活情況，包括重要的關係、職業與學校活動、社交與休閒活動。
- 文化、靈性、宗教與社經訊息。
- 家庭背景，包括現在的家庭成員、原生家庭、家庭結構與關係、教養態度、角色模範、家庭規則與價值觀。 171
- 發展史，包括重要事件及里程碑。
- 生涯與教育史。
- 醫療史，包括過去及現在的疾病、醫療處遇及用藥。
- 與健康有關的行為，包括使用藥物及酒精、運動、節食、自我照顧等。
- 個案其他的重要訊息。

資料來源：改寫自 Seligman, L. (2004). Technical and Conceptual Skills for Mental Health Professionals (p. 40). ©2004 Pearson Education, Inc.

危機

危機是分秒必爭的事件，類型不一：自殺威脅或實際行動、災害、生死交關意外、強暴、重病、暴力等等。諮商師必須迅速做出反應，蒐集資訊，對處在危機中的個人提供立即援助諮商師必須蒐集事實、決定風險因子、判斷當事人的情境是否危險、檢閱相關歷史資料、調動資源、制定行動或處遇計畫、密切追蹤等等。在這種情況下，諮商師可詢問大量封閉式問題，兼顧同理心與關懷。許多危機如：自殺、災難反應及強暴等都已有制式化的系統性詢問方法。受過特殊專業訓練的諮商師會結合有效的問話技巧與必要的介入策略。雖然這並不在本書的討論範圍內，但如何因應天然災害及國家緊急法令（national emergencies）也應列入你的學習領域，並融入諮商必修課程。

回應個案的問題

個案常會向諮商師提出問題，他們希望諮商師提供建議，告訴他們該怎麼做，你必須學習如何回應這些問題。傳統的作法是把問題再丟回給個案。

範例一

個案：我覺得我的室友偷了我的戒指。我沒辦法證明，但是我很肯定是她做的。你認為我應該告訴她我已經知道了嗎？

諮商師：你想怎麼做？

範例二

個案：一到班上我就腦袋一片空白。我該怎麼辦？我應該休學嗎？

諮商師：這對你意謂著什麼？

在這些例子裡，諮商師並不提供答案，而是藉由詢問讓個案思考其觀點或行動。然而，過於迴避問題可能讓整段對話荒腔走板，同時模糊問題的重點。

有時個案問的某些問題只是單純地想知道事實資訊而已，在這種情況下，你大可直接回答。如果你答非所問，顧左右而言他，很可能會觸怒你的個案！

範例 172

- 新學年何時開始？
- 我在哪裡可以找得到求職資訊？
- 我要把報告交給誰？
- 我在 SAT 上必須拿多少分？

注意，即便是尋求資訊的問題亦有可能蘊藏著個案的議題。你可以先回答完問題後，接著提出回應或詢問，鼓勵個案跟你談談他的擔憂。以上述最後一個問題為例：

個案：我在 SAT 上必須拿多少分？

諮商師：看學校而定。

個案：我一定要考嗎？

諮商師：不是每個學校都要。你看起來很擔心的樣子，告訴我到底怎麼了。

有些問題需要更多的探索與關注，不宜直截了當的回答完畢。在下面的案例裡，你應該注意隱含的訊息，或協助個案將潛藏的憂慮具體說明。不管問題為何，你都應該敏銳覺察其與個案議題間的關聯，把焦點放在問題背後真正的意義上。

範例一

個案：有件事我很好奇。假設……只是假設哦，有些人在謠傳，我也只是猜測而已。如果在宿舍抽菸被抓到會怎麼樣？

諮商師：可能會被留校察看。跟我講這件事，你的感覺如何？

範例二

個案：我很擔心我媽。她快 80 歲了還獨居，越來越健忘。我幫她採買日常用品，盡心竭力的去看她，可是我還是得以工作為重。我請不起居家看護，你認為我該請個看護嗎？

諮商師：就我聽來，你好像覺得你為媽媽做得還不夠多，擔心她需要的幫助超過你能負荷的範圍。

有些問題涉及倫理方面的考量，最好不要貿然回答。除了自我傷害、傷害他人及兒童虐待的情況之外（本書第四章所論及的保密限制），你不能將向個案保密的事情透露給另一個案知曉，也不要在衝突或爭論中選邊站。在下面的案例裡，你可以說明為什麼你不能回答，接著提出問題或回應個案隱含的憂慮為何。例如，蓋蕊和她的先生約翰正在接受婚姻諮商，同時進行個別治療：

個案：你跟我的丈夫談了些什麼？他有沒有告訴你我兒子的事

情？

諮商師：我之前已經跟妳解釋過了，我不能跟妳透露個別治療的內容。發生了什麼事？

個案：好吧，他昨晚氣炸了。比利很晚才回家，約翰氣得甩門出去，他像個父親嗎？你不覺得他應該待在家裡好好處理這些事嗎？

諮商師：妳是說當約翰氣比利的時候，妳希望他不要就這樣轉頭離開。

個案的問題通常很普通，也料想得到。每個問題都有其重要性，需加以留意並適當回應。

統整 173

在諮商初期，問問題是一項有效的治療工具，在諮商中後期階段亦然。和同班同學練習時，將這類技巧納入你的基本反映技巧庫中，並且應用在日常生活的溝通裡。當你練習和觀察他人時，可運用本章末的TFAC表（表11.2）。像以前一樣，在個人手記裡記下你的進展。下面這個案例能讓你明白提出適當的問題如何強化基本反映技巧。當你閱讀這個例子時，留意諮商師如何回應內容，並結合問題蒐集必要的訊息，掌握療程脈動以支持個案，建立治療關係。

34歲的奧德莉被她的伴侶帶過來。三年前她是個生物老師，如今已拿到遺傳學的博士學位，現在在一家科技公司擔任教科書研發專員。在見到諮商師之前，已完成初始晤談。

諮商師：當妳預約時，曾向初始晤談員提到妳不滿意現在的工作。（**鼓勵**）妳可以多告訴我一些嗎？

個案：嗯……（**猶豫**）我不確定要從哪裡開始說起。我猜我並不滿意，我對我的工作很失望，我甚至不確定我還能繼續做下去。

諮商師：（**重述**）妳不確定想做什麼……

個案：完成所有的在職訓練後，我根本不確定想要這樣應用博士階段所學到的知識。不僅如此，我也不確定我想學以致用。

諮商師：（**改述**）妳不想這樣運用所學的訓練，而且妳也不確定這是妳想做的工作，是這樣的意思嗎？

個案：沒錯！雖然某部分的工作還可以。

諮商師：（**開放式問題**）妳喜歡哪些部分？

個案：活動企劃方面。我要帶教科書到書展會場，我喜歡布置和行銷。但這種時候不多，也不在我的工作範圍。

諮商師：（**改述**）妳喜歡去書展，但那其實不算是妳的工作項目。（**再澄清**）幫我多瞭解一下妳喜歡的工作。

個案：大部分的時間我要寫幾本教科書，從高中生物到高等遺傳學都有。我都獨立作業，我的部門只有我一個人，沒有人可以講話聊天，辦公室裡也找不到人討論事情。

諮商師：（**改述**）聽起來妳常獨自一人工作。

個案：大家都很好，可是我們沒什麼交集。我們都是透過網路討論，或打電話給教授。我真希望他能住近一點，他是我的良師益友。

諮商師：（**改述**）妳說妳可以找教授討論，他的意見對妳很重要。（**催化性的封閉式問題**）他住多遠？

個案：他住在這個國家的另一端。不管怎樣，他已經退休了，而且認為我應該做這份工作。他對我真的意義非凡，我希望我能像他一樣，他對我的影響很大。

諮商師：（**改述**）妳是因為他而接下這份工作，一個妳敬重、也期望妳這麼做的長者，是嗎？

個案：是的，我很尊敬他，他也相信我辦得到。在學期間我滿喜歡研究的，可是卻不知道要做什麼，我只有教過書而已。他說我回去教書並無法應用我學到的新技能，而且也賺不了錢。

諮商師：（**改述**）妳的教授影響了妳的生涯選擇方向。（**假設性問題**）教書對妳有多重要？

個案：我好喜歡！看到孩子們成長和學習真棒。只是教書的錢 174
沒辦法負荷我們的開銷。我曾經在一所私立學校教書，薪水不高。我的伴侶是個音樂家，也賺不了幾個錢。而且我們也想要孩子，因此我們其中之一必須要找一個高薪的工作，所以我才會去讀博士，可是就得辭掉教職了。獨自坐在房間裡寫書實在不是我想貢獻社會的方式。

諮商師：（**摘述**）從妳剛剛所說的可以知道，雖然妳很喜歡教書，可是妳毅然決然離職去念博士。在教授的建議下妳接下這份工作，不但可以學以致用，薪水還更高，更重要的是你們想要組織家庭。不過妳不太喜歡現在的工作，看起來毫無意義，我說的對嗎？

個案：嗯，沒錯吧。當你這麼說，我才瞭解我應該回去教書。你也這麼覺得嗎？

諮商師：（**回應個案的問題**）只有妳才能做決定，如果對妳而言那是最好的決定。還有什麼妳想談的嗎？

個案：有，我不認為我現在做的事有意義，但我很滿意這樣的薪水。我需要再想一想。

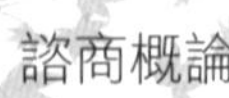

此案例顯示諮商師如何綜合基本反映和問問題的技巧，以協助個案澄清疑慮。表面上看來她的問題是對工作不滿，真正的議題卻是價值觀的衝突：熱愛的工作和薪水間的掙扎。諮商師協助個案探究想法與感覺。接下來你將學習高層次正確的同理心，以及如何處理情緒。

摘要

本章說明諮商中問問題的理由，討論如何運用封閉式問題及開放式問題，複習問問題的技巧與原則。接著詳述有問題的問題、假設性問題，及系統性的詢問。本章另外探討如何回應個案的問題，並以對話案例說明問問題的技巧。

停止，閉嘴！我跟不上你的速度！

——一位諮商初學者試圖重述一個封閉式問題

表 11.2 TFAC[a]——想法、感覺、行動與脈絡 175

自我	我的想法	我的感覺	我的行動	我的脈絡	其他？（具體言之）
當被問及封閉式問題時，我的反應是？					
當被問及開放式問題時，我的反應是？					
對於詢問開放式問題，我的感覺是？					
我能否將封閉式問題轉化為開放式問題？					
我有多常說「為什麼」？					
我要如何避免詢問「有問題的問題」？					
關於假設性問題，我運用得如何？					
當個案詢問我的意見或建議時，我該如何回答？					
我的擔心是？					
他人	他人可能的想法	他人可能的感覺	他人可觀察到的行動	他人外顯的脈絡	其他？（具體言之）
當被問及封閉式問題時，他人的反應為何？					
當被問及開放式問題時，他人的反應為何？					

表 11.2 TFAC[a]——想法、感覺、行動與脈絡（續）

他人	他人可能的想法	他人可能的感覺	他人可觀察到的行動	他人外顯的脈絡	其他？（具體言之）
對於「為什麼」的問題，你觀察到的是？					
對於強迫回答與連珠炮問題，你觀察到的是？					
對於假設性問題，你觀察到的是？					
176 你的老師或其他助人專業者如何回應尋求建議的問題？					
對於系統性詢問與危機議題，你觀察到的是？					
關於問問題，你的學習和觀察是？					

[a]更多 TFAC 的資訊，請見第一章。

第 12 章

情感與同理的瞭解技巧

做你自己，否則任何人都可被取代。

——*Oscar Wilde*

思考重點 177

初層次和高層次正確的同理心有何區別？

五大情緒類別為何？

為什麼在諮商中具備廣泛的情緒字彙很重要？

如何使用公式和非公式的情感反映？何時使用？

一致性在諮商中扮演何種角色？

諮商師如何管理情緒？

諮商師的自我揭露如何在諮商中發揮作用？

有哪些情感介入的策略？

同理的瞭解

基本的同理

同理心意指諮商師有能力進入並體會個案的世界，但又能保持適當的距離（Rogers, 1961）。基本的同理意謂著諮商師無條件的接納與理解感

覺、想法與行動，到目前為止，你已學會藉由反映內容表達基本的同理。同理的關鍵在於能掌握、跟隨個案當下的情緒，如果個案能覺察並直接地表達情緒，諮商師也直接地反映情緒，此種反映其實與內容反映有些微差別：

範例

個案：她指控我欺騙她。她怎麼可以這樣說？真沒禮貌！

諮商師：聽得出來你很生氣。

178 個案：我真不敢相信安德烈竟然甩了我。我哭了一整個下午。

諮商師：妳覺得很難過。

這些反應雖然傳達出基本的情緒同理，但是火候還不夠，沒有正中紅心。

初層次正確的同理心

為了更正確地傳達同理心，諮商師必須暫時與個案融為一體，探索完整的經驗。**初層次正確的同理心**（*primary accurate empathy*）是：「諮商師傾聽個案的訊息，並以簡述語意與情感反映的方式回應，讓個案覺得被瞭解」（Gladding, 2006, p. 95）。每個諮商階段都必須傳達同理的瞭解。

要反映情緒，諮商師首先要觀察個案的非語言行為。你一定還記得第九章的說明，六個基本的非語言表達類型分別是：外觀、肢體語言、個人空間、臉部表情、聲音及行為變化。要瞭解個案的情緒，必須留意非語言行為。個案展現自我的方式透露出許多個人訊息以及他的現實知覺，因此你必須傾聽個案所說的話，把自己放在個案的位置。問問你自己：「如果我設身處地、將心比心、言其所言，我會有什麼感覺？」

要回答這個問題，你必須先明白基本情緒是什麼，接下來才是評估情緒的強度。基本情緒有：**難過**（*sad*）、**生氣**（*angry*）、**快樂**（*happy*）與

恐懼（*scared*），其他的情緒不超乎這四種情緒的組合、程度和細微差別。例如：惱怒（irritated）與狂怒（furious）兩者都是生氣的情緒；驚嚇（startled）和緊張不安（nervous）是恐懼的情緒；受傷（hurt）兼含生氣與難過的情緒。當你判別完基本情緒或情緒組合，再試著評估情緒的強度。記住豐富的情緒詞彙能使你對情緒強度的判斷更精準。

當你定格住某種情緒，你要把你的瞭解告訴個案。剛開始，你可以只做簡單的回應。最簡單的是 Carkhuff 反應公式（see Carkhuff & Anthony, 1979）：

你覺得________

你覺得________因為________。

有時候只要使用第一個句型就夠了。不過第二個句型用途較廣，讓我們來看看以下的例子：

範例一

個案：她指控我欺騙她。她怎麼可以這樣說？真沒禮貌！

諮商師：（**在這種情況下，我會有什麼感覺？我會很生氣。強度呢？會很氣憤。**）

1. 你很火大。
2. 你氣死了，因為你的女朋友說你不忠。

範例二

個案：我真不敢相信安德烈竟然甩了我。我哭了一整個下午。

諮商師：（**在這種情況下，我會有什麼感覺？我會很難過。強度呢？會很痛苦。**）

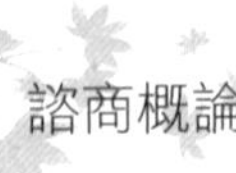

179

實務線上　你會怎麼做？

拉珊達，九歲，被導師轉介給小學諮商師艾美，因為她經常不來學校。到目前為止她的成績並未下降。艾美跟拉珊達的父母親會面，想瞭解家裡發生了什麼事。他們看起來似乎有點煩惱，可是並不怎麼在意她的功課，雙親兩人都有工作，當拉珊達不想去上學時也能待在家裡陪她。

> 大概四個月前，拉珊達的祖父過世了。拉珊達一直都跟祖父母很親，現在祖母也不太來看她了。自從祖父過世後，拉珊達在學校裡都哭個不停，她的同班同學開始取笑她。當我想試著跟她談談時，她一句話都不肯說。不管我用什麼方法，她就只是哭。她說她很好，只是對同學們的嘲笑感到生氣。我試著請她多講一些祖父母的事情，她說她不知道為什麼祖母不再來看她了，可是她不想談這件事。我又試著讓她畫畫，可是她也不肯。我已經不知道接下來還能做些什麼了。

課堂討論

1. 哪些情緒字詞可用在拉珊達身上？
2. 艾美如何運用初層次正確的同理心？
3. 此時艾美可以運用高層次正確的同理心嗎？為什麼可以？為什麼不行？
4. 拉珊達的想法、感覺和行動有哪些一致和不一致之處？
5. 要如何說明拉珊達父母親的感覺（隱藏或外顯的）？

1. 妳覺得很傷心。

2. 妳很悲傷，因為妳的男朋友要跟妳分手。

情感反映較不那麼公式化的說法是**彈性句型結構**（*flexible sentence structure*），包括詞幹、感覺及特殊情境，句末可再加上澄清句。詞幹與澄清句類似第 10 章所學的內容反映。以同樣的例子來說明：

範例一

個案：她指控我欺騙她。她怎麼可以這樣說？真沒禮貌！

諮商師：（**詞幹：**）換句話說，（**特殊情境：**）說你是不忠的花花公子，（**感覺：**）讓你很火大。（**更清楚一點：**）是這樣的意思嗎？

範例二

個案：我真不敢相信安德烈竟然甩了我。我哭了一整個下午。

諮商師：（**詞幹：**）聽起來（**特殊情境：**）今天下午妳的男朋友跟妳分手後，妳覺得（**感覺：**）很傷心。

你越能自在地使用上述句型，就會慢慢地找出自己的溝通風格。資深的諮商師還能信手拈來隱喻或類比，既展現創意又同理情緒。有時候，個案會用隱喻來描述情緒，此時諮商師應精確地反映隱喻背後的情緒。例如個案說：「我恨不得找個地洞鑽進去。」諮商師可回應：「聽起來你覺得很尷尬。」有時諮商師會使用隱喻來捕捉情緒，例如個案說：「我都不知道我這麼累。」諮商師可反映：「感覺你好像被卡車碾過一樣。」

想當然耳，我們常有五味雜陳、百感交集的時刻，會覺得困惑或情緒 180
的衝突消長也是理所當然的。第五個情緒就是**困惑**（*confused*）。當人們感到困惑時，諮商師指認潛在的基本情緒，並加上相關的困惑情緒，作為高

層次同理瞭解的引子。諮商師無法一一指出所有的情緒，但當情緒浮上檯面時，當然不會讓它們從眼皮底下溜走。表12.1列出人們常用的情緒詞彙。

情感反映是試驗性質的意義協商歷程。如果你回應的是個案的主要情緒經驗，就能促進個案反思經驗的能力，協助他正確地辨識自己的情緒；如果你的回應恰到好處，個案就會繼續分享更多的感覺和經驗；如果你無法貼切地形容情緒或情緒的強度，你的回應也要讓個案覺得他可以想想你的回應，看看符不符合他的情況，如此一來個案也會分享更多的情緒和經驗。在你盡力做到同理的瞭解時，就是在協助個案瞭解他自己。

範例

個案：我不知道該怎麼辦，很難兼顧家庭與工作，也找不到時間照顧爸媽，我希望爸媽不要這麼依賴我！我也不希望他們有任何不測，可是他們快把我逼瘋了！

諮商師：（**在這種情形下我會有什麼感覺？生氣，程度：氣惱。難過，程度：傷心。為難，強度：陷入困境。**）對於他們的要求這麼多，你覺得很氣惱，而且你不確定還能再為他們做些什麼。

個案：還好啦！我確信他們應該住到養老院，我一個人根本應付不了，可是我又狠不下心來，真是糟透了。

諮商師：做這個決定讓你有罪惡感，也感覺到你現在很無助，我說的對嗎？

個案：我真的有罪惡感，可是我已經精疲力盡了，我不知道我自己原來這麼難過。

諮商師鼓勵個案以具體、明確的溝通方式來催化覺察。個案的敘說越具體，諮商師越能體驗個案的經驗，正確地傳達出同理的瞭解。

有些個案能直截了當地表達經驗，但大部分的人都是迂迴地採用非語

表 12.1　情緒詞彙分類表 181

難過（SAD）	生氣（ANGRY）	快樂（HAPPY）	恐懼（SCARED）	困惑（CONFUSED）
憂鬱（blue）	可惱（aggravated）	狂喜（blissful）	害怕（afraid）	手足無措（all at sea）
崩潰（crushed）	氣惱（annoyed）	愉快（cheerful）	驚恐（alarmed）	矛盾（ambivalent）
悲泣（crying）	發怒（cross）	大喜過望（ecstatic）	憂慮（apprehensive）	莫名奇妙（baffled）
失意（degraded）	不爽（displeased）	高興（delighted）	焦慮（anxious）	迷惑（befuddled）
氣餒（dejected）	憤怒（enraged）	滿意（content）	擔心（concerned）	存疑（bewildered）
絕望（despairing）	惱火（exasperated）	興高采烈（elated）	無力（defenseless）	煩擾（bothered）
沮喪（despondent）	挫折（frustrated）	鼓舞（encouraged）	憂懼（distressed）	茫然（dazed）
消沉（depressed）	火冒三丈（fuming）	心滿意足（euphoric）	驚慌（disturbed）	為難（dilemma）
失望（disappointed）	氣炸（furious）	興奮（excited）	懼怕（dreading）	困窘（disconcerted）
灰心（disheartened）	可恨（hateful）	神采飛揚（exhilarated）	可怕（fearful）	迷惘（disorientated）
沉悶（dismal）	受傷（hurt）	快活（glad）	驚嚇（frightened）	混淆（flummoxed）
低落（down）	激怒（incensed）	不錯（good）	無助（helpless）	慌亂（flustered）
垂頭喪氣（downcast）	憤慨（indignant）	喜悅（gratified）	遲疑（hesitant）	內疚（guilty）
空虛（empty）	狂怒（infuriated）	很棒（great）	恐怖（horrified）	猶疑（hesitant）
陰鬱（gloomy）	慍怒（irate）	歡天喜地（in rapture）	危險（in danger）	糊塗（inadequate）
哀傷（grieving）	煩躁（irritated）	喜洋洋（joyful）	提心吊膽（jumpy）	優柔寡斷（indecisive）
痛心（heartbroken）	大發雷霆（livid）	妙極了（marvelous）	緊張（nervous）	驚詫（mystified）
無望（hopeless）	震怒（mad）	樂觀（optimistic）	急切不安（on edge）	不知所措（perplexed）

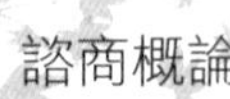

表 12.1　情緒詞彙分類表（續）

難過（SAD）	生氣（ANGRY）	快樂（HAPPY）	恐懼（SCARED）	困惑（CONFUSED）
受傷（hurt）	微怒（miffed）	欣喜若狂（overjoyed）	恐慌（panicked）	迷茫（puzzled）
孤單（lonely）	觸怒（offended）	驚喜（phenomenal）	目瞪口呆（petrified）	困住（stuck）
無精打采（low）	大發雷霆（outraged）	愉悅（pleased）	震驚（shocked）	傷腦筋（stumped）
淒慘（miserable）	不舒服（out of sorts）	積極（positive）	受驚（startled）	無趣（stupid）
鬱悶（melancholy）	厭煩（pissed off）	滿足（satisfied）	嚇壞（terrified）	陷入困境（thrown）
憂傷（mournful）	氣沖沖（provoked）	得意（terrific）	混亂（troubled）	棘手（troubled）
傷心（sorrowful）	厭惡（put off）	欣慰（thankful）	心神不寧（uneasy）	不確定（undecided）
淚流滿面（tearful）	忿恨（resentful）	生氣勃勃（thrilled）	心慌意亂（unnerved）	沒有把握（unsure）
不幸（unhappy）	激動（seething）	逗笑（tickled）	慌張（upset）	不確信（uncertain）
悲哀（woeful）	暴躁（testy）	歡樂（upbeat）	畏懼（vulnerable）	狼狽（confounded）
可憐（wretched）	心煩意亂（upset）	太好了（wonderful）	疑懼（worried）	無能為力（useless）

言訊息。諮商師的挑戰在於精確地瞭解與傳達個案細膩的情緒，連情緒強度都同理得恰到好處。若諮商師的情緒同理超過個案的立即覺察，我們稱之為**高層次正確的同理心**（*advanced accurate empathy*）。

高層次正確的同理心

高層次正確的同理心是諮商師以自我為工具的歷程，用來：(1)瞭解個案也難以覺察的隱微感覺；(2)化暗為明；(3)連結各種情緒，揭露其在個案的生命中彰顯的主題意義。經由注意自己的直覺——直接反應或直覺力，諮商師深入個案的內在經驗，分享他們對個案內隱和外在想法、感覺與行動的直覺，使個案對自己的問題有更清楚的認識。直覺不是亂槍打鳥的想法或感覺，而是對人類行為知識的瞭解，加上專業訓練、個人過去的歷史與專業累積的經驗，油然而生的同理心。粗糙的高層次同理心可能會嚇到個案，甚至傷害治療同盟。諮商師在分享自己的直覺前，得先以適當的問題、內容反映、初層次正確的同理心建立信任、安全的環境。

情緒覺察

本章一開始就言明瞭解想法、感覺和行動的重要性。你需反思每章末的 TFAC 表。現在，花幾分鐘的時間回顧你的手記，看看你的自我覺察部分，還有觀察他人的部分。你能區分想法和感覺之間的不同嗎？有些人很難瞭解其間的差異。

情緒經驗包含兩個層面：覺察與表達。**情緒覺察**（*emotional awareness*）是內在的體驗，意指個人有能力指認並如其所是的接納情緒。**指認**（*recognition*）又包含兩個面向：身體感覺（physical sensations）和正確的解讀（correct interpretation）。情緒覺察是指當情緒產生時，個體能敏感於身體的變化，根據約定俗成的文化意義和情境將感覺正確地標示出來。例如：心跳加速可能是興奮，也可能是害怕，需視當下情況而定。覺察就是能區分多種情緒間的差異。個體不只能言明情緒，還能指出它的強度和意義。瞭解身體感覺的個案就具備某種程度的覺察能力。在表 12.1 裡，可 182
以看到「受傷」（hurt）這個詞同時出現在「難過」和「生氣」的欄位下，也出現在「恐懼」或「困惑」底下。每種情緒伴隨的身體感覺不同，端視當時的背景脈絡而定。描述每種情緒的詞彙琳瑯滿目，不勝枚舉。

情緒體驗包含有能力表達身體感覺的內在經驗。能夠正確陳述情緒的個案，意謂著他能如實合理的接納情緒。如果個案說「受傷」的時候意指他很難過，他應該會在語言和非語言行為中透露更多難過的情緒；如果是

生氣的意思，他的語言和非語言行為就會不同。如果內在經驗和口語表達相符，顯示個案的自我覺察程度不錯。顯然，要有效地探索情緒之前，某種程度的情緒瞭解是必要的。雖然情緒體驗的兩個面向——覺察與表達——息息相關，諮商師須能分別指認兩者，因為在諮商中它們所代表的意義不同。

當個案覺察情緒確實存在，才能在此時此刻與諮商師探索情緒體驗。沒有覺察，就沒有健康的情緒表達。當然，有些個案會在諮商中對討論的內容呈現情緒化的反應，或對感覺侃侃而談。然而，這樣的表達方式可能不是真正的內在情緒經驗覺察。有些個案強烈地否認他們正在表達某種情緒，雖然他們的語言和非語言行為浮現的事實恰巧相反。這樣的否認正顯示個案對內在情緒體驗缺乏覺察。

處理情緒時，諮商師指出未被表達及潛意識的情緒經驗。諮商師協助個案洞察隱含的情緒，加以接納，開放地探索它們的意義與重要性。對於無法正確辨認情緒的個案，諮商師會協助他們先述說身體的感覺，穿針引線地連結相關議題，把這些感覺導向健康、和諧一致的表達。

治療計畫和特定的介入策略都奠基於諮商師是否有能力處理情緒，協助個案辨識生命主題。主題是經驗世界的習慣性方式。當個案未能覺察潛藏及衝突的情緒，或否認這些情緒的存在和影響力，不一致就會順勢而生。

不一致

一致（*congruence*）是指想法與情緒、情緒與行為，或想法與行為不謀而合，如出一轍。很少人能夠無時無刻真誠一致。情緒衝突通常發生於多種情緒間相互對立、較勁，亦或情緒與想法、行為背道而馳。例如：升官發財讓人一則以喜，一則以憂；被拒絕時會感到難過，也會暗自生氣。**不一致**（*incongruence*）是指內在感覺和外在的情緒表達，或內在情緒和外在想法、行為表達間出現自相矛盾的狀態。從孩提時代開始，人們就在學習否定情緒、壓抑感覺。在社會化歷程的箝制下，兒童被教導不可公然表達情緒，連在現實中體會到的感覺都不被認可。例如，對成人的不公平對待顯露怒氣，或受到其他孩子的欺負而痛苦哭泣，在某些家庭、次文化或社會是不被接受或容忍的。因此，大部分的人都知道他們的感覺並不那麼真實可靠，有些人甚至不知道何謂正常、健康的身體感覺和情緒。更極端的是，還有人不知道情緒為何物。

如果諮商師僅回應外顯的行為，他要不是認為情緒不重要，就是對個案的議題隔靴搔癢。雖然有些諮商理論不特別強調情緒，但是新手諮商師在學習基本技巧的過程中至少要精熟情感反映的原理原則。記住，在諮商 183
中，情感介入是諮商師最得力且最有意義的工具，不容小覷。

處理諮商師的情緒

在你能辨識他人的情緒前，你得先管理自己的情緒。稍早前你已學到，除非諮商師是個擁有健康情緒的人，否則也難以協助個案的情緒和心理達到健康的水準。你必須做到想法、行動和感覺真誠一致，覺察自己的內在情緒經驗和外在表現，願意承認個人有未解決的衝突。

下面的例子裡，這兩位受訓諮商師一同在課堂上學習，體驗卻大異其趣。團體成員正在回顧讀研究所的決定。32 歲的吉兒是家中第一個上大學的人，24 歲的湯姆則來自三代醫生世家。

吉兒的內在經驗：吉兒把身體感覺描述為「胃裡有蝴蝶在飛」，伴隨著噁心、沉重的感受，她將其解讀為興奮。她咬唇、拚命眨眼，頹倒在椅子上。

吉兒：我很興奮。我的大一生活過得並不好，雖然辛苦但也得到很多協助。我的堅持終於讓我完成大學學業。我告訴自己：「如果大學都可以畢業，為什麼不讀研究所？」我想要回報那些曾經幫助過我的人，我很自豪。

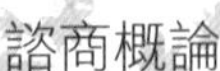

吉兒的興奮之情溢於言表，但是她的非語言行為所顯示的並非如此，她沒有注意到蝴蝶飛舞時伴隨的沉重感。關於感覺層面，她只模模糊糊地體會到焦慮或罪惡感，這可能是她的家人在情緒上並沒有支持她追求學歷，傳達出的觀念主題是：「妳以為妳是誰？」也或許是她覺得比不上同班同學、不樂意自我揭露。種種的潛在感覺顯示她必須去探索這些情緒的意涵，瞭解情緒不一致的原因。

湯姆的內在經驗：湯姆也將身體感覺描述為「胃裡有蝴蝶在飛」，肩膀異常緊繃。他說蝴蝶在長大和攪動。他握緊雙拳，臉色泛紅。

湯姆：我也以自己為榮。在這裡的大部分時間我都很自在。我沒有冒犯的意思，但這門課對我來說輕而易舉。我認為當諮商師跟當醫生一樣棒。我的爸爸和祖父都是醫生，我想在醫院跟精神科醫生及同仁一起工作。

湯姆對蝴蝶的描述顯示出和諧中的不一致，他的身體感覺透露某種程度的生氣、挫折或尷尬。他會尷尬，可能是因為他覺得沒有達到家人希望他上醫學院的期望；他對此感到生氣，也覺得自己比班上同學優秀，傳達出來的情緒主題是：「我比別人好。」他的氣質適合念諮商，可是不太適合念醫學，不過他要他的同班同學知道他的家庭背景。他必須再進一步深
184 究他的感覺究竟對其人生目標和誠實度透露出何種訊息，再仔細看看他如何否認真實的情感。

記住，諮商師必須覺察反移情存在的可能性。減少反移情干擾的方法之一就是覺察你對自己生命重要議題的感受，確保你的議題不會阻礙你與個案間的諮商工作，或把他們的感覺和你的感覺混為一談。當你運用直覺協助個案認識並瞭解情緒反應時，你必須提醒自己千萬不能把自己的議題和個案的議題張冠李戴。你的直覺可以協助個案直接表達從前的難言之隱，意識到內在情緒經驗的意義，使其有更寬廣的視野。你的直覺可不是無的

放矢，而是有憑有據地得自你與個案的互動。隨著諮商的進行，你會明瞭個案的經驗、行為、世界觀、獨特的脈絡等等。綜合你對他們的想法、行動和感覺的瞭解，加上你自己的情緒體驗所引發的直覺反應。想做好這項工作，得時時不忘瞭解自己的內在情緒經驗和外在行為表達。花點時間思索自己的生命還有情緒反應。本章的 TFAC 表是個很好的開始。當你辨認你的情緒氛圍時，使用 TFAC 表找出可以真實表達自我的方法，也辨認出你重要的生命主題。即使以後課堂不會要求你這麼做，也希望你能在諮商療程中持續進行這些省思。

個案對諮商師的情緒

有時候，個案會將情緒轉移至諮商師身上，對諮商師發洩怒氣或依賴成性。一旦成為個案情緒的箭靶，新手諮商師經常無法在同理和接納之外同時保持客觀性。當個案對你生氣或說你害他們哭時，的確很難不興起防衛心。你必須監控你的感覺，判斷這些針對你的情緒是否合理，亦或是移情作用。多數情況下，你要平心靜氣地坐著，讓個案表達情緒。這是療程中很值得探索的素材。

範例

個案：我再也不想這樣下去了。你應該告訴我該怎麼做，而不是一直揭我的瘡疤。我真不該來這裡，你一點用處都沒有。

諮商師：你好像很失望，因為我沒有告訴你解決的方法。

個案：沒錯，怎麼辦？我只想要有個答案把我的問題統統解決掉，而你只會讓我越來越頭痛。

諮商師：所以，你對我很生氣和不滿，因為你沒有得到什麼問題

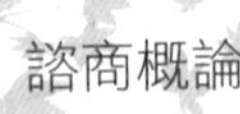

解決的特效藥。

個案：對，我猜是這樣……來這裡我並不快樂，事情都沒有變好。為什麼會這樣？（瞪著前方）

諮商師：（沉默）

如果你不確信個案的情緒是因你的行為所引起，或是發覺你對個案的情緒另有他因，尋求督導是不二法門。

185 在某些情況下，個案的情緒一發不可收拾。稍後你會學習一些技巧來涵容情緒，進而協助個案把持情緒，並運用自我揭露讓個案瞭解他們的情緒對別人造成的影響。

諮商師的自我揭露

諮商師自我揭露當下他對個案的感覺。當你曉得自己的議題不會干擾你對個案的經驗時，就能監控自己的反應並回饋給個案。你對個案的感覺，也是外界對個案的感覺。給予個案真心誠意、由衷溫暖的回應具有強大的治療作用，這就是 Rogers 所說的無條件積極關懷。你必須不加批判地述說你對個案的感覺。除了回饋情緒層面外，還有回應個案的想法及行為。我會闡釋個案自我揭露的層面，並在下一章說明有效回饋的指導方針。從現在起，我們的討論重點僅止於情緒部分。

諮商師的自我揭露是一種捕捉當下的技巧，揭示此時此刻個案對諮商師，或諮商師對個案的經驗，而非他時他刻的經驗。以此例而言，諮商師與個案已晤談數次，也發展出治療同盟，處理個案大一時工程學就被當掉的慘痛心情。

個案：（哭泣）我是班上唯一的女生，真的很糟糕。那些男生聚在一起，互相分享考古題。教授硬要當掉一些人，我根本沒機會。我沒有勇氣告訴他發生了什麼事。

諮商師：聽到妳這麼說，我也可以感覺到妳的不滿。

個案：我想拿高分，這樣不公平，而且也不是我的錯。我不能告訴我爸我被當了。一切都完了，他會殺了我！

諮商師：我可以感受到妳的焦慮，如果我碰到的情況跟妳一樣，我也會害怕。我知道妳很擔心，如果他發現了，不知道會做出什麼事來。

個案：不能被他發現。

諮商師：（**注意到非語言訊息**）當我看著妳的時候，可以感受到妳有多害怕，也很忿忿不平。

個案：我不能讓他知道我討厭機械！我從來就不想當工程師，是他逼我讀的，我不能和他爭論。

諮商師：（**指認主題**）就我看來，妳內心憎恨著教授和父親，但是不敢為自己講話。我在想這是不是妳常有的經驗。

個案：我不該興風作浪……

立即性

諮商師自我揭露對個案的感受，並坦誠說明彼此的關係。立即性（*immediacy*）呈現治療中此時此刻的互動。經由透明化、真誠無偽與信任所建構出來的治療環境，立即性讓諮商師和個案有舞台可以探索關係中是否有 186
任何緊張的成分，也讓個案有機會和諮商師一起面對處理他們的關係和個案在諮商室外的關係類似的地方。當諮商師和個案的種族、性別或社經背景殊異，諮商關係極有可能不同調，個案感受尤深。此時，諮商師就需運用立即性揭櫫此種密而不宣的差異，促使個案面對生命中的重要議題，這或許是問題的原由。

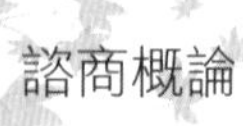

無論何時，若諮商師與個案的之間的關係妨礙了治療的進展，諮商師就可使用立即性自我揭露此種感受。儘管如此，立即性不是用來有意無意地批判個案，也不是斥責個案太心直口快，即使這番直言無諱是在批評諮商師。以下面的對話為例，諮商師是白人中年女性，個案為 16 歲的男性非裔美人，出身於市內的貧困階層。他們已會面兩次，個案想轉學至職業學校，這樣才有半工半讀的機會，但此舉卻得放棄資優班的就讀資格。

個案：我該去工作。在現實生活中我的學歷根本一文不名。妳就是不懂。

諮商師：當我聽到你這麼說，我想你的意思是我不瞭解你，因為我們生活在不同的世界裡，是不是？

個案：妳怎麼可能知道我的處境？

諮商師：除非你告訴我，否則我不會明白。如果我沒有辦法協助你達到真正想要的目標，我也會覺得自己很無能。

個案：好吧，我想要幫忙家裡，我想現在就賺點錢，不用等幾年後拿到什麼鬼大學文憑。妳這個白人女性懂什麼？妳懂個屁！

諮商師：我知道我們彼此之間的種族議題有多沉重，也阻礙了我們之間的合作。我們來談談這個話題如何？你願意說說看嗎？

從此例可看出，當彼此互信時，諮商師才能協助個案超越表淺的層次。立即性讓雙方得以處理阻止關鍵議題獲得探索的障礙，持續有所進展。

立即性的另一個目標，是和個案一起探索他在諮商關係中的作為，可能恰好反應出他在其他關係中的行動，才會導致問題的發生，阻礙他們達成目標，亦或妨礙治療的進度。在下面的例子裡，諮商師與 42 歲、離婚兩次的女性個案晤談，他們的療程已進行數次，這是某次 50 分鐘療程中約 10 分鐘的談話內容。

諮商師：喬治亞，我常常聽到妳說沒有人喜歡妳，我感覺妳好像也在說我不喜歡妳。

個案：我可沒這麼說！你必須喜歡我——那是你的工作。

諮商師：聽妳這麼說我滿難過的，妳並不像我這麼認真地看待我們的關係。

個案：嗯，需要嗎？

諮商師：我覺得跟妳之間有很深的連結，而且我關心妳。這是真實的感覺。

個案：是嗎？

諮商師：妳不想告訴我那兩段婚姻的結束讓妳有被拋棄的感覺，我不禁懷疑如果我想再多深入探討的話，我們之間的聯繫會斷掉。我不希望這種事情發生，我在想妳是否也有同樣的感受。

個案：對，嗯……每個我親近的人都離開我……

諮商師：我猜妳害怕如果妳敞開心扉向我靠近，妳也會失去我。如果保持距離就不會那麼可怕了。

個案：我想接近你，但是又害怕你對我的看法。

諮商師：如果我們彼此坦誠，妳的感覺如何？這對我們有何意 187
義？

在這個例子裡，個案對諮商師的感覺與過去的關係經驗密不可分。立即性能協助個案慢慢地接受她在形成與維持關係時的脆弱與無助。

情緒介入

善用你的直覺，與其他的技巧相輔而成，就能擴展你的洞察力。在你尚未能與個案建立穩固的關係前，勿擅用高層次正確的同理心。記住，同理心無法一蹴而幾，不小心就會弄巧成拙，每當開啟新的議題時都必須重新理解。情緒介入需從基本功紮起，也就是重述、改述、摘述及情感反映。

範例

個案：我告訴我媽我跟老闆之間的問題，他怎麼把別人的錯怪到我頭上等等。她聽了只說了一句：「妳確定不是妳的錯？」我氣死了！她根本沒注意聽我說。

諮商師：（**重述**）你生氣了。

簡單地重述情緒雖然沒錯，卻少了份真實的瞭解。真正的瞭解應在諮商師的反芻下而有稍許不同的表達，因此最好能選用其他層次的反應：

1. **改述**：妳覺得很生氣。妳媽不聽妳講話，還說妳跟老闆之間的問題都是妳的錯。
2. **摘述**：當妳跟媽媽解釋老闆怎麼錯怪妳時，妳媽媽並不瞭解。她好像在責備妳，她覺得很生氣，是這樣子嗎？
3. **基本的同理情感反映**：妳對媽媽很生氣，因為她根本不聽妳說話，還認為是妳的錯。
4. **高層次同理情感反映**：當她這麼說時，妳覺得被誤解和被貶低了。沒有得到媽媽的支持讓妳覺得很受傷。

情緒介入並非就此打住，畫下句點，諮商師必須明瞭如何在療程中處理個案的情緒。晤談時，個案可能氣得大哭、焦慮不安，或者面無表情，諮商師要辨識所有的情緒，使用精確的語言協助個案覺察、探索身體感覺，接納並探究情緒與議題間的關聯，以及習慣的反應模式，如此一來個案才能深究情緒的源頭。以下的例子說明如何進行情緒介入。

188

情緒介入示例

高層次正確的情緒同理常是改變的催化劑，運用的機會比比皆是。在眾多情緒介入的技巧中，以下兩種是最常見的。

感覺覺察

有些人在情緒激動時對身體感覺渾然不知。身體感覺介入策略協助個案留心與情緒有關的生理反應。個案首先要學習傾聽自然狀態下的身體反應，然後是情緒激動狀態下的身體反應，放鬆身體各個不同部位，轉向內在的覺察。個案要評量繃緊和放鬆不同肌肉時的感覺狀態，也要留神表達情緒時的身體感覺，辨識其間的關聯。

與感覺覺察有關的行為技巧之一是：漸進式肌肉放鬆。繃緊每塊肌肉，然後放鬆。個案要注意兩者間的差異，學習在情緒高張時控制緊張，泰然自若。

將過去的感覺帶至現在

諮商師運用完形學派的相關技巧，協助個案將現在的情緒和過去的經驗加以連結。在完形學派裡，諮商師協同個案處理會干擾現在生活的情緒、行為，體驗過去的未竟事務，鼓勵個案釋放內隱情緒，主要的技巧有：辨識停留在身體內的情緒並充分地體驗、留意是否還有其他感覺浮現出來、運用空椅法讓情緒發聲、誇大情緒反應以理解其意義和重要性，亦或停留在感覺中，而非逃離背對。

統整

吉姆是一位 24 歲的研究生，來諮商時談到他對課業心不在焉。三次療程後，他開始談到他對家鄉未婚妻的懷疑，想要結束這段六年的關係。

個案：從克蕾絲還是鄰家小妹時，我就認識她了。她 14 歲的時候我們開始約會，我是她唯一交往的對象，現在我猜她可能有二心。

諮商師：（**鼓勵／澄清**）多告訴我一點，什麼叫「有二心」？

個案：她口頭上沒說，但我知道她想四處看看。當我們通電話時，她告訴我說她跟所謂的「男性朋友」出去玩。她說她不是在約會，可是我忍不住會想她到底跟這些男的在做什麼。

諮商師：（**改述**）當她告訴你她跟其他男生出去玩時，你擔心這並不是純友誼而已，是嗎？

個案：我不認為克蕾絲會跟其他人亂來，畢竟她對那種事很敏感的。

諮商師：（**改述**）你說你不認為她會騙你，是因為她會擔心？

189 個案：我希望她沒有。我們直到她 17 歲時才……嗯，你知道，我是她唯一一個……嗯……（**停住**）

諮商師：（**沉默**）

個案：……就是……那種事。

諮商師：（**高層次正確的同理心**）我可以感覺到你不太好意思這麼公開的談性這件事。

個案：我們本來要等到結婚後再做的，我們兩個都來自非常保守的宗教家庭，如果被家裡的人知道的話，肯定會宰了我們。我一向守口如瓶的。

諮商師：（**高層次正確的同理心**）跟我說起這件事，對你來說也不容易。

個案：就像我說的，我從沒提過。

諮商師：（**高層次正確的同理心**）你怕如果你跟我坦白，我會像你的家人一樣批判你。

個案：不是嗎？你不是已經在批評我了嗎？

諮商師：（**立即性**）就算我們已經彼此互相信任，你還是會認為我瞧不起你，我很擔心這一點。

個案：我們以前又沒說過！

諮商師：（**立即性**）如果我們都不說的話，看起來好像比較安全一點，但是我覺得這樣好像有一道障礙橫越在我們之間。如果我們兩個都扭扭捏捏，我很懷疑會有多大進展。

個案：我想我可以試試看。跟你在一起很自然。我喜歡你聽我說話，也不會批評我。

諮商師：（**立即性**）很高興聽到你這麼說，我很看重我們的關係。（**開放式問題**）對於克蕾絲，你最感困擾的地方是什麼？

個案：她還未成年！我們情投意合，在一起快三年了。等我一畢業，我們就會結婚。真是的，我早該知道，你認為我錯了嗎？

諮商師：（**沒有直接回答／情感反映**）我認為你的意思是，你對於跟她發生性關係有罪惡感，即使你們已私定終身。

個案：我是說，我們不像別人所想的那樣。因為我的緣故，她已經不是處女了。現在誰知道她在做什麼，跟多少人……（**停住**）

諮商師：（**高層次正確的同理心**）你擔心因為她跟你有過性關係，所以她才會跟別的男人有性行為。你覺得她如果變得人盡可夫，你就要負起責任。

個案：我不知道我怎麼想，但快把我搞瘋了！如果她跟我分手怎麼辦？（停住）事實上，我根本不確定我還想跟她結婚。

諮商師：（連結／摘述）來看看我是否懂了。你無法專心於課業，因為你擔心克蕾絲會離你而去。你知道她跟其他男生約會，懷疑她可能跟他們發生性關係。如果有的話，你覺得這是你的錯。但同時你又不確定自己對她的感情，加深了你的罪惡感，弄得你心煩意亂的。

本例說明以同理瞭解的技巧揭露個案潛藏於議題下的情緒，大大地增進諮商效能。雖然個案的問題表面上看似為無法專心於課業，但其實是擔心與未婚妻間的關係。問題是他認為他要為她的行為負責任，當諮商師指出他的情緒，慢慢地協助個案探索關於責任的想法和信念，待時機成熟後，再設立行為改變目標去處理關係，恢復用功鑽研課業的能力。下一章，你會學到回應想法與行為的介入策略。

190

摘要

本章討論基本同理瞭解的要素及高層次正確的同理心。運用基本的結構化反應方式反映內隱與外顯的情緒。本章討論內在經驗與外在的情緒表現、它們的強度與重要性、相互衝突的情緒，以及內在情緒與外在行為、想法間的不一致。另探討諮商師管理個人情緒的重要性，和諮商師治療性的運用自我揭露等。最後說明情緒介入的案例。

我不知道應該有什麼感覺。這是我做過最難的事……也是最棒的。

——一位 60 歲的傑出律師對諮商師所說的話

表 12.2 TFAC[a]——想法、感覺、行動與脈絡 191

自我	我的想法	我的感覺	我的行動	我的脈絡	其他？（具體言之）
在覺察自己的身體對情緒的反應上，我做得如何？					
在區分自己不同的情緒上，我做得如何？					
我對表達情緒的自在程度如何？					
當我表達出真誠的立即性時，結果是？					
我對自己的不一致瞭解多少？					
在正確地解讀情緒方面，我做得如何？					
表達我的情緒時，我的擔心是？					
還有其他的擔心是？					
他人	他人可能的想法	他人可能的感覺	他人可觀察到的行動	他人外顯的脈絡	其他？（具體言之）
別人表達感覺時，做得如何？					
當感覺得到接納，別人的反應如何？					
我觀察到哪些不一致的現象？					

表 12.2　TFAC[a]——想法、感覺、行動與脈絡（續）

他人	他人可能的想法	他人可能的感覺	他人可觀察到的行動	他人外顯的脈絡	其他？（具體言之）
在同學、老師和別人身上，我觀察到哪些高層次正確的同理心？					
在同學、老師和別人身上，我觀察到哪些真誠的自我揭露？					
對別人的情緒，我還學習到？					

[a]更多 TFAC 的資訊，請見第一章。

第 13 章

回應想法與行為

人的心智一旦因爲新觀念而擴展開來，
就不會再局限於原來的模樣。

——*Oliver Wendell Holmes*

思考重點 193

在諮商中如何指認想法？
有哪些常見的認知技巧與介入策略？
諮商師如何給回饋？
何謂面質？如何運用？
諮商師如何處理個案的行為？
有哪些常見的行為技巧與介入策略？

縱觀本書，你已學會建立和諧與信任關係的重要性、問問題、內容反映和情感反映的晤談技巧，從一開始會面到結案的整個諮商歷程中，你都需要用到這些技巧。若將這些技巧分門拆解，則不足以協助個案做出必要的改變，因此，很多諮商師會採用其他較具體的助人策略。在諮商的早期階段，諮商師要先聆聽個案的故事，指認並澄清問題，捉住機會協助個案改變。在諮商的第二階段，諮商師運用 Egan（2006）的三階段取向協助個案設立目標，找出問題的解決方法，鼓勵個案承諾改變。這時，治療同盟階段開始，並持續到諮商結束。

諮商師的理論觀點、個案的特質、問題的本質等皆會影響治療同盟的進展，涉及個案的行動與諮商師的回饋。最有效的治療同盟聚焦在個案的優勢而非劣勢。雖然治療同盟的重心可放在改變情緒，多數的諮商師及其他助人專業者幾乎把目標瞄準在認知或行為改變上，或兩者皆備。認知取向的重點是知覺、信念、態度和意義，行為取向的重點則是可觀察的行為和表現，有效的諮商介入策略通常結合認知行為取向。以下的討論雖然是個別說明，但彼此之間的重疊相似處顯而易見。

194

處理想法

認知取向認為人們要為所做、所言、所感負責。諮商師協助個案覺察想法，以及在獨特的脈絡和文化下，這些想法對情緒和行動所帶來的影響。加以覺察後，個案要評估想法的有效性，駁斥非理性想法和信念，代之以合理、有益的想法。

Aaron Beck（1995）及 Albert Ellis（see Ellis & Dryden, 1997）的理論主張情緒困擾導因於個人的思考方式。無論你是否認同 Beck 與 Ellis 的理念，很多諮商師都相信協助個案辨識與修正想法是正向改變和成功因應的關鍵（Seligman, 2004）。也就是說，當想法改變，感覺與行為也會跟著改變。諮商師協助個案認識、陳述與檢視認知思考，判定想法是否有效、有益、有利、有用。透過認知重建的歷程，重新評估失功能的思考方式，轉化為較有功能的思考方式，進而改善情緒與行為。諮商師細心聆聽個案生活所面臨的困境，發現他們對困境的反應，接下來和個案一同合作，找出自我挫敗的信念，加以駁斥並修正。大部分的認知介入策略在諮商療程一開始即可實施，出了諮商室大門後還可指派家庭作業。個案學習認識自己的思考歷程及衍生而來的信念，根據現實而非錯誤知覺來修正非理性信念，使之成為理性信念。

認知功能的層次

認知策略需符合個案的思考歷程水準，認知發展階段會影響個案的理解能力，以及是否能有效地執行認知重建策略。年幼的兒童、認知障礙或缺損的個體、有妄想症或幻覺的個案皆不適合，因此諮商師必須評估個案的認知功能，遣詞用字也要配合個案的能力或教育水準，溝通上儘可能具體明確。如果具備正常認知功能，但語言能力不佳的個案，諮商師若能以他們擅長的語言溝通，並敏銳覺察個案的文化，這類個案當然可以成為認知重建的最佳候選人。文化覺察能力與敏感度至關重要：某個文化的非理性信念，或許在另一個文化裡卻是再合理不過。

諮商師必須區辨理想的認知功能和暫時性的認知缺損之間的差別。處於危機狀況下的個體，或情緒緊繃、憂鬱的個案，在一般正常情況下認知功能並無異常，可是碰到壓力情境可能會有暫時的變化。極端的壓力會改變人們的思考能力。當此時，認知重建策略可能就不是最好的治療選項。

認知介入

整個諮商歷程中，諮商師皆可採用認知介入策略。認知介入策略可以：(1)增加清楚明確性；(2)向個案再保證他們的經驗合理正常之處；(3)提供必要的資訊或指導；(4)協助個案瞭解自己的思考歷程；(5)覺察不一致；(6)協助個案做出重大決定。

正常化 195

有時候，經驗壓力或特殊事件的個案會懷疑、害怕他們的反應是否正常，擔心他們的情緒過於誇張不安。其實他們的反應是正常的，卻深受某些常見的反應，如激動、恐慌、緊張、發抖、心跳加速、失眠、呼吸困難

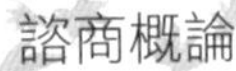

之苦。諮商師運用**正常化**（*normalizing*）技巧，向個案保證他們的反應是很普遍、合宜且健康的，遭遇類似情境的人反應多半相去無幾，因此個案的體驗是可預期的結果。例如，目睹槍擊死亡的創傷事件，諮商師會分享關於壓力、創傷反應的資訊，以及憤怒、沮喪、恐懼或罪惡感等常有的感覺，幫助個案瞭解他們的反應跟其他人的差不多，就已具備治療效果。當個案知道他們的反應是正常的，諮商師和個案即可在不評價、安全的環境裡進一步探索這項特殊經驗。

雖然諮商師力求客觀與追求事實，但他們不會正常化適應不良或不健康的反應。例如，諮商師不會正常化個案想要回揍霸凌者的計畫，而是正常化憤怒的感覺。「應節制使用正常化，不可空口說白話，也不要在見樹不見林的情況下，忽略脈絡的觀點」（Brems, 2001, p. 230）。

重新架構與重新標示

這兩個很相似的策略是從女性主義和家族治療取向發展出來的，目的在重組觀念。**重新架構**（*reframing*）從不同的、較正面的角度詮釋事件或情境。例如，諮商師建議家人不要從「壞小孩」和外在行為判定孩子的表現，代之以新的參考架構，希望父母親把孩子看成正在盡其所能地分散雙親的注意力，不要再爭得面紅耳赤。

重新標示（*relabeling*）的技巧嘗試以較正向的詞句形容個案所呈現的負面行為或信念。以上述的例子來說，諮商師會將「壞小孩」重新標示為「適應型兒童」。

如果個案對自我的觀感頗差，諮商師可重新架構或重新標示個案的觀念，重新詮釋個案的語言，如此一來他們就能從全新、較正向的觀點看待自己。舉例來說，如果個案無法做決定時就自責：「我就是很笨！」諮商師可以重新標示他不想輕率地做決定，或重新架構為可能「還沒有得到全部的事實資訊」。

重新架構與重新標示亦可對個案周遭他人的行為帶來新觀點。諮商師以實事求是、客觀理性的態度來重新架構與重新標示。這並不是盲目同情的藉口，也不適宜在個案敘說故事的初期使用。這個策略也不是用來跟個案爭論的。如果個案不瞭解或不接受，諮商師就不能強迫推銷重新架構與重新標示，但可以持續採用其他的策略。個案的需求總是優於某項特殊技巧。

提供資訊

從本書中你已學會提供建議沒有多大助益，提供建議置諮商師為全知全能的角色，剝奪了個案的控制感與權能感。除非資訊十分有價值或堅持
己見，否則諮商師不會輕易告訴個案該怎麼做。不過，為了探究及檢視個 196
案的議題，他們可能需要知道一些訊息和事實以彌補部分不足的資訊。提供資訊是一種教育策略，具有治療效果，它可以改變個案對情境的反應，協助他們設立目標和做決定。有時候，諮商師還可以跟個案合作，彼此分享資訊，諮商師告訴個案相關的訊息，然後邀請個案進一步探究事實，回頭再來討論發現的結果。

提供資訊常是學校諮商師、高等教育學生事務處諮商師和生涯諮商師輔導工作中很重要的一環。在這些場合工作的諮商師經常辦理工作坊和訓練課程，如生活技巧、壓力管理、衝突解決策略、溝通技巧、親職教育、人類發展階段、求職策略、入學要求、生涯與生活規劃、施測結果等等。

除了學校之外，諮商師亦可透過心理教育的方式，在家族治療、團體諮商或工作坊裡提供上述主題的資訊，以滿足個案的心理或情緒需求。除了上一段討論過的主題外，還有憤怒管理、瀕死與死亡、自殺防治、成癮、酒精和物質濫用等等。心理教育提供客觀的資訊，不評價或責備個案的想法、感覺、行為、背景脈絡，只是敘述事實。心理教育並不是為了做選擇而已，它是治療計畫的一部分，與個案關心的問題、呈現的議題和結案計畫息息相關。

諮商師應謹慎留意，在與當前議題相關的情況下提供資訊，避免只是

糾正個案該如何做，即使個案的陳述不完整或不正確，除非這些陳述與諮商目標或歷程八竿子打不著。提供資訊要與個案前來諮商的理由相關，非適當時機不可使用。如你所知，諮商師不做假設，在個案說明細節或具體事實前尤為重要。有時候，個案已經知曉某些訊息，此時諮商師再提供資訊，不過是邀功而已。因此在提供資訊前，最好先檢核個案已得知多少訊息，或先前嘗試過哪些努力。

給予回饋

雖然回饋通常指的是行為，會在此處說明是因為改變行為的一個重要方式就是認知覺察。當諮商師想要傳達給個案一些自我訊息以刺激行為改變時，就可給予回饋。諮商師應在正向、信賴的治療關係下使用這項技巧。回饋是建設性的、增進關係的策略，個案得到回饋後的感覺應該變得更好，而非更糟。

五大運用回饋的原理原則是：

- 回饋是特定的、描述性的、客觀的、非評價式的。
- 首先告知其何謂正確的行為，接著才是需要改變的行為。
- 目標是可改變的行為。
- 是請求，而非要求。
- 儘可能在問題行為發生時直接提出。

在諮商室外常可見諮商師給予個案回饋。當然，在個別諮商與團體諮商時給予回饋比比皆是。

197 **範例**

1.（停在八年級教室外面）：凱莉，看起來你在學校有很多好朋友，可是現在妳跟朋友的談話擋住了其他同學的去路。妳可能沒有注意妳的書包打到她了。從現在開始，我希望妳站在走道這一邊讓其他人通過，可以嗎？

2. （**對中途之家的成癮患者**）：喬治，我看到你把房間收拾得很乾淨，把分內工作做得很好。但是今天早上我看到你把咖啡杯和早餐盤留在電視機旁的地板上。我們的規定之一就是吃完東西後所有的盤子必須要拿進廚房裡，這樣廚房裡的人才能很快的收拾妥當。如果你記得的話，我們會很感謝。

3. （**對第五次療程開始的個案**）：金吉兒，我很高興我們每次談話你都有備而來，你完成了作業，也做了改變。然而，每個禮拜你都會稍微遲到幾分鐘，今天你晚到了 15 分鐘，而且似乎有點分神。如果我們沒有準時開始，就沒辦法如期完成。我希望你有充分的時間在這裡完成我們的任務，你可以答應我嗎？

指認模式

在第 10 章裡，你已學會運用摘述技巧澄清特定議題、問題或目標。摘述意指選擇注意和反映給個案的內容，它與個案長期以來的情緒、行為及思考模式密不可分。諮商師和個案同心協力指認主題（themes）——經驗世界的慣性模式。有趣的是，諮商師比個案容易發現這些模式，正所謂「旁觀者清，當局者迷」，個案往往難以覺察自己的行動、想法、情緒和人際型態其實相當一致、類似，但總是不得宜。很多人就是因為問題重複發生，所以才尋求諮商。當諮商師指出失功能的思考模式，或不怎麼理想的行為，或從不同的面向發現共通的主題時，個案就能產生新觀點。諮商師協助個案指認、瞭解這些主題及模式，據此擬定治療計畫和特殊的介入策略。透過摘述和高層次正確的同理心來指認模式，可以協助個案辨認失功能和不適應的根深蒂固想法、核心信念或慣性行為，刺激個案改變。指認思考型態牽涉到思考的不同層面，如事件、情境、反應或內容等。辨識行為或情

緒模式時，可同時將思考模式帶入覺察，將個案的現實經驗整合為系統性的體驗。

如果不一致並非主要的議題，介入策略就簡單明瞭多了。諮商師可在療程中請個案留意模式的存在，看看還有沒有其他模式浮現。諮商師鼓勵個案辨識療程間相同的型態。這原本是認知重建技術，當個案有問題的慣性思考模式減少，行為改變之路和新的思考方式將指日可待。如果思考型態和慣性行為顯示不一致之處，諮商師就可運用面質或挑戰技巧，協助個案覺察思考、情緒或行為模式。

面質與挑戰

當個案沒有覺察自己潛藏的矛盾情緒，或否認這些情緒的存在及對想法和行動的影響時，不一致就產生了。矛盾的情緒通常與多種情緒間的角
198 力衝突有關，或某種情緒與想法牴觸對立。行為與情緒、想法間的相左也是不一致。諮商師挑戰個案的 TFAC 面向，以及多種溝通訊息間不一致與矛盾的狀態。目的在協助個案覺察不同的思考方式，希冀能產生煥然一新的行為與情緒。覺察自我衝突能促成改變。

用**面質**（*confrontation*）這個詞來說明指出不一致的歷程不是很恰當，因為它暗指爭論或衝突的言外之意，或許**挑戰**（*challenging*）這個詞更能描述這項技巧。諮商師及時、溫和地挑戰個案注意自己不一致的地方。得體與敏感度是關鍵。

面質的時候，諮商師不加評價地說明其中的不一致。挑戰則特別指出個案的陳述與諮商師的觀察之間的差異。「你／但是」（You/but）的句子型態最為常見。

範例

1. 你一下子說你絕對會忘了他，但一會兒又跟著他到處跑，這是怎麼一回事？

實務線上 **你會怎麼做？**

約翰在中西部一家製造公司擔任員工協助方案諮商師，他晤談 24 歲的琳達已有數星期。她來的時候顯得很煩惱，因為她的室友不愛乾淨、不整理房間，也不幫忙買東西，出門只知道買酒，還常常在沒有知會琳達的情況下帶不同的男人回來過夜，有幾次還住了好幾天。琳達要為他們煮飯、掃地，可是他們對她不屑一顧、嗤之以鼻。她說她要「陪笑臉」，內心暗叫他們是「人渣」。

> 我實在是拿琳達沒辦法。經歷兒童期數年的語言虐待，讓琳達學會以順從、低聲下氣的互動型態來與人交往，包括我在內。她擔心無法再跟室友繼續相處下去，這跟她早年無能肯定自我權益有關，有「習得無助感」。她看起來很想取悅我。我為她設立幾個目標，但無法確定那是她想要的。她說她有聽我的話，可是卻毫無進展，我不確定她真的有乖乖照做。

課堂討論

1. 琳達有哪些認知扭曲的地方？
2. 如果你是琳達的諮商師，你認為哪種取向或介入策略較適合？
3. 你會想和琳達討論哪些認知與行為模式？
4. 約翰可以設立哪些目標？怎樣才能發揮效果？

2. 你說你不在乎班上同學怎麼笑你，但你的拳頭緊握、眼眶泛淚、身體還在發抖。發生了什麼事？
3. 你說你覺得很孤單，想要出門並和朋友聯絡，但同時你又沒日沒夜的玩線上遊戲、看電視，怎麼會這樣？

199 解釋

諮商師要避免對個案的行為、感覺、人際互動和態度提出解釋。解釋通常沒什麼治療效果。不過有時候，個案的問題特質似乎頻繁出現到可以預測的程度，諮商師必須加以辨識指認。情況允許的話，諮商師會根據觀察所得和專業知識，告訴個案他們的行為與人際互動模式。當此時，諮商師會擷取現有的一個或多種諮商與心理治療理論，來推測個體在特定情境下的反應。例如，若診斷個案有 DSM-IV（美國精神醫學會，《精神疾病診斷與統計手冊》）上的疾病，諮商師常會假設和解釋個案的行為是症狀的表現。如果個案被診斷有憂鬱疾病，說他睡不好、食欲不佳，諮商師可能會解釋成這是疾病的症狀。又，如果個案有焦慮症，諮商師也可能會假設他眼中的世界必定可怕、不安全，忍不住想灌輸此項觀點，改變個案的認知信念。但解釋或可協助個案瞭解態度和行為背後的意義，有時甚至以異想不到的方式引發治療性的改變。

解釋是一種挑戰，因此運用時要謹慎小心，只有在有利於目標進展的情況下才適合使用。解釋蘊涵風險，它讓諮商師聽起來像個專家權威，削弱諮商關係的真實性，也降低了此時此刻的品質，增加合理化的藉口（Neukrug, 2007）。

新手諮商師常忍不住想引用別人的說法來解釋。為了訓練的需要，最好等到你的訓練快結束時才援用這個技巧，因為它實在太容易被誤用了。Carl Rogers 很反對解釋，他說：「對我而言，解釋個人行為的成因只不過是在打高空而已……我不喜歡這種高高在上式的語言」（as cited in Kirschenbaum & Henderson, 1989, p. 352）。

做決定

有時候，個案不知道要如何做選擇，諮商師可運用決策模式教導個案選擇的歷程。Gelatt（1962）曾從企業決策理論出發，發展出一套循環模式延用至今，為諮商啟發相似的概念架構。Gelatt 主張所有的決定都有相同的特點，牽涉到至少兩種選擇。個人首先必須定下目標或決定的目的，蒐集做決定的資料（資訊）。這個階段的資料是客觀的。一旦獲得相關的資訊，接著進行三要素策略（three-element strategy）階段，即：(1)預測系統；(2)價值系統；(3)標準。在**預測系統**（*prediction system*）階段，個體要考慮可能的行動方式和結果，不斷的忖度預想接下來會產生的結果；**價值系統**（*value system*）階段則在審視想要的結果。最後，個人在**標準**（*criterion*）策略階段評估並選擇決定。Gelatt 進一步區分出需要較多資訊的審查決定（investigatory decisions）和最終決定（final decisions）。審查決定可因新目標的訂定而重新啟動，直到形成最終決定。諮商師可以教導個案這個模式，系統性地處理模式中的三要素階段，直到達成滿意的結論。雖然這個模式得到廣泛的應用，但 Gelatt（1989）本人卻加以修正。他提出另一套新的決策策略，稱為「**積極的不確定論**」（*positive uncertainty*），新的架構更能「協助個案因應改變與模糊性，接受不確定和不一致，運用直覺和非智性思考來做選擇。在不確定性增加的情形下，這項新策略會激發積極的 200
態度與悖論思考」（p. 52）。

這幾年來，與諮商有關的決策取向蓬勃發展，大多數的重點在特定的議題，如倫理、特殊文化或次文化、家庭和生涯。基本的原理原則殊途同歸：至少要有一種選擇存在、蒐集資訊、做選擇，及採取行動。

處理行為

傳統的行為治療師認為所有的行為都是學來的。因此，個體可能沒學到某種行為，但也可以重新學習新行為。有些行為有益、得當，與人為善；有些行為恰恰相反，既無助益，又不妥當，當然也不受歡迎。大部分的諮商師皆會運用策略協助個案改變不妥或無效的行為，學到合適或有效的行

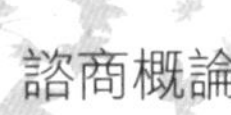

為。行為治療重視個案的行為表現，降低不當的行為或增加有效行為出現的可能性。個案要主動參與治療歷程，與諮商師合作，以分析和界定行為、擇定目標、制定行為改變治療計畫、練習新行為、監控、評估、修正進度，並將新行為類化至生活其他層面。諮商師採取主動的角色，以支持、鼓勵的態度教導個案展現新的行為，增強正向行為改變。

行為介入

行為介入策略具體而明確。諮商師鼓勵個案表現特定的目標行為，以改善問題或解決問題。練習行動可以在諮商室中進行，也可以在療程間指派家庭作業。常見的介入策略有：(1)設立目標與訂契約；(2)示範；(3)角色扮演及預演；(4)寫手記；(5)想像與視覺化；(6)治療性的道具；(7)結構式行為改變技術。

設立目標與訂契約

在設立目標方面，多數諮商師會鼓勵個案簽訂行為契約，行為契約是諮商師和個案在互信的基礎下，以清楚的口頭或書面形式完成協議。個案同意達成特定的任務或行為，諮商師也同意提供專業知識、支持，評量結果。契約的內容要具體、時限、可測量完成的程度，換言之，個案必須同意在下次諮商前或某段時間內採取行動。當個人應允願意花心力完成目標時，契約較有可能落實（Seligman, 2004）。一旦協議寫成白紙黑字，諮商師會指派家庭作業，協助個案達成目標。

當契約涉及持續性的行為改變，如戒菸、減重或運動時，諮商師首先設立基準線，或測量當前的行為。例如，個案要詳細說明他目前抽多少菸、
201 體重多少，或目前的運動時程。接下來，諮商師和個案共同決定何謂成功達到某特定行為，這樣才能瞭解契約的完成程度與日期。他們也要具體說

明達成契約的小型步驟。例如，吸菸者剛開始可能只願意承諾在某特殊情境下戒菸，一週一週地增加戒菸的場合，或者設定較小的目標，每週減少抽菸的數量。基準線設立後，個案要逐週記錄與目標達成有關的行動，以此追蹤進度。也可以記下完成契約的反應。

示範

行為理論很重要的原理概念就是觀察與模擬學習（simulated learning）。藉著觀察他人的行為，在模擬情境中練習新的表現方式，個人得以學到新行為，這就是社會學習的歷程（Bandura, 1969）。個人或團體的行為都是模仿的對象，可以改變觀察者的行為。換句話說，觀察者從觀察他人的行為表現中學習，毋需曾經實際表現出該行為。觀察者據此獲取新知、修正行為，並學得新的行為表現方式。

諮商師以顯而易見、潛移默化或象徵的方式示範行為。當諮商師在此時此地以身作則、親身示範，**外顯楷模學習**（*overt modeling*）就產生了。諮商師的自我揭露即為一例，個案觀察、認同諮商師真誠的行為表現，效法學習這項真誠的行動。另一例是生涯諮商師要求個案跟在某員工身邊，以貼身學習（job shadow）的方式觀察他的行動。**內隱楷模學習**（*covert modeling*）則是諮商師呈現想像、虛擬的場景，教導個案角色扮演、角色預演或心像技術，以下將會逐一說明。當諮商師要求個案以間接而非面對面的方式觀察行為，即在運用**象徵示範學習**（*symbolic modeling*）。看電視、DVD，或閱讀書籍也是象徵示範學習的實例。在你的訓練過程中，你也可能有機會觀摩 Rogers、Ellis、Perls 等心理治療大師的風采典範，看看他們如何對個案進行諮商。你可以仿效他們的作法，師法他們如何運用特殊的諮商技巧。當諮商師指派個案觀看影片時，就是希望借助示範對象的標的行為，給予個案象徵學習的機會。

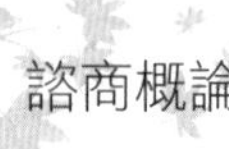

角色扮演與預演

角色扮演（role playing）可以採用直接、間接或兩者兼具的方式。**直接的角色扮演**（*direct role playing*），意指個案在虛構的場景裡扮演自己；**間接的角色扮演**（*indirect role playing*）或稱為角色預演，個案則是扮演他人。個案可在兩者之間變換，諮商師亦可扮演某個角色，與個案互動。個案可藉由直接的角色扮演練習其他的行為，預演現實生活情境中可能的反應，如模擬面試。間接的角色扮演則是讓個案在特殊的模擬情境裡，有機會體驗他人的想法、感覺或行動。再以面試工作為例，個案可扮演主持面試的人事部經理。扮演兩種角色讓個案可以從雙方的觀點展開對話，也能夠同時經驗情境的一體兩面。從扮演面試者和受試者的過程中瞭解真正的面試會產生的問題和可能性，以及該如何應對進退。

肯定訓練是角色扮演與預演的範例之一，讓個體在實際表現新行為之前先沙盤推演一番。本章稍後將會討論。

202 ## 寫手記

諮商師通常會將寫手記（journal writing）當作自我發現之旅。此種想法—情緒或促進洞察的活動能增強個案與內在真誠自我接觸的能力，它也是追蹤行為改變的有效工具。手記的重點不一而足，例如本書的重心在你的專業諮商能力發展，希冀激勵你的洞察與行動。

如果寫手記的目的在改變行為，個案留意的重點是行動。然而，想法及感覺也不容錯失。設立目標並勾勒達成目標的步驟後，個案要規律地寫手記，自動自發地在手記裡寫下與目標相關的行動、想法與感覺，以描述為主，儘量不評論、分析或解釋，不必在意文法或拼字正確與否。稍早時提到的想法—情緒取向，以寫手記來觀察事件與行為間的關聯。當非理性想法冒出來時，情緒隨之湧現。個案被教導要駁斥非理性想法，並建構新的理性想法，才會產生新的感覺。個案可以用手記追蹤行為如何改變、與時俱進的步驟、新行為出現的狀況，記錄全部改變的歷程。個案可以將手記帶來諮商晤談中與諮商師一起討論，或僅是口頭報告手記的內容亦可。

想像與視覺化

想像（imagination）是治療情境的盟友，觀想欲達成的目標可以增加成功的機會。正向的心像能協助個案看見他如何因應問題，產生有效的行動。視覺化（visualization）可達到放鬆、減輕壓力、改善情緒、控制疼痛和血壓的好處。當然，個案若能自然地觀想尤佳，但剛開始練習時，諮商師可以主動引導，個案聆聽諮商師放鬆訓練的指導語，進行想像練習。有些諮商師會在團體中運用引導式心像（guided imagery），相關 CD 和 DVD 商品亦可於市面上購得，例如：輕柔的古典音樂、雨聲、潺潺溪水聲等大自然音樂等。透過視覺化的方式，引導式心像和音樂將可喚起情緒，促進問題解決的想像力。在視覺化裡，諮商師首先確認個案處於放鬆狀態。本章稍後將說明如何實施放鬆訓練。個案放鬆後，諮商師即可進行想像或視覺化練習。

常見的引導式想像技術包括：抒壓心像、療癒或疼痛控制想像、心理預演等。以後者為例，個案想像某情節及理想的結局，想像自己正一步步地經歷該情境，最後成功地加以克服。心像可由個案自由創作想像，諮商師亦可建議或引導個案想像一處平靜的場所，如海邊或森林裡。引導式心像栩栩如繪地顯示個案的困境、對問題的情緒反應，以及他的解決之道。另一方面，引導式心像也可以是突發奇想或異想天開，一旦生氣、難過或焦慮的感覺浮現時，就可用視覺化的方式加以處理克服。雖然有些人難以發揮想像力，或許可用引導式練習來稍微體驗一下情緒，即便是放鬆階段的體驗，對此類個案也有相當的助益。

焦點解決短期治療（*solution-focused brief therapy*）（de Shazer, 1985）採用另一種想像技巧，邀請個案想像未來成功的景象，而非有問題的情景。因此，諮商師會問個案「奇蹟問句」，請他描述若奇蹟發生，問題消失不

203 見了，他的反應和現實會有哪些轉變。諮商師接下來會協助個案將「奇蹟」付諸行動。

治療性的道具

有些諮商師會使用道具（props）來誘發想像力或協助個案以新的方式思考問題。例如：諮商師揮舞魔杖，象徵問題已被驅離，並要求個案想像沒有問題的場景；或使用水晶球來想像新的未來。當個案想像未來可能的情景時，諮商師協助他們設定目標，鼓勵個案在真實世界實現夢想。有時候個案的想像不切實際或天馬行空，這時候諮商師就可運用該場景為跳板，設定更實際及可達成的目標。

道具也可運用在描述及演出特定的情境。例如可要求病人選擇並操作物件，像是玩偶或木偶等，使其回想起家人、處境或情緒。相片或喜愛的物品可刺激對話，擴展治療工作的方向，特別適用於認知功能逐漸喪失的老人家。個案亦可用非語言的藝術創作方式表達自我，創作性藝術治療，如美術、戲劇、舞蹈、詩歌和音樂等等，可以促進情緒及行為改變。遊戲治療就是運用治療性道具最好的例子，能有效地治療兒童及成人。

結構式行為改變技術

許多行為介入策略已獲研究證實。規則、結構化的步驟對於行為管理、壓力、焦慮反應及焦慮疾患等都具有特別效果。常見的結構式行為技術有：(1)代幣制；(2)放鬆訓練；(3)系統減敏感法；(4)肯定訓練；(5)矛盾意向法。

代幣制

代幣制（token economies）是一種行為矯正策略，只要個案表現出適當的行為，即可用代幣作為立即、具體的增強物。代幣可以是籌碼、貼紙、點數或象徵物，當個體表現出令人讚賞的行為時，則給予代幣當作獎賞，個案定期以代幣交換禮物或喜愛的活動。代幣制可用於精神病院、戒癮中心、監獄等心理矯治機構，或用來控制行為問題。例如，住院的成癮病患可藉由完成指定作業，如整理房間、與別人互動來得到代幣。他們用代幣交換特權，如看電視、參加社交活動，或用代幣來「買」餅乾或其他物品。

放鬆訓練

放鬆訓練（relaxation training）包含一套相關的技術，有意識地協助身體放鬆。大部分的人累積太多的身體壓力和緊張，而且毫無自覺。放鬆訓練協助個案覺察身體的緊張部位，緩解不舒服的地方。訓練技巧包括：呼吸訓練、冥想、瑜伽、生理回饋、釋放壓力訓練、漸進式肌肉放鬆訓練，或將上述技巧加以組合。

在深度呼吸方面，個案要學習腹式呼吸，一邊放鬆身體，一邊慢慢地 204
把氣吐出來。進行漸進式肌肉放鬆訓練時，諮商師先教導個案繃緊特定部位的肌肉，接著放鬆肌肉。個案繃緊和放鬆身體不同部位的肌肉，通常先從四肢末端，如手腳開始，然後換身體內側較大的肌肉。個案可以一邊深呼吸，一邊練習繃緊和放鬆肌肉。諮商師用溫柔、緩慢的聲調引導個案注意每塊肌肉。有些諮商師會錄下自己的聲音讓個案帶回去當家庭作業練習，也有很多唾手可得的現成商品。個案也可自製 CD。

系統減敏感法

系統減敏感法（systematic desensitization）廣泛應用於恐懼或焦慮疾患，例如：懼學、社交焦慮、懼高、害怕動物、公開演說、害怕搭飛機，以及身體不適或心身症等，如氣喘、語言障礙、性功能失調。系統減敏感法的前提是焦慮和放鬆不會同步出現，因此可用反制約的方式，將肌肉或心理放鬆技巧和情緒反應配對，消弭負面感覺。

系統減敏感法包含三個步驟：(1)教導個案放鬆訓練；(2)確立引發焦慮情境的階層順序；(3)在特定情境下讓放鬆和焦慮同時出現。諮商師和個案一起訂定目標行為，決定觸發情緒反應的特殊情境。諮商師協助個案建立

焦慮階層，依序列出最不會引發焦慮的情境，到最焦慮的情境。諮商師從焦慮強度最弱的景象開始，慢慢地讓個案保持放鬆的狀態，學會忍受引發焦慮的情境，循序漸進地挑戰難度較高的焦慮階層，直到焦慮的感覺減弱或化為烏有。剛開始進行時，諮商師先用想像的方式，等個案逐漸釋放焦慮後，再導入更現實、逼真的情景，最後才是實戰演練。此過程不斷重複，直到引發焦慮的情境漸次減弱。指派家庭作業是系統減敏感法的一環。

進行**實境治療**（*in vivo therapy*）時，諮商師與個案實際走訪會引發焦慮的場所。以害怕搭飛機為例，首先讓個案在諮商室裡想像飛機的樣子，接下來則在放鬆的心情下，想像搭飛機旅行的每一個步驟。也可以要求個案到機場觀看飛機起降，登機但不起飛，最後則能以輕鬆愉快的態度跟著治療師或獨自搭飛機旅行。諮商師就像教練，增強正向行為。

肯定訓練

肯定訓練（assertiveness training）是一套結構化歷程，教導個案如何適當地爭取個人最佳利益，但又不至於侵犯他人的權利。適度的肯定是學得的能力，自我肯定的人能自我尊重，向他人表達自己的需要，並提出合理的要求。不能自我肯定的人認為他們沒有權利，不值得受到尊重，他們難以表達自己的需要，焦慮不安，推遲自己的重要性，因而常會吃虧、被占便宜。肯定訓練以反制約的方式化解焦慮與恐懼，學習新的肯定行為，個案和諮商師一起練習肯定行為，運用角色扮演、預演和示範等系統、結構化的方法，持續練習一段時間。個案依序排定想要練習自我肯定的情境，發展行為改變計畫。諮商師在整個過程都給予支持、鼓勵，增強正向行為。
205 肯定訓練亦適用攻擊性強的個案，學習改變行為，如此才不會侵犯他人的權利。

矛盾意向法

運用矛盾意向法（paradoxical intent）時，諮商師教導個案的行為舉止表現要和目標行為相反。這個技巧的目的是藉由協助個案改變對該行為的態度，以減少或降低問題行為。理論上，會害怕某種特殊情境的人，事實上是因為逃避害怕的事物而產生害怕的心理。為了減低焦慮或壓力，矛盾意向法採取幽默的方式協助個案改變行為觀點。諮商師幫助個案指認不適當的行為，接著鼓勵個案以一種極端的形式表現該行為。個案因而覺察到他對該行為具有控制能力，促發改變。透過這個歷程，個案學會讓自己和問題保持距離。諮商師的幽默讓個案看到行為的荒謬性。這些步驟不斷重複，直到行為逐漸消失或減弱。諮商師接著教導個案更適當的行為，例如：有位個案不斷地嘗試減重，可是又一直說她辦不到，節食老是失敗，她說她忍不住，因為她太喜歡吃冰淇淋了。諮商師就告訴她，接下來兩個星期，除了冰淇淋以外，什麼東西都不要吃，吃越多冰淇淋越好。這位個案才學到她可以控制飲食，吃冰淇淋的行為就會減少甚至消失了。或者冰淇淋可以納入整體均衡飲食的卡路里計畫內。

統整

本章所描述的策略不一定適用於所有的個案或療程。不管你喜歡哪些理論取向或特殊技巧，最需要考量的是人性和個案的個別性。同樣地，本章所提供的案例訊息有限，綜合先前章節所提到基本技巧和認知行為取向。當你讀這些範例時，試著辨認出諮商師所使用的特殊技巧。

在上一章裡，吉姆的擔憂是無法專心於課業，潛伏的議題是他害怕未婚妻要離開他。他懷疑她跟別的男人有染，認為自己要為此負起責任。以下擷取諮商師最後的摘述：

諮商師：（**連結／摘述**）來看看我是否懂了。你無法專心於課業，因為你擔心克蕾絲會離你而去。你知道她跟其他男生約會，懷疑她可能跟他們發生性關係。如果有的話，

你覺得這是你的錯。但同時你又不確定自己對她的感情，加深了你的罪惡感，弄得你心煩意亂的。

個案：沒錯，我根本拿不定主意。就像我說的，我是她的初夜，誰知道她還跟多少男人廝混，甚至上床？

諮商師：因為你是克蕾絲第一次發生性關係的對象，你就認為她現在跟一堆男生發生性關係是你的錯，是這樣嗎？

個案：是我的錯，我真的這麼想。我不在她身邊……所以她才會到處跟男生上床。

諮商師：如果她這麼做的話，那是你的錯？你要對她的行為負責任？

個案：（**停住**）我不知道……

諮商師：（**沉默**）

個案：我想我……不是真的……

諮商師：（**沉默**）

206 個案：但是我不想懷疑她在欺騙我。我沒辦法睡覺或專心了。

諮商師：一想到她可能對你不忠，你就覺得很生氣，所有事情被搞得亂七八糟。

個案：對。我打賭她一定有所隱瞞，沒有告訴我她在跟那些「男性朋友」「約會」。

諮商師：早先你提到你不想懷疑克蕾絲在你背後亂來，但現在你有點接受現實了，是這樣嗎？

個案：我不是笨蛋。我的意思是說，我是男人，我知道情況。

諮商師：告訴我真實的情況如何。

個案：嗯……我們已經在一起很久了，可是也好幾個月沒見面了。我有我的需要。

諮商師：嗯嗯……

個案：我喜歡班上一個女生，我們一起學習，有時還相約去喝咖啡。我沒有進一步的動作，但我不知道我還能忍多久，我對她有強烈的性衝動，她也說 ok。我發覺自己一天到晚都在想她，我快瘋了！

諮商師：聽起來這個女生比克蕾絲還要吸引你。哪一個最讓你困擾——沒有跟你喜歡的女生發生親密關係，還是克蕾絲可能跟別的男人有性行為？

個案：（**猶豫**）我不知道……我不認為克蕾絲和我有任何共同點了。我們現在已形同陌路了。她仍然是我的初戀，可是她是唯一的愛嗎？你認為呢？

諮商師：我認為你現在很茫然，因為你已經看透這段關係，可是你仍然很徬徨無措。

個案：我不知道哪一個才是對的。（**看向遠方，沉思著**）

諮商師：（**沉默**）

個案：事實上，我知道我們已經結束了。或許克蕾絲也有同樣的感覺，或許她也想找個出口離開。

諮商師：你的意思是說，你在想克蕾絲是否也想結束與你的關係，就像你想結束一樣。知道這件事對你有多重要？

個案：我認為很有必要。我不想再這樣下去！

諮商師：你可以怎麼做呢？

個案：我想我可以問她……不要用電話。幾個星期後我就會回家了，或許我可以跟她談談。我是說，我要這麼做！

諮商師：你想要親自跟她談談分手的事情。你願意跟我承諾這件事嗎？

個案：你是說我要不要答應？我想讓她知道我的感覺，但老實講，我還不知道要怎麼開口跟她說我想要分手！

諮商師：你想跟我一起練習看看要怎麼說嗎？

個案：那真是太好了。

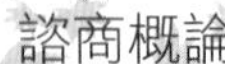

吉姆和諮商師將一起設定目標，等他回到家鄉時會跟克蕾絲談談。諮商師請他對行為契約做出承諾，列出他要達到的目標步驟。接下來的兩次療程，諮商師將和吉姆練習角色扮演及預演，並持續探索他對克蕾絲的感覺，準備好要開始一段新關係。他將學習放鬆技巧以再次專注於課業上。

摘要

本章探討諮商中處理想法與行為的基本原理。認知取向著重在知覺、信念、態度和意義；行為取向的焦點在可觀察的行動和表現。本章也討論
207 認知介入策略，如：正常化、重新架構與重新標示、提供訊息及心理教育、給予回饋、指認型態與面質、解釋和做決定等等。本章接著繼續探討行為介入的策略，包括設立目標、訂契約、示範、角色扮演及預演、寫手記、想像與視覺化、使用治療性的道具、代幣制、放鬆訓練、系統減敏感法、肯定訓練及矛盾意向法等等。最後以一段簡短的逐字稿對話為結。

在事情未成功之前，一切總看似不可能。

——Nelson Mandela

表 13.1　TFAC[a]——想法、感覺、行動與脈絡 208

自我	我的想法	我的感覺	我的行動	我的脈絡	其他？（具體言之）
我可能有哪些非理性信念？它們如何影響我？					
在我的生命中，曾有哪段被正常化的經驗？					
我曾經有被重新架構或重新標示的經驗嗎？					
我都如何給別人回饋？					
當我的想法或行動受到挑戰時，我的反應是？					
在設定與達成目標方面，我的表現如何？					
關於角色扮演和預演，我過去的經驗是？					
關於想像和視覺化，我過去的經驗是？					
我有多自我肯定？					
我如何因應壓力和焦慮？					
從這門課的 TFAC 表練習中，我對自我的瞭解是？					

表 13.1　TFAC[a]——想法、感覺、行動與脈絡（續）

他人	他人可能的想法	他人可能的感覺	他人可觀察到的行動	他人外顯的脈絡	其他？（具體言之）
我觀察到別人有哪些非理性信念？造成哪些影響？					
當我或其他人運用重新架構或重新標示時，有什麼變化產生？					
在班上，我對回饋的觀察心得是？在我的家人中呢？其他地方呢？					
209 我注意到別人有哪些不一致的地方？					
教授和諮商師如何將設立目標和訂契約應用於工作中？					
教授和諮商師如何將角色扮演和預演應用於工作中？					
教授和諮商師如何將想像與視覺化應用於工作中？					
我還觀察到哪些認知／行為技巧？					
從這門課的 TFAC 表練習中，我對他人的瞭解是？					

[a]更多 TFAC 的資訊，請見第一章。

後記 211

你已來到撰寫個人手記的尾聲。花些時間回顧並仔細回想你所撰寫的內容，回答下列問題：

1. 你發現自己有何模式及主題？
2. 對於諮商專業，你的學習是？你的立場是？
3. 關於這門課的學習，你最大的優勢是？對於諮商專業，你最大的優勢是？
4. 關於這門課的學習，你最大的挑戰是？對於諮商專業，你最大的挑戰是？
5. 接下來你的學習方向是？你的人生呢？

附錄 A：個人手記

當你學習本書每一章時，運用每章末 TFAC 表上的問題，仔細思考你自己的想法、感覺及行動，還有他人可能的想法、感覺及可觀察到的行為。在手記裡描述你的反應，不要評價、分析或詮釋你所記下的。試著自然地表達你自己，不用考慮文法及拼字。

實用的技巧

- 別用電腦，改用大小適中的筆記本，而且這本筆記本的用途就是為了做這個練習。空白的廣告傳單也不錯，只要是能表達你自己的都很好。
- 不論去哪裡都要帶著它，稍後再將手記輸入電腦裡面。
- 手記不是日記，也不是要拿來出版的。把它放在安全的地方。
- 記下日期，以及你所記錄的是哪一章。
- 要具體明確！運用 TFAC 表格。
- 如果你覺得沒有靈感或卡住了，只要寫下任何想法就可以了。如果實在沒什麼好寫的，就寫被卡住的感覺。
- 可以用剪報、藝術品、信件或任何東西來協助你真實的表達自我。
- 每天都要寫一點。
- 試著在每天的不同時刻寫。
- 試著在不同的地方寫。
- 隨著日子進展，你可能會發現你較專注在某一部分，那也沒關係。讓最吸引你的部分指引你（或許在學期末你可以寫下這對你有什麼涵意，但現在先別急著分析）。

- 做你自己，把它當成一件有趣的事吧！

附錄 B：
諮商專業的網路資源

215

有關助人專業的倫理準則

美國諮商學會（American Counseling Association）：http://www.counseling.org/Resources/CodeOfEthics/ TP/Home/CT2.aspx

美國心理學會（American Psychological Association）：http://www.apa.org/ethics/code/index.aspx

美國心理健康諮商師學會（American Mental Health Counselors Association）：http://www.amhca.org/assets/content/AMHCA_Code_of_Ethics_11_30_ 09b1.pdf

美國學校諮商師學會（American School Counselors Association）：http://www.schoolcounselor.org/content.asp?contentid=173

全美生涯發展學會（National Career Development Association）：http://asso-ciationdatabase.com/aws/NCDA/asset_manager/get_file/3395

全美社工師學會（National Association of Social Workers）：http://www.naswdc.org/pubs/code/default.asp

專業組織

美國諮商學會（American Counseling Association）

- 各分會、地區及分支機構皆可見於：www.counseling.org/
- 關於 ACA：http://www.counseling.org/AboutUs/DivisonsBranchesAndRegions/TP/Home/CT2.aspx
- ACA 郵遞論壇：http://www.counseling.org/resources/listservs.htm 216
- ACA 部落格：http://mycounseling.org/
- ACA 推特：http://twitter.com/CounselingViews

諮商與相關教育課程認證評議委員會（Council on the Accreditation of Counseling and Related Educational Programs）

- www.counseling.org.cacrep

全美認證諮商師委員會（National Board of Certified Counselors）

- http://www.nbcc.org

諮商相關助人專業

美國藝術治療學會（American Art Therapy Association）：www.arttherapy.org

美國婚姻與家族治療學會（American Association of Marriage and Family Therapy）：www.aamft.org

美國教牧諮商師學會：（American Association of Pastoral Counselors）：www.aapc.org

美國大學人事學會（American College Personnel Association ）：www.acpa.nche.edu

美國心理健康諮商師學會（American Mental Health Counselors Association）：www.amhca.org

美國音樂治療學會（American Music Therapy Association）：www.musictherpay.org

美國心理學會（American Psychological Association）：www.apa.org

217 所有分會見於：www.apa.org/about/division.html

美國精神醫學會（American Psychiatric Association）：www.psych.org

美國精神科護理師學會（American Psychiatric Nurses Association）：www.apna.org

遊戲治療學會（Association for Play Therapy）：www.a4pt.org

全美成癮治療提供者學會（National Association of Addiction Treatment Providers）：www.naatp.org

全美酒精與藥物濫用戒除諮商師學會（National Association of Alcoholism and Drug Abuse Counselors）：www.naadac.org

全美學校心理學家學會（National Association of School Psychologists）：

www.nasponline.org

全美社工師學會（National Association of Social Workers）：www.naswdc.org

全美復健諮商學會（National Rehabilitation Counseling Association）：www.nationalrehab.org

復健諮商師與教師學會（Rehabilitation Counselors and Educators Association）：www.rehabcea.org

諮商常見議題的查詢資源

以下資源跟各類諮商情境裡某些常發生的議題有關。這些網路資源包括兒童與青少年常見的心理健康與心理疾病、危機、壓力、自殺、身體與性侵害、家庭暴力、藥物濫用等等。

美國兒童與青少年精神醫學會（American Academy of Child & Adolescent Psychiatry）：www.aacap.org

美國自殺學會〔American Association of Suicidology（AAS）〕：www.suicidology.org

美國職業壓力學會（American Institute of Stress）：www.stress.org

焦慮疾患學會（Anxiety Disorders Association）：www.adaa.org 218

兒童福利資訊站（前身為全美兒童虐待與忽視資訊情報站）〔Child Welfare Information Gateway（formerly National Clearinghouse on Child Abuse and Neglect Information）〕：www.childwelfare.gov

家庭暴力防治基金會（Family Violence Prevention Fund）：www.endabuse.org

全美精神分裂症與憂鬱症研究聯盟（National Alliance for Research on Schizophrenia and Depression）：www.narsad.org

全美心理疾病聯盟（National Alliance on Mental Illness）：www.nami.org

全美創傷後壓力疾患中心（National Center for Posttraumatic Stress Disorder）：www.ncptsd.va.gov

全美憂鬱疾病基金會（National Foundation for Depressive Illnesses）：www.depression.org

全美兒童健康與人類發展研究院（National Institute of Child Health and Human Development）：www.nichd.nih.gov

全美藥物濫用研究院〔National Institute on Drug Abuse（NIDA）〕：www.nida.nih.gov

美國國家精神衛生研究院（National Institute of Mental Health）：www.nimh.nih.gov

全美心理健康學會（National Mental Health Association）：www.nmha.org

全美心理健康資訊中心（National Mental Health Information Center）：www.mentalhealth.samhsa.gov

全美實證實務與方案註冊處〔National Registry of Evidence-Based Practices and Programs（2007）〕：http://www.nrepp.samhsa.gov/review-criteria.htm

物質濫用與心理健康服務行政管理局（Substance Abuse & Mental Health Services Administration）：www.samhsa.gov

參考文獻

Adler, A. (1963). *The practice and theory of individual psychology.* Patterson, NJ: Littlefield, Adams.
Ahia, C. E. (2003). *Legal and ethical dictionary for mental health professionals.* New York: University Press of America.
Aiken, L. R., Jr., & Groth-Marnat, G. (2005). *Psychological testing and assessment* (12th ed.). Boston: Allyn & Bacon.
Ambady, N., & Rosenthal, R. (1992). The slices of expressive behavior as predictors of interpersonal consequences: A meta-analysis. *Psychological Bulletin, 111,* 256–274.
American Association for Marriage and Family Therapy. (n.d.). About the American Association for Marriage and Family Therapy. Retrieved December 15, 2009 from http://www.aamft.org/about/Aboutaamft.asp.
American Counseling Association. (n.d.a). Frequently asked questions: Answers to common questions about counseling. Retrieved November 16, 2009 from http://www.counseling.org/Home/Faq.aspx?
American Counseling Association. (n.d.b). 20/20: A vision for the future of counseling. Retrieved November 17, 2009 from http://www.counseling.org/20-20/index.aspx.
American Counseling Association. (1997a). Definition of professional counseling. Retrieved July 1, 2008 from http://www.counseling.org/Resources/.
American Counseling Association. (1997b). Goals of professional counseling. Retrieved July 1, 2008 from http://www.counseling.org/Resources/.
American Counseling Association. (2005a). ACA *Code of ethics.* Alexandria, VA: Author.
American Counseling Association. (2005b). By-laws of the American Counseling Association. Retrieved July 15, 2009 from http://www.counseling.org/AboutUs/ByLaws/TP/Home/CT2.aspx.
American Counseling Association. (2007). Public policy. Retrieved July 15, 2009 from http://www.counseling.org/publicpolicy/.
American Counseling Association. (2009). ACA In the news: House passes major health care reform bill, including Medicare coverage of counselors! Retrieved November 16, 2009 from http://www.counseling.org/PressRoom/NewsReleases.aspx?AGuid=5357488a-894c-42d6-8fb2-0df167fed35b.
American Counseling Association. (2010). ACA year in review. Retrieved January 3, 2010 from http://www.counseling.org/Sub/BlastEmails/YIR_2009.pdf.
American Psychiatric Association. (2000). *Diagnostic and statistical manual of mental disorders* (4th ed., text revision). Washington, DC: Author.
American Psychoanalytic Association. (n.d.). *Why psychoanalysis?* Retrieved November 17, 2009 from http://www.apsa.org/About_Psychoanalysis/Why_Psychoanalysis_.aspx.
American School Counselor Association (n.d.a). *State school counseling mandates.* Retrieved July 20, 2008 from http://www.schoolcounselor.org/content.asp?pl=133&sl=424&contentid=424.
American School Counselor Association. (n.d.b). *Effectiveness of school counseling.* Retrieved July 20, 2009 from http://www.schoolcounselor.org/content.asp?pl=133&sl=241&contentid=241.
American School Counselor Association. (2004). *The role of the professional school counselor.* Retrieved July 20, 2009 from http://www.schoolcounselor.org/content.asp?contentid=240.
Anastasi, A., & Urbina, S. (1997). *Psychological testing and assessment* (7th ed.). New York: Macmillan.
Angus, L. E., & McLeod, J. (Eds.). (2004). *The handbook of narrative and psychotherapy: Practice, theory, and research.* Thousand Oaks, CA: Sage.
Atkinson, D. R. (2004). *Counseling American minorities* (6th ed.). Boston: McGraw-Hill.
Association for Specialists in Group Work. (2002). *Professional standards for the training of group workers.* Retrieved November 20, 2009 from http://www.asgw.org/PDF/training_standards.pdf.
Astramovich, R. L., & Coker, J. K. (2007). Program evaluation: The accountability bridge model for counselors. *Journal of Counseling & Development, 85,* 162–172.
Auger, R. W. (2004). What we don't know CAN hurt us: Mental health counselors' implicit assumptions about human nature. *Journal of Mental Health Counseling, 26,* 13–24.
Baltes, P. B. (1987). Theoretical propositions of life-span developmental psychology: On the dynamics between growth and decline. *Developmental Psychology, 23,* 611–626.
Baltes, P. B., & Smith, J. (2003). New frontiers in the future of aging: From successful aging of the young old to the dilemmas of the fourth age. *Gerontology, 49,* 123–135.
Bandura, A. (1969). *Principles of behavior modification.* New York: Holt, Rinehart & Winston.
Beck, A. T., & Weishear, M. (2008). Cognitive therapy. In R. J. Corsini & D. Wedding (Eds.), *Current psychotherapies* (8th ed., pp. 263–294). Belmont, CA: Thomson Brooks/Cole.
Beck, J. S. (1995). *Cognitive therapy: Basics and beyond.* New York: Guilford.

Beckett, C. (2008). CACREP's emergency preparedness efforts commended. *The CACREP connection,* spring 2008. Alexandria, VA: Council for the Accreditation of Counseling and Related Educational Programs.
Beers, C. (1908). *A mind that found itself.* New York: Longman Green.
Belkin, G. S. (1988). *Introduction to counseling* (3rd ed.). Dubuque, IA: Wm. C. Brown.
Berg, I. K. (1994). *Family based services: A solution-focused approach.* New York: Norton.
Berk, L. E. (2004). *Development through the lifespan* (3rd ed.). New York: Allyn & Bacon.
Bowen, M. (1978). *Family therapy in clinical practice.* New York: Jason Aronson.
Brems, C. (2001). . Belmont, CA: Wadsworth, Brooks/Cole.
Brown, D., & Srebalus, D. J. (2003). *Introduction to the counseling profession* (3rd ed.). Boston: Allyn & Bacon.
Capuzzi, D., & Gross, D. R. (2006). Achieving a personal and professional identity. In D. Capuzzi & D. R. Gross (Eds.), *Counseling and psychotherapy: Theories and interventions* (4th ed., pp. 23–40). Upper Saddle River, NJ: Merrill/Prentice Hall.
Carkhuff, R. R. (1971). Training as a preferred mode of treatment. *Journal of Counseling Psychology, 18,* 123–131.
Carkhuff, R. R. (2009). *The art of helping* (9th ed.). Amherst, MA: Human Resource Development Press.
Carkhuff, R. R., & Anthony, W. A. (1979). *The skills of helping: An introduction to counseling.* Amherst, MA: Human Resource Development Press.
Carter, B., & McGoldrick, M. (Eds.). (2005). *The expanded family life cycle: Individual, family, and social perspectives* (3rd ed.). Boston: Allyn & Bacon.
Chen-Hayes, S. F., & Eschenauer, R. (2005). The transformative individual school counseling model: An accountability model for urban school counselors. *Professional School Counseling, 8*(3), 244–248.
Chi Sigma Iota. (2007). Mission. Retrieved May 15, 2007 from http://www.csi-net.org/.
Corey, G., & Corey, M. S. (2006). *Groups: Process and practice* (7th ed.). Belmont, CA: Thomson Brooks/Cole.
Corey, G., Corey, M. S., & Callanan, P. (2007). *Issues and ethics in the helping professions* (7th ed.). Belmont, CA: Thomson Brooks/Cole.
Corey, M. S., & Corey, G. (2007). *Becoming a helper* (5th ed.). Pacific Grove, CA: Thomson/Brooks/Cole.
Cormier, L. S., & Hackney, H. (2008). *Counseling strategies and interventions* (7th ed.). Boston: Pearson/Allyn & Bacon.
Corsini, R. J. (2008). Introduction. In R. J. Corsini & D. Wedding (Eds.), *Current psychotherapies* (8th ed., pp. 1–14). Stamford, CT: Thomson/Wadsworth.
Cottone, R. R., & Claus, R. E. (2000). Ethical decision-making models: A review of the literature. *Journal of Counseling & Development, 78,* 275–283.
Council for the Accreditation of Counseling and Related Educational Programs. (n.d.). *A guide to reviewing draft #3 of the 2009 CACREP Standards.* Retrieved July 1, 2008 from http://cacrep.org/GuidelineforReviewing.doc.
Council for the Accreditation of Counseling and Related Educational Programs. (2001). 2001 Standards. Retrieved May 15, 2007 from http://www.cacrep.org/2001Standards.html.
Council for the Accreditation of Counseling and Related Educational Programs. (2009). *2009 CACREP Standards.* Retrieved December 15, 2009 from http://67.199.126.156/doc/2009%20Standards.pdf
Counselors for Social Justice. (2004). Retrieved July 1, 2008 from http://counselorsforsocialjustice.com.html.
Dahir, C. A., & Stone, C. B. (2009). School counselor accountability: The path to social justice and systemic change. *Journal of Counseling & Development, 87,* 12–20.
D'Andrea, M., & Heckman, E. F. (2008). Contributing to the ongoing evolution of the multicultural counseling movement: An introduction to the special issue. *Journal of Counseling & Development, 86,* 259–260.
de Shazer, S. (1985). *Keys to solutions in brief therapy.* New York: W. W. Norton.
DeSole, L. M. (2006). *Making contact: The therapist's guide to conducting a successful first interview.* Boston: Pearson/Allyn & Bacon.
Doyle, R. E. (1998). *Essential skills & strategies in the helping process* (2nd ed.). Pacific Grove, CA. Brooks/Cole.
Education Trust, The. (n.d.). *Transforming school counseling.* Retrieved July 1, 2008 from http://www2.edtrust.org/EdTrust/Transforming+School+Counseling/main.
Education Trust, The. (2003). *Mission statement.* Retrieved July 1, 2008 from http://www.2.edtrust.org/edtrust/Transforming+School+Counseling/mission+statement.
Education Trust, The. (2007). *The foundations of the field.* Retrieved July 1, 2008 from http://www.2.edtrust.org/edtrust/Transforming+School+Counseling/counseling+background.
Egan, G. (1970). *Encounter: Group processes for interpersonal growth.* Pacific Grove, CA: Brooks/Cole.
Egan, G. (1975). *The skilled helper: A problem management approach to helping.* Pacific Grove, CA: Brooks/Cole.
Egan, G. (2006). *Essentials of skilled helping: Managing problems, developing opportunities.* Pacific Grove, CA: Thomson Brooks/Cole.
Egan, G. (2009). *The skilled helper: A problem-management and opportunity-development approach to helping.* Pacific Grove, CA: Thomson Brooks/Cole.
Ellis, A. E. (1962). *Reason and emotion in psychotherapy.* New York: Lyle Stuart.

Ellis, A. E. (2008). Rational-emotive behavioral therapy. In R. J. Corsini & D. Wedding (Eds.), *Current psychotherapies* (8th ed., pp. 187–222). Belmont, CA: Thomson Brooks/Cole.

Ellis, A. E., & Dryden,W. (1997). *The practice of rational emotive behavior therapy* (2nd ed.). New York: Springer.

Erikson, E. H. (1950). *Childhood and society.* New York: Norton.

Erikson, E. H. (1980). *Identity and the life cycle.* New York: Norton.

Fiedler, F. E. (1950). A comparison of therapeutic relationships in psychoanalytic, nondirective, and Adlerian therapy. *Journal of Consulting and Clinical Psychology, 52,* 1054–1061.

Frankl, V. (1963). *Man's search for meaning.* Boston: Beacon.

Freud (1975). *Group psychology and the analysis of the ego* (J. Starchey, trans.). New York: Norton. (Original work published in 1922)

Gelatt, H. B. (1962). Decision-making: A conceptual frame of reference for counseling. *Journal of Counseling Psychology, 9,* 240–245.

Gelatt, H. B. (1989). Positive uncertainty: A new decision-making framework for counseling. *Journal of Counseling Psychology, 36,* 252–256.

Gilligan, C. (1982). *In a different voice.* Cambridge, MA: Harvard University Press.

Gladding, S. T. (2006). *The counseling dictionary: Concise definitions of frequently used terms* (2nd ed.). Upper Saddle River, NJ: Merrill/Prentice Hall.

Gladding, S. T. (2007). *Counseling: A comprehensive profession* (5th ed.). Upper Saddle River, NJ: Prentice Hall.

Gladding, S. T. (2009). *Counseling: A comprehensive profession* (6th ed.). Upper Saddle River, NJ: Prentice Hall.

Glasser, W. (1998). *Choice theory.* New York: Harper Collins.

Goodman, L. A., Liang, B., Helms, J. E., Latta, R. E., Sparks, E., & Weintraub, S. R. (2004). Training counseling psychologists as social justice agents: Feminist and multicultural principles in action. *The Counseling Psychologist,* 32, 793-837.

Gottfredson, L. S. (1981). Circumspection and compromise: A developmental theory of occupational aspirations. *Journal of Counseling Psychology,* 28, 545-579.

Guindon, M. H. (2003). Assessment. In B. T. Erford (Ed.), *Transforming the school counseling profession* (pp. 331–356). Upper Saddle River, NJ: Merrill Prentice Hall.

Guindon, M. H. (2006). Career and life style planning with clients in mental health and private practice settings. In D. Capuzzi and M. Stauffer (Eds.), *Career counseling: Foundations, perspectives, and applications* (pp. 282–306), Boston: Allyn & Bacon.

Guindon, M. H. (Ed.) (2010). *Self-esteem across the lifespan: Issues and interventions.* New York: Routledge/Taylor & Francis Group.

Guindon, M. H., & Richmond, L. J. (2005). Practice and research in career counseling and development—2004. *Career Development Quarterly, 54,* 90–137.

Guindon, M. H., & Sobhany, M. S. (2001). Toward cultural competency in diagnosis. *International Journal for the Advancement of Counseling, 23*(4), 1–14.

Gysbers, N. C., & Henderson, P. (2000). *Developing and managing your school guidance programs* (3rd ed.). Alexandria, VA: American Counseling Association.

Haberstroh, S., Parr, G., Bradley, L., Morgan-Fleming, B., & Gee, R. (2008). Facilitating online counseling: Perspectives from counselors in training. *Journal of Counseling & Development, 86,* 460–470.

Haley, J. (1973). *Uncommon therapy: The psychiatric techniques of Milton H. Erickson, M.D.* New York: Norton.

Hanna, F. J., Talley, W. B., & Guindon, M. H. (2000). The power of perception: Toward a model of cultural oppression and liberation. *Journal of Counseling & Development, 78,* 430–441.

Hansen, J. T. (2005). The devaluation of inner subjective experiences by the helping profession: A plea to reclaim the essence of the profession. *Journal of Counseling & Development, 83,* 406–415.

Hansen, J. T. (2009). Self-awareness revisited: Reconsidering a core value of the counseling profession. *Journal of Counseling & Development, 87,*186–193.

Heppner, P. P., Kivlighan, D. M. Jr., & Wampold, B. E. (1992). *Research design in counseling.* Belmont, CA, US: Thomson Brooks/Cole.

Herlihy, B., & Corey, G. (2006). *ACA ethical standards casebook* (6th ed.). Alexandria, VA: American Counseling Association.

Hohenshil, T. H. (2010). International counseling: Introduction. *Journal of Counseling & Development, 88,* 3.

Holland, J. L. (1973). *Making vocational choices: A theory of career.* Englewood Cliffs, NJ: Prentice Hall.

Holland, J. L. (1994). *The self-directed search* (rev. ed.). Odessa, FL: Psychological Assessment Resources.

Holland, J. L., & Gottfredson, G. D. (1976). Using a typology of persons and environments to explain careers: Some extensions and clarifications. *Counseling Psychologist, 6,* 20–29.

Hood, A. B., & Johnson, R. W. (2007). *Assessment in counseling* (4th ed.). Alexandria, VA: American Counseling Association.

Houghton Mifflin. (2002). *The American heritage college dictionary* (4th ed.). Boston: Author.

Hutchinson, D. (2007). *The essential counselor: Process, skills, and techniques*. Boston: Lahaska Press.

Ivey, A. E. (1971). *Microcounseling: Innovations in interviewing training*. Springfield, IL: Thomas.

Ivey, A. E., & Ivey, M. B. (2007). *Intentional interviewing and counseling: Facilitating client development in a multicultural society* (6th ed.). Belmont, CA: Thomson/Brooks/Cole.

Ivey, A. E., Packard, N. G., & Ivey, M. B. (2007). *Basic attending skills* (4th ed.). Hanover, MA: Microtraining Associates.

James, W. (1913). *The principles of psychology*. New York: Henry Holt.

Johnson, D. W. (1997). *Reaching out: Interpersonal effectiveness and self-actualization*. Boston: Allyn & Bacon.

Johnson, D. W. (2005). *Reaching out: Interpersonal effectiveness and self-actualization* (9th ed.). Boston: Allyn & Bacon.

Jung, C. J. (1969). *The psychology of the transference*. Princeton, NJ: Princeton University Press.

Kennedy, A. (2008, November). Next step taken in shaping profession's future. *Counseling Today*, 40–43.

Keys, S. G., & Green, A. (2001). School counseling. In D. Capuzzi & D. R. Gross (Eds.), *Introduction to the counseling profession* (pp. 293–315). Boston: Allyn & Bacon.

Kirschenbaum, H., & Henderson, V. L. (Eds.). (1989). *The Carl Rogers reader*. New York: Houghton Mifflin.

Knapp, M., & Vangelisti, A. (1995). Effects of acceptance and reciprocation of self-disclosures on the development of trust. *Journal of Counseling Psychology, 19,* 411–416.

Kottler, J. A., & Brown, R. W. (2000). *Introduction to therapeutic counseling: Voices from the field*. Belmont, CA: Wadsworth/Brooks/Cole.

Kottler, J. A., & Shepard, D. S. (2008*). Introduction to counseling: Voices from the field* (6th ed.). Belmont, CA: Wadsworth.

Krumboltz, J. D. (1976). A social learning theory of career selection. *Counseling Psychologist, 6,* 71–80.

Lazarus, A. A. (2008). Multimodal therapy. In R. J. Corsini & D. Wedding (Eds.). *Current psychotherapies* (8th ed., pp. 368–401). Belmont, CA: Thomson Brooks/Cole.

Lee, C. C. (2006). *Multicultural issues in counseling* (3rd ed.). Alexandria, VA: American Counseling Association.

Lent, R. W., Brown, S. D., & Hackett, G. (1994). Toward a unifying social cognitive theory of career and academic interest, choice, and performance. *Journal of Vocational Behavior*, *45*, 79–122.

Lewis, J. A., Arnold, M. S., House, R., & Toporek, R. L. (2002). *Advocacy competencies*. Retrieved July 1, 2009 from http://www.counseling.org/Publications/.

Lewis, J. A., Dana, R. Q., & Blevins, G. A. (2002). *Substance abuse counseling* (3rd ed.). Pacific Grove, CA: Wadsworth/Brooks/Cole.

Lewis, J. A., Lewis, M. D., Daniels, J. A., & D'Andrea, M. J. (2002). *Community counseling: Empowerment strategies for a diverse society*. Pacific Grove, CA: Wadsworth/Brooks/Cole.

Lincoln, Y., & Guba, E. G. (1985). *Naturalist inquiry*. Newbury Park, CA: Sage.

Lord, J., & Dufort, F. (1996). Power and oppression in mental health. *Canadian Journal of Community Mental Health, 15*(2), 5–11.

May, R. (1996). *Meaning of anxiety*. New York: W. W. Norton.

May, R. (1950). *The meaning of anxiety*. New York: Ronald Press.

McAuliffe, G., & Associates. (2008). *Culturally alert counseling: A comprehensive introduction*. Thousands Oaks, CA: Sage.

McAuliffe, G., Grothaus, T., Pare, D., & Wininger, A. (2008). The practice of culturally alert counseling. In G. McAuliffe & Associates, *Culturally alert counseling: A comprehensive introduction* (pp. 570–631). Thousand Oaks, CA: Sage.

Melnyk, B. M., & Fineout-Overholt, E. (2005). *Making the case for evidence-based practice*. Philadelphia, PA: Lippincott Williams & Wilkins.

Miller, J. B. (1986). *Toward a new psychology of women*. Boston: Beacon.

Minuchin, S. (1974). *Families and family therapy*. Cambridge, MA: Harvard University Press.

Monk, G., Winslade, J., & Crocket, K. (Eds.). (1997). *Narrative therapy in practice: The archaeology of hope*. San Francisco: Jossey-Bass.

Moore, L. J. (2000). Psychiatric contribution to understanding racism. *Transcultural Psychiatry*, *37*, 147–183.

Murphy, B. C., & Dillon, C. (1998). *Interviewing in action: Process and practice*. Pacific Grove, CA: Brooks/Cole.

National Career Development Association. (2008). *Career development: A policy statement of the National Career Development Association board of directors*. (Adopted March 16, 1993; revised 2008). Retrieved November 17, 2009 from http://associationdatabase.com/aws/NCDA/asset_manager/get_file/3398/policy.p.

Neukrug, E. (2007). *The world of the counselor: An introduction to the counseling profession* (3rd ed.). Belmont, CA: Thomson Brooks/Cole.

Neukrug, E., Lovell, C., & Parker, R. J. (1996). Employing ethical codes and decision-making models: A development process. *Counseling and values, 40,* 98–106.

Newsome, D. W., & Gladding, S. T. (2003). *Counseling individuals and groups in school*. In B. T. Erford (Ed.), *Transforming the school counseling profession* (pp. 209–230). Upper Saddle River, NJ: Merrill Prentice Hall.
Niles, S. G., & Harris-Bowlsbey, J. (2005). *Career development interventions in the 21st century* (2nd ed.). Upper Saddle River, NJ: Merrill/Prentice Hall.
Norcross, J. C. (2001). Purposes, processes, and products of the task force on empirically supported therapy relationships. *Journal of the Division of Psychotherapy, 38*, 345–356.
Orlinsky, D. E., Grawe, K., & Parks, B. K. (1994). Process and outcome in psychotherapy. In A. E. Bergin & S. L. Garfield (Eds.), *Handbook of psychotherapy and behavior change* (4th ed., pp. 270–276). New York: Wiley.
Parsons, F. (1909). *Choosing a vocation*. Boston: Houghton Mifflin.
Patterson, L. E., & Welfel, E. R. (1994). *The counseling process* (4th ed.). Pacific Grove, CA: Brooks/Cole.
Perls, F., *Gestalt therapy: Excitement and growth in the human personality*. Oxford, England: Dell (originally published in 1951).
Peterson, J. V., & Nisenholz, B. (1999). *Orientation to counseling* (4th ed.). Boston: Allyn & Bacon.
Piaget, J. (1971). *Biology and knowledge*. Chicago: University of Chicago Press.
Ponterotto, J. G., Casas, J. M., Suzuki, L. A., & Alexander, C. M. (2001). *Handbook of multicultural counseling* (2nd ed.). Thousand Oaks, CA: Sage.
Ponton, R. F., & Duba, J. D. (2009). *The ACA code of ethics*: Articulating counseling's professional covenant. *Journal of Counseling & Development, 87*, 117–121.
Prochaska, J. O., & DiClemente, C. C. (1992). *Stages of change in the modification of problem behaviors*. Newbury Park, CA: Sage.
Remley, T. P., & Herlihy, B. (2007). *Ethical, legal, and professional issues in counseling, updated* (2nd ed.). Upper Saddle River, NJ: Pearson Merrill/Prentice Hall.
Ridley, C., Li, L., & Hill, C. (1998). Multicultural assessment: Reexamination, reconceptualization, and practical applications. *The Counseling Psychologist, 26*, 827– 910.
Rogers, C. (1942). *Counseling and psychotherapy*. Boston: Houghton Mifflin.
Rogers, C. (1951). *Client-centered therapy: Its current practice, implications, and theory*. Boston: Houghton Mifflin.
Rogers, C. R. (1957). The necessary and sufficient conditions of therapeutic personality change. *Journal of Counseling Psychology, 2, 95–103.*
Rogers, C. R. (1961). *On becoming a person*. Boston: Houghton Mifflin.
Rollins, J. (2008, July). Emerging client issues. *Counseling Today, 51*, 30–41.
Roysircar, G. (2009). A big picture of advocacy: Counselor, heal society and thyself. *Journal of Counseling & Development, 87*, 288–294.
Rudes, J., & Gutterman, J. T. (2007). The value of social constructionism for the counseling profession: A reply to Hansen. *Journal of Counseling & Development, 85*, 387–392.
Santrock, J. W. (2006). *Life-span development* (10th ed.). Boston: McGraw-Hill.
Satir, V. (1967). *Conjoint family therapy*. Palo Alto, CA: Science and Behavior Books.
Schlossberg, N. K., Waters, E. B., & Goodman, J. (1995). *Counseling adults in transition: Linking practice with theory* (2nd ed.). New York: Springer.
Schmidt, J. J. (2003). *Counseling in schools: Essential services and comprehensive programs* (4th ed.). Boston: Allyn & Bacon.
Schneider, K. J., & May, R. (1994). *The psychology of existence: An integrative, clinical perspective*. New York: McGraw-Hill.
Segall, M. H., Dasen, P. R., Berry, J. W., & Poortinga, Y. H. (1990). *Human behavior in global perspective: An introduction to cross-cultural psychology*. New York: Pergamon Press.
Seligman, L. (2004). *Technical and conceptual skills for mental health professionals*. Upper Saddle River, NJ: Merrill Prentice Hall.
Smith, S. D., Reynolds, C. A., & Rovnak, A. (2009). A critical analysis of the social advocacy movement in counseling. *Journal of Counseling & Development, 87*, 483–491.
Steenbarger, B., & Smith, H. (1996). Assessing the quality of counseling services: Developing accountable helping systems. *Journal of Counseling & Development, 75*, 145–150.
Sue, D. W., & Sue, D. (2003). *Counseling the culturally diverse: Theory and practice* (4th ed). New York: John Wiley & Sons.
Sue, D. W., Ivey, A. E., & Pedersen, P. B. (1996). *A theory of multicultural counseling and therapy*. Pacific Grove, CA: Brooks.
Super, D. E. (1953). A theory of vocational development. *American Psychologist, 8*(2), 185–190.
Super, D. E. (1957). *The psychology of careers*. New York: Harper.
Super, D. E. (1980). A life-span, life-space approach to career development. *Journal of Vocational Behavior, 16*, 282–298.

Tjelveit, A. C. (1986). The ethics of value conversion in psychotherapy: Appropriate and inappropriate therapist influence on client values. *Clinical Psychology Review, 6,* 515–537.

Tolbert, E. L. (1959). *Introduction to counseling.* New York: McGraw-Hill.

Torrey, F. E. (1986). *The mind game: Witchdoctors and psychiatrists.* Lanham, MD: Rowman & Littlefield Publishers.

Truax, C. B., & Carkhuff, R. R. (1967). *Towards effective counseling and psychotherapy.* Chicago: Aldine.

United States Department of Labor. (2008). *Occupational outlook handbook (OOH) 2008–2009 edition.* Washington, DC: Bureau of Labor Statistics. Retrieved October 1, 2009 from http://www.bls.gov/oco/ocos067.htm.

Watzlawick, P., Weakland, J. H., & Fisch, R. (1974). *Change: Principles of problem formulation and problem resolution.* New York: Norton.

Whiston, S. C. (2000). *Principles and applications of assessment in counseling.* Belmont, CA: Wadsworth Brooks/Cole.

Williamson, E. G. (1939). *How to counsel students: A manual for clinical counselors.* New York: McGraw-Hill.

Wubbolding, R. E. (1991). *Understanding reality therapy.* New York: Harper Collins.

Yalom, I. (1970). *The theory and practice of group psychotherapy.* New York: Basic Books.

Yalom, I. (1980). *Existential psychotherapy.* New York: Basic Books.

Young, M. E. (1998). *Learning the art of helping: Building blocks and techniques.* Upper Saddle River, NJ: Merrill/Prentice Hall.

Zunker, V.G. (2006). *Career counseling: A holistic approach* (7th ed.). Pacific Grove, CA: Brooks/Cole.

For, you see, so many out-of-the-way things had happened lately that Alice had begun to think that very few things indeed were really impossible.
—Lewis Carroll

索引

（條目後的頁碼係原文書頁碼，檢索時請查正文側邊的頁碼）

人名部分

名詞部分

A

B

E

F

G

H

I

J

K

L

M

N

O

P

Q

R

S

T

U

V

國家圖書館出版品預行編目（CIP）資料

諮商概論：諮商專業的第一本書／ Mary H. Guindon 著；
陳增穎譯. -- 初版. -- 臺北市：心理, 2012.09
面； 公分. -- （輔導諮商系列；21105）
譯自：A counseling primer: an introduction to the profession
ISBN 978-986-191-511-1（平裝）

1. 諮商心理學

178.4　　101015283

輔導諮商系列 21105

諮商概論：諮商專業的第一本書

作　　者：Mary H. Guindon
譯　　者：陳增穎
執行編輯：高碧嶸
總 編 輯：林敬堯
發 行 人：洪有義
出 版 者：心理出版社股份有限公司
地　　址：231 新北市新店區光明街 288 號 7 樓
電　　話：(02) 29150566
傳　　真：(02) 29152928
郵撥帳號：19293172　心理出版社股份有限公司
網　　址：http://www.psy.com.tw
電子信箱：psychoco@ms15.hinet.net
駐美代表：Lisa Wu（lisawu99@optonline.net）
排 版 者：辰皓國際出版製作有限公司
印 刷 者：辰皓國際出版製作有限公司
初版一刷：2012 年 9 月
初版三刷：2018 年 9 月
I S B N：978-986-191-511-1
定　　價：新台幣 400 元